사랑받은 아이는
흔들리지 않는다

일러두기

• 국내 출간도서는 한국어판 도서명으로 표기했고 국내 미출간 도서는 원서명을 병기했습니다.

• 책에 소개된 아이들의 나이는 만 나이를 기준으로 했습니다.

—— 우리 아이의 잠재력을 깨우는 존중의 육아법 ——

사랑받은 아이는 흔들리지 않는다

린다 해트필드·타이 해트필드·웬디 토마스 러셀 지음 | 신솔잎 옮김

빌리버튼 billybutton

아이와 당신이 함께 행복한 나날을 꿈꾸며

'마음 중심 부모교육'으로 많은 부모의 삶을 바꾼 타이 해트필드와 린다 해트필드 부부를 만난 것은 20년 전으로, 당시에는 경찰관이었던 타이 해트필드를 기자로서 만났다. 그는 온화하고 사려 깊은 성품에 특히나 청소년들을 위해 애쓰는 경찰관으로 보도국에서도 유명했다. 나는 그를 참 괜찮은 사람이라고 생각했다.

6년 후 엄마가 된 내게 타이는 자신의 부모교육 수업에 참여하라고 제안했지만, 나는 정중히 거절했다. 왠지 부모교육은 '법원명령'을 떠올리게 했기 때문이다. 내가 완벽하지 않다는 것은 알지만, 형사상 유죄 판결을 받을 정도로 나쁜 엄마는 아니라고 생각했다. 몇 년 후, 딸 맥신이 세 살이 되었을 때 타이는 다시 한 번 수업 이야기를 꺼냈다. 당시에도 나는 부모교육은 아동 학대범들이나 받는 것이라고 생각하고 있었다.

그러나 상황이 조금씩 달라지기 시작했다. 아이가 다섯 살이 되자 엄격하게 경고하기, 타협하지 않기, 언성 높이기, 타임아웃(부모가 보기에 허용할 수 없는 행동을 했을 때 일정한 시간 동안 아이를 강제적으로 고립시키는 처벌), 장난감 압수하기 등등 그간 제법 효과를 봤던 훈육법이 더는 효과가 없다는 것을 체감했다. 이제 그럴 나이는 지났다고 생각했건만, 아이는 점점 더 자주 심하게 떼를 부렸다. 그때부터 아이와의 힘겨루기 전쟁이 시작되었다.

아이를 돌보는 것이 전만큼 즐겁지 않았고, 남편과 기본적인 훈육법을 두고 의견 충돌이 잦아졌다. 아이가 자제력을 잃고 심하게 떼를 쓸 때 어떻게 반응해야 하는가? 이런 방법은 '아이와 부모 모두에게 독이 된다, 아니다'와 같은 문제로 다툼을 벌였다. 그러던 어느 날, 아이가 4분의 타임아웃을 거부하여 그 벌로 아이의 바비 인형을 압수했다. 부엌에 가만히 서서 아이가 대성통곡하는 소리를 들으니 마음이 불안해지기 시작했다. '내가 뭔가 실수를 하고 있는 걸까?' 곧장 타이에게 전화를 걸어 교육받을 준비가 되었다고 말했다.

사람들은 자신의 신념이나 행동에 문제가 있다는 것을 경험한 후에야 변화해야겠다는 생각을 한다. 나는 그때 바로 그 지점에 이른 것이었다. 부모교육 수업 첫날, 타이와 린다는 내 머릿속에 쾅하고 폭탄을 터뜨렸다. 그때부터 웅웅 울리던 이명은 몇 시간, 아니 몇 주, 몇 년이나 계속되었다. 사실 지금도 여전히 내 귓가를 맴돌고 있다.

그곳에서 내가 들었던 이야기는 과학과 연구, 팩트가 뒷받침된 완전히 새로운 양육법이었다. 나는 전혀 아동학대범처럼 보이지 않았던 부모들과 함께 그곳에서 큰 그림을 보았다. 정말 모든 퍼즐 조각이 완벽하게 맞아떨어지는 그림이었다. 린다와 타이는 그저 새로운 도구 몇 가지를 알려준 것이 아니었다. 두 사람은 완전히 새로운 도구 상자를 가져왔다. 어느 것 하나 빠짐없이 완벽하게 갖춰져 있는 데다 무척이나 깔끔하게 정리되어 있어 거의 모든 문제를 해결할 수 있는 방법이 담겨있었다.

경찰관이자 아빠, 초등학교 교사이자 엄마였던 두 사람은 성공적인 양육법의 기본 원칙을 찾는 데 커리어를 바쳤다. 두 사람은 1999년 '마음으로 하는 양육Parenting from the Heart'을 설립한 이래로 힘든 시간을 보내고 있는 수많은 부모에게 도움을 주었다. 당대 최고 전문가들의 연구에서 얻은 지식과 조언을 정교하게 조합해 만든 프로그램은 낯선 것이 아니었다. 부부는 우리가 이미 알고 있는 사실을 새롭게 전달하고, 부모들이 빠르게 이해하고 쉽게 적용할 수 있는 프로그램을 만들었다.

우리 모두가 알 듯, 해트필드 부부 또한 아이를 기른다는 것이 얼마나 복잡하고 혼란스러운 일인지 잘 알고 있었다. 또한 부부는 아이들은 저마다 다르기 때문에 어떤 아이에게 좋은 양육법이 다른 아이에게는 맞지 않을 수 있다는 것도 알고 있었다. 세 딸을 길렀던 린다는 이렇게 말했다.

"부모들에게 이런 걸 하지 말라는 식의 조언은 별 쓸모가 없어요. 실행가능한 방법이 제시되어야 하고, 그 즉시 진짜 변화를 체험해야만 깨닫죠."

어떠한 사건을 기점으로 인생이 달라지는 경험을 한 적이 있는가? 그 경계를 기준으로 '이전'과 '이후'가 생기는 전환점을 느껴본 적이 있는가? 결혼 전과 후, 부모가 되기 전과 후처럼 말이다. 내게는 이 부모교육이 바로 그 전환점이었다. '마음 중심 부모교육'을 받은 이후로 내 삶이 달라졌다.

열여덟 시간의 수업을 들으며 한때 진실이라 믿었던 지긋지긋한 과거의 양육법에서 벗어나 '마음 중심형 양육법'이란 새롭고 신기한 세계에 진입했다. 내가 경험했듯 당신도 이 책을 통해 다음과 같은 내용을 배우게 될 것이다.

- 벌, 보상, 위협, 뇌물 없이 어떤 문제 행동도 고칠 수 있고, 그 과정에서 행복을 느낀다.
- 아이의 연령에 적절한 한계를 설정하고, 그 한계를 지킨다.
- 가족들이 정서적으로 가장 힘든 순간에 아이의 두뇌에 (그리고 당신의 두뇌에도) 어떠한 일이 벌어지고 있는지 살피고, 관계를 해치는 일 없이 함께 문제를 헤쳐 나가는 법을 깨닫는다.
- 형제자매간의 경쟁과 싸움을 최소로 줄이면서 자녀들이 오랫동안 서로 사랑하는 관계를 만들 수 있는 환경을 마련한다.

- 영유아기, 아동기, 청소년기 그 이후까지도 지켜갈 수 있는 건강하고 일관된 자녀교육 철학을 확립한다.
- 자녀를 양육할 때는 침착하고 자신감을 가지며 일관된 태도를 지닌다.
- 당신과 배우자가 같은 마음으로 한 곳을 바라본다.
- 타고난 기질과 발달 단계가 아이의 행동에 어떻게 영향을 미치는지 이해하고, 저항하기보다는 발맞춰 나가는 방법을 찾는다.
- 좋은 부모가 된다는 것은 곧 좋은 사람이 되는 과정임을 깨닫고, 자녀를 대하는 기술을 향상시키는 것이 당신의 삶을 향상시킨다는 것을 이해한다.
- 아이가 앞으로 다가올 삶의 어려움을 잘 이겨내도록 준비시키고, 아이와의 관계를 돈독히 하며 아이의 자존감을 지킨다.

훌륭한 자녀교육 코치들이 그렇듯, 두 사람은 수천 명의 삶과 가족을 바꾸어놓았다. 수많은 교사와 교장, 소아과 의사, 심리치료사, 심리학자 그리고 부모를 교육시켰다. 몇 가지 조언이면 충분했던 이들도 있었고, 유지하던 시스템을 통째로 점검해야 할 필요한 사람도 있었다. 시작하자마자 포기하거나 변화가 찾아오기 직전에 그만두는 이들도 있었다. 또 회의적이고 방어적인 태도를 보인 부모들도 있었다. 갈피를 잡지 못했을 것이다. 그 심정은 나도 충분히 이해한다.

고통스러운 순간을 넘기기 위해 활용했던 벌과 협박, 보상을 이제 그만두어야 한다는 이야기가 몇몇 부모들에게는 공포스럽게 느껴질 수 있다. 심지어 이 때문에 새로운 양육법을 시도하지 않으려 하는 사람도 있을 것이다. 벌이 없다는 것은 한계나 바운더리^{boundary}(인간관계에서 나와 타인을 구분하는 경계이자 서로 지켜야 할 건강한 거리-옮긴이)가 없다는 뜻으로 이해하는 경우가 많다. 왜 이렇게 이해하는지 짐작은 되지만, 완전히 잘못된 생각이다. 벌이나 보상 없이 바운더리와 한계를 정하고, 다지고, 지켜갈 때 아이의 협조를 이끌어낼 수 있고, 부모와 아이 모두 스트레스가 낮아지며, 관계를 더욱 돈독하게 만들고, 아이를 존중할 수 있다.

양육법을 고치는 데 결코 늦은 때란 없다. 이 책은 아이를 키우는 사람들끼리 대화를 나눠볼 만한 주제가 가득 담겨있을 뿐 아니라, 양육자가 자라온 가정환경과 현재의 양육 스타일을 다시금 되짚어보고 새로운 원칙을 실제로 적용해볼 기회를 제공한다.

- 웬디 토머스 러셀

1장

보상과 벌은
어떤 문제도 해결하지 못한다

아들러가 밝혀낸 상과 벌에 대한 오해

20세기 초, 오스트리아의 의사이자 심리학자인 알프레드 아들러는 성격장애, 범죄 행동, 높은 이혼율, 여타 성인이 겪는 고통의 근원은 어린 시절의 경험에서 기인한다고 주장했다. 아들러는 수용, 존중, 중요감이라는 아이의 정서적 욕구는 신체적 욕구만큼 중요하나 관대한 부모 또는 엄격한 부모에 의해 지속적으로 방치된다고 설명했다.

아이가 칭얼대고, 때리고, 피하고, 협조를 거부하고, 규칙을 어기고, 힘겨루기를 시도하는 것이 부모에게 반항을 하거나 이기적으로 굴거나 무례하게 굴고자 하는 행동이 아님을 밝혔다. 그는 아이들이 이런 행동을 하는 이유가 마땅한 정서적 욕구가 충족되지 못하고 있는 방증이라고 설명했다. 본인의 욕구를 분명하게 밝힐 정도로 성숙하지 못한, 언어와 능력이 발달하지 않은 아이들은 자신이 할 수 있는 가장 효과적인 의사소통 수단, 즉 행동으로 말한다는 것이다.

아들러는 부모는 행동에 반응할 것이 아니라 그 행동 이면의 욕구와 감정을 헤아려야 한다고 주장했다. 아들러의 이론을 크게 발전시키고 전파한 사람은 제자인 루돌프 드라이커스이다. 정신과의사이자 교육자로 전 세계적으로 수많은 교육 프로그램의 기틀을 마련한 드라이커스는 스승의 연구를 확장시켜 부모들이 아들러의 원칙을 적용할 수 있도록 시스템을 개발했다.

그는 세계적인 권위자들 가운데 가장 처음으로 벌(오늘날 듣기 좋게 결과consequences라고도 한다)과 보상에 단호히 반대하며 이런 양육법이 비효율적이고 아이에 대한 존중이 결여되어 있으며, 부모와 자녀의 관계에 큰 위협이 된다고 설명했다.

벌_ 용납할 수 없는 아이의 행동에 불이익을 주어 행동을 교정하는 것이 목적이다. 보통 벌에는 타임아웃, 아이가 누리는 특권 철회하기, 소지품 압수, 용돈 삭감, 집안일 및 심부름, 협박, 수치심 주기, 소리 지르기, 체벌이 있다.

보상_ 바람직한 행동을 고취하기 위해 아이에게 제공한다. 보통 보상에는 스티커, 간식, 장난감, 스크린 타임 연장, 여행, 칭찬, 특권이 있다.

드라이커스는 1964년에 출간된 《Children: The Challenge아이라는 커다란 시험》에서 벌과 보상 모두 아이의 정서적 욕구를 조금도 고려하지 않은 통제라는 시스템에 근거하기 때문에 협동심을 기르는 데도, 정신건강을 향상시키는 데도 도움이 되지 않는다고 했다. 특히나 벌

의 경우 행동의 이면에 자리한 원인은 무시한 채 겉으로 보이는 행동에만 초점이 맞춰져 있다고 지적했다. 아이의 마음을 살피지 않은 결과 아이가 전보다 더욱 큰 절망에 빠지게 한다는 것이다. 그렇다면 이런 부정적인 감정들은 어떠한 역할을 할까? 부모가 멈추길 바라는 아이의 문제 행동은 그보다 더 심한 행동을 불러일으키는 원인이 된다.

드라이커스는 "아이를 교육시키는 데 가장 적절한 태도는 평범한 사람을 대할 때처럼 접근하는 것이다."라고 주장했다. 즉, 친구에게 벌을 내리지 않는다면 자녀에게도 그래선 안 된다는 뜻이다. 당시만 해도 상당히 도발적인 의견이었다.

그러나 아들러와 드라이커스의 주장은 오랜 세월 검증을 거쳤다. 그동안 셀 수 없이 많은 연구와 현대 과학기술을 통해 얻은 데이터를 통해 충족되지 못한 아이의 정서적 욕구가 단기적 문제 행동과 장기적 정신건강 문제에 어떠한 영향을 끼치는지 그 연관성이 밝혀졌다.

벌과 상은 아이의 정서적, 심리적 욕구에 반하는 수많은 자녀교육 전략 중 하나일 뿐이다. 이런 전략은 아이의 문제 행동을 심화시키고 협조하려는 마음을 훼손시킨다. 역설적이게도 문제 행동이 악화되면 많은 부모들은 더 자주 높은 강도의 벌과 보상을 실행하며 문제가 일어나는 이유를 본인의 양육 방식이 아닌 아이에게 있다고 생각한다.

이러한 악순환 속에서 아이를 처음 만났을 때 다짐했던 부모의 희망과 목표는 희미해진다. 그런데도 부모들은 아이에게 지치지 않고, 아이가 정서적으로 만족할 수 있는 양육법을 시도하려 하지 않는다.

세 가지 양육 방식

대다수의 아동발달 교육자들은 양육방식을 크게 세 가지로 분류하고 있다. 자녀를 향해 말도 안 되게 높은 기대치를 세우고 낮은 정서적 지지를 보내는 유형(통제형^{controlling}), 아이에 대한 기대치가 낮고 건강하지 않을 정도로 높은 정서적 지지를 보내는 유형(허용형 ^{permissive}), 합리적인 수준의 기대치와 건강한 정서적 지지를 보내는 유형(마음 중심형^{heart-centered})이다.

세 가지 양육 방식 중에서 마음 중심형 양육 방식만이 문제 해결에 있어 윈윈하는 결과를 이끌어낸다. 다른 두 가지 양육법은 어느 한쪽의 의견이 무시되는 경우가 많다.

	통제형	허용형	마음 중심형
부모의 역할과 태도	통제 (부모가 명령을 내린다)	방임 (부모가 포기한다)	지도·격려 (아이에게 선택권을 제공한다)
기대치	터무니없이 높다	낮다	적당히 높다
정서적 지지	낮다	높다/건강하지 않다	높다/건강하다
문제해결	부모가 이기고 아이가 지는 구조	아이가 이기고 부모가 지는 구조	부모와 아이가 모두 이기는 구조

'윈윈'은 부모와 아이가 모두 행복한 합의를 이끌어낸다는 의미이다. 합의는 타협과는 분명하게 다르다. 타협은 양측이 어느 정도 양보

나 포기를 해야 하고 어느 쪽도 꼭 행복하리라는 보장이 없다. 양측이 윈윈하는 합의는 시간이 더 걸리지만 모두가 만족할 만한 결과를 얻을 수 있기에 그만큼의 노력을 기울일 가치가 충분하다.

예를 들어 아빠가 아이에게 쓰레기를 버리고 오라고 하는데, TV를 보고 있던 아들은 "싫어요!"라고 답한다.

· **통제형의 경우** 아빠는 "지금 당장 하지 않으면 축구 연습에 데려다주지 않을 거야."라고 말하며 아이가 쓰레기를 버리도록 조종한다. 아이는 결국 아빠의 말을 따른다. (아이가 지고 아빠가 이긴다.)

· **허용형의 경우** 아빠는 "이런, 알겠구나."라고 말하고 직접 쓰레기를 버린다. 아이는 계속 TV를 시청한다. (아이가 이기고 아빠가 진다.)

· **마음 중심형의 경우** 아이의 대답을 듣고 잠시 심호흡을 한 아빠는 광고가 끝날 때까지 기다렸다가 이렇게 말한다. "TV를 보고 있는데 아빠가 쓰레기를 비우고 오라고 해서 짜증이 난 것 같구나. 지금 타이밍이 별로일 수 있겠어. 그럼 언제가 좋겠니?"라고 묻는다. 몇 차례 대화가 오간 후 아이는 결국 자신이 보던 프로그램이 끝난 뒤 가겠다고 답한다. (아이는 TV 프로그램을 끝까지 볼 수 있고 아빠는 아들이 쓰레기를 버리고 오니 두 사람 모두 이기는 셈이다.)

어떤 사람들에게 세 번째 상황은 판타지처럼 보일 것이다. '마음 중심 양육 수업'에 참여하는 부모들은 보통 두 가지를 주장한다. 첫 번째는 아이들을 움직이기 위해서 보상이나 위협, 벌이 필요할 때가 있다는 것이고, 두 번째는 부모의 요구나 부탁을 아이들이 거절하게 두는 것은 부모를 존경하지 않아도 된다는 소리와 마찬가지라는 것이다. 즉, 아이들의 '감정'에 조심스럽게 반응할수록 부모의 권위가 약해진다는 뜻으로 받아들인다.

두 가지 입장 모두 충분히 이해가 간다. 많은 부모들은 효과적인 양육을 위해선 한 번씩 아이를 제압해야 하고, 부모가 우위를 지켜야 자녀에게서 존중을 이끌어낼 수 있다고 배우며 자랐다.

하지만 용기를 내어 근거 없는 믿음을 버리고 새로운 관점을 수용한다면 어떤 일이 벌어질까? 아이와 강력한 유대관계를 형성해야만 아이에게 영향력을 끼칠 수 있다는 사실을 깨달을 때 어떤 일이 벌어지게 될까? 아이를 제압하려 들수록 관계는 나락으로 치닫는다. 믿음직한 직장 동료를 대하듯, 아이를 믿고 함께 헤쳐나간다면 관계는 굳건해진다.

통제형 부모들은 마음 중심형 양육법을 두고 지나치게 관대하다고 여기고, 허용형 부모들은 지나치게 강압적이라고 느낄 때가 많다. 양쪽 의견 모두 편견일 뿐 사실과는 다르다.

마음 중심형 양육법의 기초가 되는 윈윈 접근법은 '딱 알맞은' 지점, 최상의 지점을 찾아낸다. 부모와 자녀 모두 존중받고, 부모가 설정한 한계 안에서 아이와 합의가 이루어낸다. 또 아이의 정서적 욕구가 고려되고 우선시되는 완벽한 상황 말이다.

낡은 패러다임을 버려라

통제와 허용이라는 '낡은 패러다임'이 아이들에게 유해하고, 부정적인 행동만 불러일으킨다고 분명하게 말할 수 있다. 부모가 아이를 억압하고, 조종하고, 공포심을 자극해 복종하게 만드는 대신 아이의 감정에 공감할 때 회복력이 높으며 심리적으로도 건강한 아이로 자랄 수 있다.

아이를 존중하는 의사소통 방식과 합리적인 기대치가 행복한 가정의 비결이라는 것은 누구나 안다. 아이의 정서적 욕구가 충족되지 않을 때 심각한 문제가 생긴다는 것도 알고 있다.

아이가 여섯 살이든 열여섯 살이든 부모와의 단단한 유대관계가 험난한 세상을 헤쳐 나가는 데 필요한 방패막이 된다는 것 또한 잘 알고 있다. 또 지속적으로 벌이 가해질 때 부모와 자녀의 관계가 손상되고, 무엇보다 아이의 자존감이 훼손된다는 점도 과학적으로 입증되었다. 저명한 아동 심리학자인 하임 기너트는 《부모와 아이 사이》에서 '벌을 내리는 것은 낡은 방식이다'라고 주장했다.

부모에게 필요한 새로운 양육 방법

부모들은 벌을 주지 않아야 한다는 이야기를 들으면, "그럼 벌을 안 주는 대신 무엇을 해야 하죠?"라는 질문을 한다. 이 책에는 질문에 대한 다양한 답을 담았다. 마음 중심형 양육법은 매우 실용적인 방법이다. 뜬구름 잡는 소리를 늘어놓으며 매일 아침마다 아이와 겪는 전쟁통 같은 상황에 적용해보라고 하지 않는다.

13장에서 소개될 응급 솔루션은 다양한 문제 행동에 벌과 협박, 보상과 뇌물 없이도, 또는 아이의 기분을 맞춰주며 어르고 달래는 일 없이 대응하는 방법을 열네 가지 질문과 답변으로 정리한 것이다. 이 책에서 전하는 솔루션은 아이가 문제 행동을 일으키는 원인이 무엇인지 깨닫고, 각 문제를 해결하는 데 있어 가장 좋은 도구를 찾을 수 있도록 돕는다.

어떠한 문제도 완벽한 해결책은 없다. 아이의 연령과 발달 단계가 행동의 원인이 되기도 하고, 아이의 기질이 문제가 될 때도 있다. 물론 아이의 문제 행동을 모두 예방하거나 교정할 수는 없다. 그렇다고 해서 이 양육법이 아무런 효과도 없는 것은 아니다. 자녀를 양육할 때 부모의 선택이 문제를 항상 해결할 수는 없지만, 상황을 악화시키는 데는 항상 일조하기 때문이다.

7세 미만의 아이들은 떼를 쓰고 잠자리에도 쉽게 들지 않을 것이다. 형제자매간 싸우는 것도 당연하다. 아이들은 당신의 신경을 건드릴 것이다. 하지만 아이에게 겁을 주고, 수치심을 느끼게 하고, 벌을 준다면 아이들은 더 자주 떼를 부릴 것이고, 형제자매간의 관계는 더욱 극단으로 치달을 것이며 당신의 화를 심하게 돋우는 행동을 지속할 것이다.

이 책은 부모에게 수많은 솔루션을 제시해줄 뿐 아니라, 마음을 가라앉히고 파도 소리 ASMR을 들으며 이 시기도 곧 끝나리라는 것을 믿을 때 최고의 해결방법이 떠오른다는 것을 보여준다. 뿐만 아니라 아이의 어떤 행동이 일반적인지, 어떤 행동이 부모의 개입을 요하는 주의 행동인지 판단할 수 있도록 해준다. 우리가 제시하는 모든 방법은 다음의 중요한 여섯 가지 내용을 보장한다.

1. 아이와의 유대관계를 강화한다.
2. 아이의 자존감을 지킨다.
3. 부모 자녀 간 갈등의 횟수와 강도를 줄인다.
4. 앞으로 더욱 심각한 문제가 벌어지지 않도록 방지한다.
5. 삶의 난관을 잘 헤쳐나갈 수 있는 아이로 키운다.
6. 양육법에 자신감과 일관성을 가질 수 있게 해준다.

과연 벌이나 뇌물, 보상으로 위의 여섯 가지를 얻을 수 있을까?

아이를 키우는 부모가 알아야 할 열 가지 원리

나라와 문화, 가족 환경, 아이에 따라 좋은 부모의 의미가 충분히 달라질 수 있다. 당신의 아이에게 부여하는 한계와 자유는 보통 개인의 경험과 가치, 환경에 좌우된다. 어떠한 기준이 다른 가정에 적합하다 해도 당신의 가정에게는 해당하지 않을 수도 있다.

이렇듯 수많은 차이가 있고, 좋은 부모가 될 수 있는 방법도 무한하지만 아이의 행동에는 몇 가지 분명한 진리가 있다. 문화, 인종, 종교, 환경, 경험에 관계없이 모든 아이들에게 해당되는 진리 말이다. 다음의 열 가지 진리는 모든 항목이 매우 중요하다.

1. 아이들은 정서적 욕구가 있다. 배고픈지, 피곤한지, 아픈 건 아닌지 등 아이가 불편함을 느낄 만한 이유를 모두 확인했음에도 아이의

짜증이 계속된 적이 있지 않은가? 아이는 신체적 욕구뿐 아니라 정서적 욕구가 있기 때문이다.

2. 아이들은 스트레스에 대해 신경학적 반응을 타고난다. 분노와 두려움처럼 강렬한 감정을 경험할 때 아이들은 '생존 두뇌'라고 불리는 모드에 접어든다. 두뇌의 투쟁도피반응이다. 뇌 스캔을 보면 투쟁도피반응이 활성화될 때 아이들은 집중하고, 협력하며, 결과를 예측하고, 이성적으로 사고하는 것이 불가능해진다.

떼를 쓰는 것은 아이의 선택이 아니라 스트레스에 대한 생물학적 반응이다. 놀라운 사실은 이뿐만이 아니다. 짜증을 부리는 아이에게 부모가 자제력을 잃고 가혹한 벌을 내리는 것 또한 부모의 선택이라기보다 생존 두뇌의 반응에 가깝다.

3. 아이들은 자신의 감정을 표현해야만 한다. 부모가 아무리 노력한다 해도 아이는 소리를 지르거나 떼를 쓰는 등 극한의 감정을 표출하는 일이 허용될 수 없고, 아무런 효과도 없으며, 어떤 관심도 끌 수 없다는 것을 깨닫는 순간이 온다.

부모가 공공장소에서 마구잡이로 떼를 쓰는 아이 때문에 당황해 그럴 수도 있고, 10분 안에 집을 나서야 하는 촉박한 상황에서 아이의 떼를 받아줄 여력이 없기 때문일 수도 있다. 때로는 끊임없이 일어나는 온갖 상황에 지쳐있어 그랬을 수도 있다.

그 순간에는 부모 나름의 이유와 변명이 있을 것이다. 하지만 아이가 감정을 표현하는 것을 완강하게 거부한다면 이는 아이의 부정적이고 건강하지 않은 문제 행동으로 이어진다.

4. **아이들은 발달 단계를 거친다.** 아이들은 자라는 내내 신체적, 정서적, 사회적, 지적 발달 단계를 거친다. 아기에서 유아로, 유아에서 미취학 아동으로의 발달에 대한 도서는 많다. 하지만 만 5세는 어떨까? 만 6세는? 만 11세 어린이의 발달 특징은 무엇일까?

부모가 우려하는 아이의 행동이 부모를 존중하지 않는다거나 잘못된 자녀교육법의 결과가 아니라 발달에 따른 당연한 행동일 때가 많다. 부모가 발달 단계를 인지하고 있다면 억지로 변화시킬 수 없는 무언가를 바꾸기 위해 헛수고를 하지 않아도 된다.

5. **아이들은 고유한 기질을 타고난다.** '기질'은 타고난 성향을 의미한다. 변화에 대한 민감성과 조심성은 보통 기질적 특성을 타고난다. 인간의 기질에 대한 과학 연구는 아직 진행 중이고, 각 기질을 독립적으로 분리해서 생각하기는 어렵다. 하지만 특정한 특성은 유전적으로 가지고 태어나 결코 변할 수 없다는 사실만은 분명하다.

기질을 두고 '좋다', '나쁘다'로 판단할 수 없음을 이해하는 것 또한 중요하다. 어떠한 기질이든 훌륭한 결과로 이어질 수 있는데, 그러기 위해선 부모가 아이의 기질을 있는 그대로 인정하고 맞춰가는 노력이 필요하다.

6. **아이들은 주 양육자를 모델로 삼는다.** 아이들은 부모를 롤모델로 삼아 많은 것을 배운다. 우리가 아이들에게 하는 말이 부모에게 우리가 했던 말이었던 것을 떠올린다면, 아이들이 부모를 얼마나 모방하는지를 이해할 수 있을 것이다. 우리가 자녀에게 하는 지나치게 비판적이고 분노어린 말들, 힘을 주는 따뜻한 말 모두 먼 훗날 아이들이

자신의 아이에게 하는 말이 될 것이다. 나아가 아이가 스스로에게 하는 말이 될 거라는 점을 생각해보면 마음이 아련해지는 동시에 두려운 생각이 들기도 한다.

7. 아이들은 자신의 문제를 스스로 해결할 기회가 필요하다. 아이들은 좋은 선택도, 나쁜 선택도 스스로 결정해야 한다. 그래야 현명한 의사 결정자로 성장할 수 있다. 유아기 때부터 아이들은 문제에 대한 해결책을 찾을 능력이 생기고, 그 능력을 발휘할 때마다 비판적 사고 능력에 대한 자신감을 키워나간다. 당신은 부모로서 난관을 해결해주고 잠재적 실패에서 아이를 구해주고 싶을 것이다. 그러나 부모가 개입을 한다면 아이들은 스스로 현실을 헤쳐 나갈 능력이 없다고 생각한다.

8. 아이들에게는 개인의 바운더리를 존중해주는 양육자가 필요하다. 개인의 바운더리를 설정하는 법을 아이에게 가르쳐야 할까 의구심이 생기면, #미투 운동을 생각해보라. 금방 답을 깨달을 수 있을 것이다. 우리 사회에서는 개인의 영역을 침범하는 일들이 빈번하게 발생하고 있는데, 가장 큰 이유는 아이들이 자기 자신과 타인의 바운더리를 존중하는 법을 제대로 배우지 못했기 때문이다.

이 모든 일의 시작은 부모에게 있다. 아이가 자신의 바운더리를 지키는 법, 그리고 부모의 바운더리를 존중하는 법을 가르치는 것이 부모의 의무이다.

9. 아이들에게는 연령에 따른 한계가 필요하다. 가족이 겪는 갈등 대부분은 사실 한계에 관한 문제이다. 통제형 부모는 한계를 설정하고

자녀가 이를 따르길 기대한다. 이 기준을 어겼을 때는 협박이나 벌을 통해 아이가 허용범위 내에서 행동하도록 만든다. 이와 반대로 허용형 부모는 한계를 불확실하게 정하다 보니 제대로 지켜지지 않을 때가 많다. 자녀와 가깝고도 협력적인 관계를 만들고 싶은 부모라면 아이의 연령에 맞는 적절하고도 타당한 한계를 설정하고, 그 한계가 지켜지지 않을 때 대처하는 법을 반드시 알아야 한다.

10. 아이들은 욕구가 충족되지 않을 때에 4단계의 좌절 반응을 보인다. 아이들은 정서적 욕구가 충족되지 않을 때, 놀라울 정도로 체계적인 방식으로 좌절을 표현한다. 욕구가 좌절되면 네 가지 문제 행동을 보이는 데 관심 요구, 힘겨루기, 복수심 표현, 무능함 표현이다. 아이가 현재 어느 단계에 있는지를 파악해야 효과적인 대응이 가능하다.

아이의 문제 행동 대부분은 열 가지 원리 중 하나라도 지켜지지 않으면 발생한다. 하지만 아이의 문제 행동에는 열 가지 원리 이외의 다른 원인도 있다. 피로나 배고픔, 질병 등 신체적 원인도 있고, 사춘기처럼 호르몬에 의한 문제일 때도 있다.

주의력 결핍 장애, 주의력 결핍 과잉 행동 장애, 자폐, 정신건강 문제처럼 질환에 의한 경우도 있다. 어떤 아이들의 경우 학습장애와 신체적 한계로 인해 문제 행동이 발현되기도 한다. 부모의 이혼, 가족의 질병, 성적학대, 정신적 외상을 초래할 정도의 충격적인 사건이 원인일 때도 있다.

하지만 한 가지 명심해야 할 것이 있다. 자녀가 위의 원인 중 한 가지 이상을 겪고 있다거나 전문가의 도움이 필요한 상황이라도 열 가지 원리는 여전히 유효하다. 열 가지 원리를 이해하는 양육법은 아이의 인생에 대단히 큰 영향력을 미칠 것이다.

여전히 벌이 효과가 있다고 믿는 당신에게

퓨 리서치 센터Pew Research Center가 2015년 발표한 조사에 따르면 미국인 대다수가 자녀를 교육하기 위해 어떤 방식으로든 벌을 활용하는 것으로 밝혀졌다. 45퍼센트는 TV 시청 시간과 핸드폰 사용 등을 자주 제한한다고 밝혔고, 22퍼센트는 목소리를 높이거나 소리를 치고, 6세 미만의 아이를 키우는 부모의 41퍼센트는 타임아웃을 시행한다고 한다.

이 같은 결과에는 다양한 이유가 있다. 자녀교육에서 이런 전략이 필요하다고 보는 사람도 있고, 달리 활용할 수 있는 대안이 없다고 생각하는 사람도 있다. 어쩌면 본인이 체벌을 당하며 자랐기 때문이기도 하다. '문제 행동'을 결코 허용하지 않았기 때문에 오늘날 자신의 아이가 이렇게 훌륭하게 잘 컸다는 친구와 지인들의 이야기에 영향을 받은 사람들도 있다. 아이들에게 벌을 내리는 것이 이상적이지는 않지만, 그렇다고 대단히 해롭지도 않고 실제로는 효과가 있다고 믿는 것이다.

하지만 이 같은 이야기는 사람들이 말하는 가짜 뉴스나 다름없다. 아이들에게는 행동에 대한 한계가 분명 있어야 하고 이 한계를 반드시 지키도록 해야 한다는 것도 맞지만, 벌을 내리는 것과 부모가 정한 한계를 지키는 것은 다른 이야기이다. 벌은 혼란과 파괴만 불러온다. 부모와 자녀 사이의 관계를 악화시키고, 그 결과 아이들은 부모가 정한 한계를 시험하고, 반항하고, 거스른다.

벌을 받게 될 거라는 암시적인 위협을 지속적으로 받으며 자랐어도 멀쩡하게 심지어 훌륭하게 성장하는 아이들도 물론 있다. 이런 아이들은 부모의 양육방식 때문이 아니라 그럼에도 불구하고 멀쩡하고 훌륭하게 자란 것이다. 태생적으로 높은 수준의 회복력을 타고나 부정적인 영향에도 남들보다 덜 휘둘리는 아이들이 있다.

기질적으로 부모의 성향과 잘 맞아 부모의 심기를 덜 거스르거나 부모가 굳이 겁을 줄 필요가 없는 아이들도 있다. 하지만 많은 아이들은 벌을 내리는 부모로 인해 고통받는다. 겉으로 보기에는 괜찮을지라도 실제로는 괜찮지 않을 수도 있다.

또한 사람들이 생각하는 것과 다르게 벌은 어떤 효과도 없다. 적어도 진정한 변화를 이끌어내는 데는 말이다. 아이가 자야 할 시간이라고 생각해보자. 하지만 아이가 자기 싫다고 거부를 한다. 아이에게 가장 좋아하는 담요를 치울 거라고 협박하자 아이는 침대에 눕는다. 부모가 원하는 대로 되었으니 협박이 효과가 있다고 생각한다.

하지만 '부모가 해야 할 일을 끝냈다'는 성공적인 양육이 아니다. 일시적으로 아이가 명령에 따른다고 하여 더욱 훌륭한 아이가 되는 것도, 자녀와의 관계가 깊어진 것도 아니다. 오히려 완전히 반대라고 말할 수 있다.

여러 의미 있는 연구를 통해 '엄격하거나 가혹한' 부모에게서 자란 아이들은 어린 나이부터 부모와 정서적으로 멀어져 또래와 건강하지 않은 애착관계를 형성하고, 위험한 행동에 가담하며, 부모가 아닌 또래 친구들을 기쁘게 하는 행동을 할 확률이 높은 것으로 드러났다.

벌은 효과가 있는 유일한 훈육법이 아니다. 아이의 마음을 살피는 '마음 중심형 양육법'이야말로 부모와 아이 모두에게 장기적, 단기적으로 긍정적인 효과를 발휘하는 훈육법이다.

다음으로 소개하는 세 가지 기준은 당신의 양육법이 낡은 패러다임인지 새로운 패러다임인지 판단하는 척도가 되어줄 것이다.

마음 중심형 양육법의 세 가지 효과

패러다임이란 세계관 또는 개념의 집합을 말한다. 우리가 사용하는 달력 체계나 차량 우측통행도 패러다임이다. 우리는 무한한 패러다임에 따라 사고하고 행동하지만 이 중 대부분은 우리가 직접 선택한 것도, 우리를 위해 만들어진 것도 아니다. 패러다임은 이 세계에 대해 다른 이들이 우리에게 가르쳐준 개념을 바탕으로 만들어진다. 한편 지식은 이 패러다임을 전환할 기회를 만든다. 패러다임의 전환이 대단히 충격적인 사건은 아니지만 패러다임의 전환에는 의도가 필요하다. 패러다임은 저절로 바뀌지 않는다.

아래의 세 가지를 전제로 하는 마음 중심형 양육법은 새로운 패러다임을 제안한다.

1. 부모와 자녀가 윈윈 하는 협력 모델을 제시한다.
2. 자녀와의 관계를 향상시킨다.
3. 부모가 대접받고 싶은 것처럼 아이를 대한다.

잠자기를 거부하는 아이의 사례를 다시 한 번 살펴보자. 아이가 가장 좋아하는 담요를 뺏는 것을 윈윈 협력이라고 볼 수 있을까? 아니다. 부모는 해야 할 일을 처리해 개운하겠지만 아이는 부모에게 굴복했다. 그래서 부모 자녀 간의 관계가 좋아졌을까? 역시 아니다. 두 사람 모두 서로에 대한 감정만 악화될 뿐이다(어쩌면 자신의 행동에 대한 후회도 남을 것이다).

잠이 오지 않는 날, 누군가 이렇게 해주었으면 좋겠다고 바라는 대로 아이에게 대했는지 생각해보면 결코 아니라고 답할 것이다. 이렇게 대입해 생각해보면 낡은 패러다임을 금세 파악할 수 있다.

낡은 패러다임 '하지만 효과가 있어요!'	새로운 패러다임 '그리고 효과도 있어요!'

• 관계를 악화시킨다.
• 힘겨루기를 조장한다.
• 아이의 권한을 박탈한다.
• 외부적 통제에 의존한다.
• 아이를 명령에 따르게 만든다.
• 아이의 자존감을 악화시킨다.
• 아이를 존중하지 않는다.
• 아이의 감정이 고려되지 않는다.
• 아이가 자신이 중요한 사람이라는 느낌을
  받지 못한다.
• 아이가 권위적 대상을 만족시키려 한다.
• 관계가 단절된다.
• 승자와 패자가 생긴다.
	• 관계가 깊어진다.
	• 힘겨루기 싸움이 벌어지지 않는다.
	• 아이에게 권한을 부여한다.
	• 내부적 통제를 활용한다.
	• 아이가 스스로 가장 좋은 방안을 선택하도
	  록 한다.
	• 아이의 자존감이 높아진다.
	• 아이를 존중한다.
	• 아이의 감정을 고려한다.
	• 아이가 자신이 중요한 사람이라는 느낌을
	  받는다.
	• 아이가 진정으로 타인을 고려한다.
	• 관계가 연결된다.
	• 모두가 윈윈한다.

　새로운 패러다임의 양육법이 낡은 패러다임의 양육법보다 실행하기가 어려울까? 부모가 더 깊이 고민하고 더 많은 자제력을 발휘해야 한다는 점에서는 그렇다고 볼 수도 있다. 하지만 장기적으로 보면 낡은 패러다임을 유지하는 것보다 어렵지 않다.

　새로운 패러다임인 마음 중심형 양육법은 아이가 자랄수록 큰 효과를 보게 될 것이고, 오히려 자녀가 10대 청소년기에 접어들었을 때 더 큰 효과를 누리게 될 것이다. 지금으로서는 이런 말들이 꿈같이 들리겠지만 곧 그렇지 않다는 것을 깨닫게 될 것이다.

2장

우리 아이가
올바르게 자랐으면 하는 마음

헤매지 않고 길을 찾으려면

　낯선 도시를 방문했다고 가정해보자. 몇 블록을 걷다가 지하철역 계단을 내려간다. 노선도를 살핀다. 색색의 노선도가 복잡하게 얽혀 있고 지하철역 이름도 모두 생소하다. 그 순간 거대한 도시 전체가 당신의 눈앞에 어지럽게 펼쳐진다.

　이럴 때 어떻게 하겠는가? 대부분의 사람들은 자신의 현 위치를 파악한 뒤 목적지가 어디인지 확인한다. 자신의 시작점과 종착역을 알아야만 루트를 찾을 수 있다.

　아이를 키우는 일 역시 현재 당신의 위치가 어디이고 어디로 향해야 할지 알 때 한결 수월해진다. 이번 장에서는 목적지에 어떻게 이를 수 있는지를 이야기하고자 한다.

당신의 목표는 무엇인가

어떤 아이로 키우고 싶은지 생각하는 시간을 갖는다. 당신이 생각하는 이상적인 아이를 묘사하는 단어는 무엇인가? 해당하는 단어를 모두 체크한다.

☐ 적극적인	☐ 다정한	☐ 사랑을 베푸는
☐ 자신을 믿는	☐ 용감한	☐ 재미있는
☐ 도덕적인	☐ 자기 지각적인	☐ 침착한
☐ 관대한	☐ 판단을 삼가는	☐ 자기조절력이 있는
☐ 유능한	☐ 상냥한	☐ 열려 있는
☐ 자족적인	☐ 배려하는	☐ 베풀 줄 아는
☐ 열정적인	☐ 현명한	☐ 우애 있는
☐ 감사할 줄 아는	☐ 인내심 있는	☐ 의사결정을 하는
☐ 연민을 발휘하는	☐ 행복한	☐ 긍정적인
☐ 정서적으로 안정적인	☐ 자신감 있는	☐ 열심히 노력하는
☐ 여유 있는	☐ 경제적으로 안정적인	☐ 창의적인
☐ 건강한	☐ 회복력 있는	☐ 강한
☐ 비판적으로 사고하는	☐ 또래 압력에 굴복하지 않는	
☐ 도움을 베푸는	☐ 절제력이 있는	☐ 자존감이 높은
☐ 저항할 줄 아는	☐ 신뢰할 수 있는	☐ 배움에 대한 열의가 있는
☐ 정직한	☐ 존경받는	☐ 따뜻한
☐ 공감할 줄 아는	☐ 겸손한	☐ 타인을 존중하는
☐ 원만한	☐ 윤리적인	☐ 독립적인
☐ 책임감 있는	☐ 사과할 줄 아는	☐ 공정한
☐ 친절한	☐ 안심할 수 있는	☐ 현명한
☐ 유연한	☐ 위의 모든 자질을 갖춘	

완벽한 리스트는 아니지만 우리가 가치 있게 여기는 자질을 다수 포함하고 있다. 위에 언급된 자질 모두 마음 중심형 양육법으로 얻을 수 있다. 자세히 살펴보면 리스트에 자질 몇 개가 빠져있다는 것을 금세 눈치챌 것이다. '성공적인, 인기 있는, 돈이 많은, 유명한, 재능 있는, 아름다운, 조용한, 감정을 잘 드러내지 않은, 순종적인' 등과 같은 특성은 제외되었다. 성과와 성별에 따른 규범, 외모에 대한 형용사는 포함시키지 않았다. 이런 특징은 선천적으로 타고나거나 아이들이 스스로 선택한 가치이기 때문이다.

물론 아이의 조용한 기질이나 패션 센스를 좋게 평가한다고 해서, 가족의 종교를 따라주길 바란다고 해서 문제가 될 것은 없다. 아이도 중요하게 여기는 가치라면 잘된 일이다. 하지만 이런 가치를 우선시하는 아이들은 보통 통제형 부모의 영향을 받은 경우가 많은데, 이런 환경에서 자란 아이들은 자존감이 낮고 스트레스 지수가 높다. 또한 아이의 취향과 관심사가 부모의 기대에 미치지 못한다면 아이는 실패했다고 느낀다.

다행스러운 것은 대다수의 사람이라면 인기보다 친절함이 중요하고, 아름다움보다 감사할 줄 아는 마음이 중요하며, 복종보다 비판적 사고력이 중요하다고 생각한다. 적어도 이론적으로는 무엇이 더 중요한지 고민할 필요도 없다. 그렇기에 앞서 언급된 가치들이 리스트에서 실수로 제외된 것이 아니라는 점을 알아야 한다. 우리가 의도적으로 리스트에서 제외시킨 것이다.

어떤 문제를 해결해야 하는가

지금껏 장기적 목표에 대해 이야기했으니 이제는 단기적 목표를 좀 더 확실하게 그려보고자 한다. 어떤 이유로 이 책을 골랐는가? 어떤 고민거리가 있는가? 해당하는 내용을 모두 체크한다.

☐ 아이와 힘겨루기 싸움을 하고 있다.

☐ 한 번씩 아이가 왜 문제 행동을 하는지 이해할 수가 없다.

☐ 아이와 부딪힐 때가 있는데, 어떻게 해결해야 할지 잘 모르겠다.

☐ 아이와의 갈등 상황에서 자제력을 잃을 때가 있다(화를 내거나 감정적이 되고, 입 밖으로 내뱉고 싶지 않은 말들을 하게 되는 등).

☐ 형제자매들끼리 싸울 때 어떻게 해야 할지 모르겠다.

☐ 아이의 문제 행동에 어떻게 반응해야 하는지에 대해 배우자와 의견 충돌이 있다.

☐ 달리 방법을 몰라 보상이나 협박, 타임아웃, 소지품 압수, 언성 높이기 등 벌을 활용한다.

☐ 지금의 양육법이 만족스럽지 않다.

☐ 내가 어린 시절에 받은 상처가 양육방식에 부정적인 영향을 미치는 것 같고, 어떻게 해야 아이에게 내 상처를 대물림하지 않을 수 있을지 잘 모르겠다.

☐ 내 자신이 이미 꽤 괜찮은 부모라고 생각하지만 가정을 더욱 따뜻하고 행복하며 평화롭게 가꾸는 데 도움이 되는 새로운 전략이나 조언에 늘 열려 있다.

마음 살피기 미션

일주일 전 또는 한 달 전에 있었던 아이와의 갈등 상황을 떠올려보고 앞으로
무엇이 어떻게 달라지길 바라는지 적어본다.

아이를 대하는 태도 바꾸기

이제 당신의 양육 방식의 위치를 알아볼 차례이다. 당신의 시작점을 알기 위해서는, '양육 스펙트럼' 가운데 어디에 속해 있는지를 알아야 한다.

세 가지 양육 방식을 살펴본 뒤, 몇 가지 항목을 고려해보길 바란다. 자신이 어디에 속하는지, (동반자가 있다면) 당신의 배우자는 어디에 속하는지, 당신의 부모님은 어디에 속했는지를 파악한다.

한쪽에 온전히 속하는 경우는 드물다. 당시의 감정이나 상황에 따라 약간씩 달라질 수 있다. 어떤 이들은 양극단을 오가기도 한다. 하지만 대다수의 경우 자신이 자란 환경을 바탕으로 어느 정도 하나의 성향에 조금이나마 치우치기 마련이다.

통제형 양육방식

스펙트럼의 극단에 위치한 통제형 패러다임은 많은 이들이 '독재적'이라고 말하는 스타일과 유사하다. 부모가 규칙을 정하고 아이는 이를 준수한다. 부모가 아이에게 거는 기대가 너무 큰 나머지 아이들은 지속적으로 '자신이 부족한 사람'이라는 느낌을 받는다. 여기에 속하는 부모는 부당하고 비이성적이며 과장된 감정의 표출을 잘 견디지 못한다.

통제형 부모는 한계를 확실하게 설정한다. 물론 건강하지 않고, 생명을 위험하게 하는 행동에 대해서는 확고한 한계를 설정하는 것이 꼭 필요하다. 하지만 통제형 부모는 갈등 상황에서 아이의 의견이나 감정은 무시한 채 충동적이고도 독단적인 한계를 정하기도 한다. 이런 부모는 문제가 생기면 아이의 탓으로 돌리거나 '무조건 내가 시키는 대로 해'라는 태도를 보인다.

통제형 부모는 아이에게 정보를 제공하고 스스로 행동하도록 이끌기보다는 지시를 내리는 것을 편하게 느낀다. 아이가 바르게 행동하도록 만들기 위해 처벌이나 죄책감, 수치심, 협박을 동기로 활용한다. 뇌물과 보상도 사용한다. 보상을 활용하는 것이 통제형 양육법에 속한다는 것을 듣고 깜짝 놀라는 사람들이 있을 것이다. 뇌물과 보상은 처벌과 협박에 비해 긍정적으로 느껴지기 때문이다.

하지만《자녀교육, 사랑을 이용하지 마라》등 수많은 책을 저술한 작가 알피 콘은 아이의 '행복'을 담보로 통제하고 조종하는 것과 아이의 '불행'을 담보로 통제하고 조종하는 것은 그리 다르지 않다고 말했다. 모두 외부적 동기(돈, 명성, 점수, 칭찬과 같은 외부적 보상에서 행동이 촉발된다)를 활용하기 때문이다.

알피 콘은 꾸준히 보상을 받는 아이들은 '내게 어떠한 이익이 있는가?'를 먼저 생각하는 태도가 형성된다고 지적했다. 보상을 받기 위해 행동하는 습관이 몸에 배고, 타인에게서 자신의 성취감을 찾게 된다. 보상 시스템이나 칭찬 스티커를 적극적으로 활용하는 가족 문화에서 자란 아이들은 자기관리 및 절제력이 부족해진다.

· 통제형 부모의 선호 전략

뇌물 활용 · 형제자매 및 다른 아이들과 비교 · 요구 및 지시 · 외부적 동기 활용 · 죄책감 활용 · 자녀의 인생과 대인관계에 사사건건 간섭한다 · 부모의 희생이나 고통에 자녀가 죄책감을 느끼게 유도 · 애정을 표현하도록 자녀를 압박 · 처벌을 하겠다고 위협 · 문제해결에 개입 · 보상/행동 차트를 활용내 집에서는 내 규칙을 따라야 해. · 내가 그렇게 말했으니까. · 내가 뭐라고 말했지? · 말대답하지 마. · 지금 당장 하라고 말했잖니! · 오빠/형/누나/언니에게 사과하렴. · 도대체 몇 번이나 말해야 알아듣겠어? · 네가 ____ 하면 ____ 해줄게! · 네가 엄마/아빠를 사랑한다면 그렇게 행동하지 않았겠지.

허용형 양육방식

스펙트럼의 다른 극단에 자리하고 있는 허용형 부모는 한계를 엄격하게 설정하지 않는 데다 매번 제대로 지키지도 않는다. 허용형 부모는 자녀의 행동이나 능력에 대한 기대치가 낮아 아이에게 요구하는 것도 적다.

또한 아이가 스스로 문제를 해결하도록 이끌고 역경을 헤쳐나갈 자신감을 키워주지 않는다. 대신 자녀를 구제해주고, 나서서 처리해주며, 응석을 받아주고, 아이를 안쓰럽고 안타깝게 여긴다. 아이의 기분을 거스르고 싶지 않은 허용형 부모는 아이를 지나치게 신경 쓰고 조심하며, 아이의 말을 거절하고 싶을 때도 예스라고 답한다.

허용형 부모의 경우 자녀의 부적절한 행동에 대해 변명거리를 찾거나 웃어넘기는 경향이 있고, 자녀들이 타인과 타인의 물건을 함부로 다루도록 내버려두기도 한다. 허용형 부모는 자녀와의 갈등 상황에서 항상 져주고, 체계 없는 자유를 허락하며, 바운더리를 정확히 설정하지 못한다. 심각한 경우 취침 시간과 전자 기기 사용, 자전거 헬멧 착용 등 건강과 안전에 대한 규칙마저도 제대로 지켜지지 않는다. 아이들은 방대한 자유와 자신의 뜻대로 할 권리를 마음껏 누린다. 그로 인해 부모의 사적인 바운더리마저도 침범하는 일이 발생한다.

· 허용형 부모의 선호 전략

뇌물 활용 · 상호의존/밀착관계 · 외부적 동기 활용 · 죄책감 활용 · 자녀의 인생과 대인관계에 사사건건 간섭한다 · 부모의 희생과 고통에 자녀가 죄책감을 느끼게 유도한다 · 아이가 스스로 할 수 있는 일을 대신 해준다 · 안쓰러움을 느낀다 · 칭찬과 보상을 사용한다 · 자녀의 문제해결에 개입한다

· 허용형 부모의 화법

네가 행복하길 바랄 뿐이야. · 엄마가 어떻게 해줄까? · 엄마가 못 본 걸로 하자. · 이건 네가 혼자 못하는데. 엄마가 해줄게. · 네가 원하는 대로 하렴. · 마음 쓰지 마.

마음 중심형 양육방식

통제형과 허용형의 사이 가장 적당한 양육법이 바로 마음 중심형이다. 하지만 이는 앞서 두 가지를 조합한 것이 아니라 완전히 다른 스타일이다. 여기에 속한 부모는 자녀들에게 높지만 합리적인 수준의 기대치를 갖고 있으며, 아이에게 관대하고도 건강한 정서적 지지를 제공한다. 부모가 정한 한계는 대체로 건강과 안전에 관한 것이며, 아이의 연령대에 맞게 설정되었고, 변함없이 유지된다.

마음 중심형 부모는 아이의 구조자나 심판의 역할을 하려 하지 않

는다. 아이들은 연령에 따라 적절한 선택권을 누리고, 성장해감에 따라 그에 어울리는 책임을 부여받는다. 아이들은 자신의 실수를 바로잡을 수 있고, 유능하고, 의지할 수 있으며 믿을 수 있는 인격체로 대접받는다. 이런 환경에서는 내부적 동기(무언가를 하는 즐거움에서 행동이 촉발된다)에 따라 행동하는 아이로 성장할 확률이 굉장히 높다.

동기가 내부에서 시작하는 내부적 동기는 아이가 건강한 바운더리를 세우고, 자신의 윤리 기준을 따르며, 행동에 대한 책임을 지고, 세상을 위해 좋은 일을 하는 기제가 된다.

부모와 자녀 간의 상호 합의는 마음 중심형 양육법의 특징이다. 부모가 일방적으로 설교를 하는 게 아니라, 아이도 의견을 내고 부모와 아이가 함께 토론한다. 그렇기에 부모와 아이의 욕구가 모두 중요하게 여겨진다.

· 마음 중심형 부모의 선호 전략

일관성과 유연성 · 공감 · 격려 · 선택권 제시 · 내부적 동기 활용 · 상호 동의 · 긍정적인 역할 모델 · 자기조절력 · 무조건적인 사랑 · 윈윈 협상

· 마음 중심형 부모의 화법

엄마는 네가 할 수 있다고 믿어. · 넌 할 수 있어. · 어떻게 생각하니? · 함께 아이디어를 생각해보자. · 어떤 기분이 들어? · 어떻게 해야 해결할 수 있을까? · 너는 능력 있고 믿을 수 있는 사람이야. · 네가 잘 해낼 거라 믿어. · 엄마는 너를 믿어.

완벽한 사람이 될 필요는 없다

마음 중심형 양육법은 우리가 자녀를 위해 정해놓은 목표를 이룰 수 있는 가장 빠른 방법이자 유일한 방법이다. 그 전에 사례를 통해 목표와 전략의 근본적인 미스매치가 부모의 노력을 얼마나 헛되게 만드는지를 알아보자.

사랑이 넘치는 부부에게 아들이 태어났다. 부모는 앞으로 이 아이와 아주 친밀한 관계를 나누겠노라 다짐했고, 기대했다. 아이가 무탈하게 자라려면 부모와의 관계가 중요하다고 생각했고, 부부의 목표 중 하나는 아이가 언제든 부모에게 찾아와 조언을 구할 수 있으면 좋겠다는 것이었다.

그로부터 2년 후 둘째 아들이 태어났다. 첫째가 네 살에 접어들면

서부터 평탄했던 가정에 문제가 생기기 시작했다. 아이는 자꾸 칭얼거렸고, 공공장소에서 떼를 썼으며, 동생을 괴롭혔다. 부모는 좌절과 아픔을 느꼈다. 엄마와 아빠는 갑작스럽게 퇴행 행동을 보이는 아이를 혼내며 좋은 형이 되어야 한다고 가르쳤다. 부모는 목소리를 높였고, 타임아웃을 시행했으며 아이가 조금 자란 후에는 말썽을 피울 때마다 아이가 소중히 여기는 전자기기를 압수했다. 시간이 지날수록 이런 전략들이 효과가 있는 듯 보였다. 열세 살이 되자 부모 중 한 명이 못마땅한 표정만 지어도 아이는 행동을 바로했다.

안타깝게도 그 사이에 부수적 피해가 발생하고 있었다. 아이의 행동 이면에 자리한 욕구와 정서를 이해하기 보다는 수치심을 안겨주고 벌을 내린 탓에 아이는 부모에게 강하게 감정을 표출해서는 안 된다고 생각하기 시작했다. 점차 아이는 자신의 감정을 감추는 법을 터득했다. 동생 때문에 항상 혼만 난다는 원망이 생겼고 이로 인해 형제관계에 금이 갔다. 고등학생이 되자 친구들 하고만 소통을 했고, 위험한 행동을 하며 그간 억눌렀던 감정을 분출하기 시작했다. 역설적이게도 부모는 아들을 누구보다 사랑하고 아끼며 자신의 최선을 다했음에도 아이가 조언이 필요할 때 결코 찾지 않는 대상이 되고 말았다.

부모가 아이를 함부로 대하거나 학대했다고 볼 수 있을까? 그렇지 않다. 부모가 택한 전략 가운데 너무 극단적이다 싶은 것이 있는가?

전혀 없다. 그럼에도 부모는 아들과 각별한 사이가 되겠다던 목표를 이루지 못했다. 왜일까? 부모가 채택한 전략은 오로지 단기적 문제를 해결하는 데만 집중된 나머지 장기적 목표를 해치고 말았다. 아이가 어렸을 때 옳은 행동을 하도록 가르치려 한 것이, 오히려 아이가 나쁜 행동에 가까워지도록 만들었다. 이런 식의 자기 파괴적 행동은 사실 매우 흔하다. 부모로서 한 번 생각해보길 바란다.

- 아이들이 정직하길 바라지만, 정작 아이가 잘못을 털어놓으면 아이에게 수치심과 벌을 주며 실망했다고 말한다.
- 아이가 자기 자신을 긍정적으로 바라보길 원하지만, 아이에게 잔소리를 늘어놓고, 비판하고, 꾸짖는다.
- 아이가 자기 자신을 위해 건강한 바운더리를 형성하길 바라지만, 친구나 형제자매에게 물건을 공유해야 한다고 강요하거나 아이가 원치 않음에도 "얼른 와서 할머니 한 번 안아드리렴." 같은 말을 하며 신체적 접촉을 요구한다.
- 아이가 용감하고 자신감 넘치길 바라면서도 말대꾸를 하거나 부모가 정한 한계에 대항하려 드는 것을 허용하지 않는다.
- 아이가 스스로 문제를 해결하는 사람이 되길 바라지만, 아이가 해야 할 선택 대부분을 부모가 대신 내려준다.
- 아이가 안전함과 소속감을 느끼길 바라면서도 '내 집에서는 내 규칙을 따라야 해'라는 자세를 고수한다.
- 아이가 배움을 즐기길 바라지만, 아이가 무엇을 배울지를 부모가

결정한다.

- 책임감 있는 아이가 되길 바라지만 과제를 두고 가면 학교로 가져다준다.

- 아이가 의젓하게 갈등을 해결하길 바라면서도 아이와의 갈등 상황에서 부모는 벌을 주겠다고 위협하는 모습을 보인다.

- 아이가 감정을 공유하길 바라지만, 아이가 성질을 부리면 '부적절한 행동'이라고 말하며 우는 아이를 방으로 들여보낸다.

- 자립적인 아이가 되길 바라면서도 아이 스스로 할 수 있는 일을 부모가 대신 해준다.

- 경쟁보다는 팀워크를 가치 있게 여기길 바라지만, 친구 또는 형제자매와 비교하며 경쟁을 유도한다.

- 무례한 사람들에게 맞서서 대응하길 바라면서도 우리가 아이에게 모질게 굴 때 반항하는 것을 참지 못한다.

- 아이가 창의적이고 자율적이며 자주적이길 바라지만, 규칙을 정할 때는 아이의 동의를 구하지 않고 무작정 따라야 한다고 가르친다.

- 아이가 윤리 기준을 갖길 원하지만, 친절함을 베풀 때 자연스럽게 찾아오는 긍정적인 감정과 무례하게 굴 때 빚어지는 부정적인 감정을 직접 경험하고 느낄 기회를 마련해 주기보다는 뇌물과 보상을 활용해 아이의 동기를 자극한다.

- 아이가 자기조절력을 기르길 바라지만, 자기조절력을 발휘하는 방법을 직접 보여주지 못한다.

• 권위에 의문을 품는 아이가 되길 원하지만, 부모에게 이의를 제
기하는 것을 참지 못한다.

우리가 매일 아이들에게 어떠한 모습을 보여주는지에 따라, 우리가
바라는 아이의 미래에 조금씩 다가갈 수도 멀어질 수도 있다. 어찌되
었든 부모가 원하는 결과를 도출하는 방식이나 부모의 직감에 따른
행동, 다 잘 될 거라는 터무니없는 믿음을 목표로 삼아서는 안 된다.

우리는 의도적으로 목표를 높이 세워야만 한다. 진정으로 아이의
미래를 염려하고 있다면, 최종 목적을 항상 마음에 그리며 양육을 실
천해야 한다. 문제 행동을 멈추는 것이 아니라 어떤 사람으로 키우고
싶은지에 집중해야 한다.

실수는 기회가 된다

아이를 키우는 것이 늘 평탄하기만 한 것은 아니다. 부모의 삶을 힘
들게 만드는 아이들도 있다. 심지어 순한 아이들마저도 한 번씩 부모
를 시험대에 올린다. 부모의 마음을 상하게 하는 말을 하기도 하고,
'세상에, 지금까지 내가 잘못 키운 걸까?'라는 질문이 떠오르게 만드
는 행동을 한다.

완벽한 부모는 없다. 어떻게 완벽할 수 있겠는가? 부모가 되고 나서
야 자신에게 괴팍한 구석이 있었음을 알게 되고, 무엇에 스트레스를
받고 무엇을 두려워하는지 새삼 깨닫는다. 아이를 키우며 흔들리지

않을 수 없다. 한 번씩 아이의 소중함을 잊을 때도 있다. 아이에게 쏟아낸 자신의 말을 후회할 때도 많다. 가끔씩은 이 행동이 잘못되었다는 것을 알면서도 너무 지친 나머지 바로 잡지 못할 때도 있다. 그렇지만 우리에겐 언제나 내일이 있다. 그리고 내일은 반드시 온다.

양육을 배울 최고의 기회는 바로 실수를 할 때 찾아온다. 실수는 우리가 더 나은 부모가 될 기회를 주고, 이해심을 넓혀준다. 무엇보다 아이에게 완벽한 사람이 될 필요가 없다는 것을 몸소 보여주는 계기를 마련해준다.

자녀 양육에서 명심해야 할 점은 항상 완벽하지 않아도 된다는 것이다. A지점에서 B지점까지 우회로나 일탈 없이, 탈선하지 않고 곧장 가야 하는 것이 아니다. 아이를 키우는 일은 단 한 번의 시도로 곧장 목표지점에 이르는 과정이 결코 아니다. 중요한 것은 B지점이 어디인지, 어떻게 해야 도착할 수 있는지를 아는 것이다.

| 첫 번째 원리 |

아이들은 정서적 욕구를 가지고 있다

감정 계좌에 긍정적인 감정 쌓기

《성공하는 사람들의 7가지 습관》에서 스티븐 코비는 감정 계좌 Emotional Bank Account라는 용어에 빗대어 '관계에서 형성된 신뢰의 정도'를 설명했다. 주변 사람들과의 정서적 교류 상황을 확인하는 방법으로, 이 개념은 자녀와의 관계를 알아보는 데 효과적이다.

긍정적이든, 부정적이든 아이와의 상호작용은 아이의 계좌에 예금 또는 인출로 기록된다. 실제 통장에도 잔고가 두둑할 때 마음이 편안해지는 것과 마찬가지로 아이들 역시 감정 계좌에 잔고가 많을 때 더욱 편안함을 느낀다. 그날의 잔고가 두둑할수록 아이는 좀 더 협조적이고 긍정적인 태도를 보인다.

마음이 괴로운 나머지 아이에게 소리를 지른 뒤 오후에는 아이를 억지로 끌고 다니며 일을 보고, 본의 아니게 아이 친구들 앞에서 망신을 주었다고 생각해보자. 이런 상황은 모두 감정 인출이다. 하지만 그날 놀아달라고 부탁하는 아이에게 알겠다고 답하고, 스무디를 만드는 법을 가르쳐주고, 틈틈이 마주한 갈등 상황에서도 침착하게 대응했다고 생각해보자. 그렇다면 긍정적인 교류가 부정적인 교류를 상쇄해 그날 하루 아이와 괜찮은 유대감을 지켜나갈 수 있다.

인출이 일어나는 상황

추측 · 비난 · 뇌물 · 타인과 비교 · 복종 · 강요 · 감정 부인 · 평가절하 · 아이 연령에 비해 높은 기대치 · 약속 불이행 · 한계나 바운더리 설정 실패 · 주변을 맴돌며 지나치게 간섭 · 체벌 · 재촉 · 모멸감 · 무시 · 일관성 · 결여 · 차단 · 고립(타임아웃) · 명령 하달 · 이름표 붙이기 · 관심 부족 · 애정 부족과 유대감 부족 · 부정적인 보디랭귀지 · 자기 돌봄 결여 · 과잉반응 · 편애 · 나쁜 롤모델링 · 매몰찬 반응 · 아이의 특권 무효화 · 장난감이나 전자기기 압수 · 빈번한 거절 표현 · 수치심 · 협박과 잔소리 · 공포심을 동기로 활용 · 빈정대는 화법 · 침묵전략 활용 · 애정 철회 · 소리지르기

예금이 쌓이는 상황

수용 · 감정 인정 · 사과 · 아이의 고유성 존중 · 아이와 시선 맞추기 · 아이의 삶과 관심사에 참여 · 아이에게 몰입 · 침착한 의사소통 · 칭찬 · 일관성 · 격려 · 유연성 · 약속 이행 · 젬스 · 선택권 제공 · 함께하는 시간 마련 · 높은 단계의 교감 · 포옹 · 의사결정에 아이 참여시키기 · 웃음 · 아이의 이야기 경청 · 아이의 음악 활동 경청 · 애정 어린 신체적 접촉 · 일대일 데이트 · 참여 · 사려 깊은 반응 · 아이가 보는 TV 프로그램 함께 시청 · 사랑을 말로 표현 · 온전한 집중 · 신뢰 · 가르침 전달 · 인내심 발휘 · 한계와 바운더리 설정 · 가능할 때마다 긍정적으로 답하기 · 놀이 · 사려 깊은 반응 · 인식

부모가 아무리 노력해도 아이의 감정 계좌에서 잔고를 인출하는 일이 벌어진다. 특히나 당신의 삶이 버거운 시기에는 더욱 그렇다. 아이들은 상처받고, 좌절감을 경험하며, 당신에게 분노를 느낄 것이다. 하지만 언제나 감정 계좌의 최종 잔고가 플러스가 되도록 신경 쓰고, 부모로서 자신의 한계를 인정한다면 아이의 마음이 아플 일은 크게 줄어든다.

놀이치료 전문가이자 심리학자인 로렌스 코헨은 《Playful Parenting 아이와 통하는 부모는 노는 방법이 다르다》에서 아이의 정서를 채워주는 것을 '아이의 컵을 채운다'고 표현했다. 그는 놀이, 우정, 일대일 시간, 유대감, 아이가 좋아하는 일을 하는 것이 컵을 채워준다고 말했다. 반면에 스트레스, 부담감, 또래의 거절, 외로움, 고립, 부모의 고함, 처벌, 실패, 피로, 아이가 싫어하는 일을 시키는 것은 컵을 비우는 것이라고 했다.

임상심리학자이자 '아하! 육아법 Aha! Parenting'의 창시자인 로라 마컴 역시 《부모 멘탈 수업》에서 감정 은행 계좌에 대해 언급하며 예금과 인출의 비율이 5대 1인 상태가 바람직하다고 조언했다. 그녀는 '한 번의 부정적인 상호작용마다 최소 다섯 번의 긍정적인 상호작용'을 나눈 부부들이 이혼할 확률이 낮다는 연구를 들어 이렇게 말했다. "5대 1 비율을 유지하는 것이 부모와 자녀 간의 관계를 포함해 모든 인간관계에서 불행을 피할 수 있는 효과적인 방법이다."

감정 계좌를 언급한 이유에는 두 가지가 있다. 첫째로 가정에서 바로 적용할 수 있는 실질적인 방법을 소개하고 싶었다. 둘째로는 아이의 정서적 욕구라는 단순하면서도 중요한 개념을 소개하기에 이상적인 방법이라 생각했다. 앞에서 말한 예금이 쌓이는 상황은 아이의 정서적 욕구를 최소 한 가지 이상 충족시키는 일이다. 하나씩 아이의 욕구를 배워나간다면 아이가 언제, 왜 그런 행동을 하는지 이해하는 눈을 기를 수 있다.

마음 살피기 미션

감정 계좌에 예금과 인출을 발생시키는 상황을 정리한 리스트를 읽고, 지난 24시간을 돌이켜본다. 자녀의 감정 계좌를 채우거나 비운 행동은 무엇이었는가? 리스트에서 동그라미를 치거나 직접 추가해본다. 아이의 감정 계좌에 잔고가 플러스가 되도록 마무리 지었는가, 아니면 인출을 상쇄해야 하는 상황인가?

아이가 바라는 일곱 가지 정서적 욕구

아이의 정서적 욕구에는 수용, 애정, 자유, 존중, 안전, 지원, 신뢰, 이해 등 수십 가지가 있다. 이 수많은 단어들에 한 가지 공통점이 있다. 바로 맥이 빠질 정도로 의미가 모호하다는 점이다. 아이의 정서적 욕구가 무엇인지 정확히 정의를 내릴 수도 없는데, 어떻게 이를 충족할 수 있겠는가?

우리는 수많은 정서적 욕구를 일곱 가지로 정리하여 스페셜 SPECIAL이라는 이름을 만들었다. SPECIAL은 다음의 앞 글자를 따서 만든 단어이다.

S = 미소Smile   P = 권한Powerful   E = 탐험Explore   C = 교감Connection

I = 중요감Important   A = 관심Attention   L = 사랑Love

아이가 왜 저런 행동을 하는지 잘 모를 때는 제일 먼저 스페셜 욕구를 검토해야 한다.

S : 아이의 미소를 위해서

누구나 일상에 기쁨이 자리하는 것이 얼마나 중요한지 알고 있다. 좋은 음식을 먹고, 회사에서 동료들과 이야기를 나누고, 저녁에 가족들이 모여 일과를 공유하는 것 등 말이다. 행복을 느끼게 해주는 일 하나 없이 하루를 버티기는 너무나 힘들다. 우리를 웃게 해주는 무언가가 필요하다.

아이들을 웃게 만드는 일이 성인인 우리와 같지는 않겠지만, 즐거움을 느껴야 할 욕구는 우리보다 훨씬 크다. 즐거움과 웃음, 놀이 등 미소를 향한 정서적 욕구를 중요하게 여겨야 한다. 웃음이 건강에 좋다는 것은 이미 수없이 많은 연구를 통해 밝혀졌다. 웃을 때는 혈액 속 스트레스 호르몬이 낮아지고, 신체에서 천연 마약 성분인 베타 엔돌핀이 생성된다. 심폐 기능과 혈압이 높아지고, 폐활량이 향상된다.

물론 항상 즐거울 수만은 없고, 집 안에서 365일 24시간 웃음이 넘치게 만들 수도 없다. 하지만 아이에게서 문제 행동이 발견되거나 아이가 협조하지 않는다고 느껴질 때는 미소가 효과 빠른 해결책이 될 수 있다.

부모로서 창의력을 발휘할 기회이다. 웃음은 아이의 일이라고 생각해야 한다. 당신은 그저 아이의 도우미일 뿐이다. 스마트폰을 내려놓고, 노트북 전원도 끄고 아이가 당장 제 일을 시작하도록 만들어라.

아이의 얼굴에 미소를 만드는 법

아이와 놀이를 함께한다. 여러모로 미소 욕구는 부모가 충족시키기 가장 손쉬운 유형이다. 아이들은 항상 재밌는 놀이 대상을 원하고 그 대상을 상대적으로 쉽게 찾아낸다.

목욕 후 아이들이 맨몸으로 온 집안을 뛰어다니게 하는 것만으로도 미소 욕구를 채워줄 수 있다. 아이들과 숨바꼭질을 하거나 '땅 밟지 않기' 놀이를 하며 쿠션 위를 뛰어다니는 등의 놀이 시간은 아이들의 감정 계좌에 긍정적인 감정을 많이 쌓을 수 있다. 가능할 때마다 아이들과 즐거운 놀이에 적극 참여하길 바란다.

또 아이들이 '잔뜩 신나도록' 두어야 한다. 부모의 감정 계좌가 바닥을 드러낼 때면 아이의 즐거움도 짜증스럽게 느껴질 수 있다. 아이가 지나치게 흥분했다 싶을 때면 "좀 진정해.", "조용히 해." 등의 말을 하게 된다. 하지만 이런 말은 아이에게 지나치게 행복해서는 안 된다는 메시지로 전달될 수 있다. 그러면 아이는 좁은 정서 스펙트럼 안에서만 자신의 감정을 머무르게 할 수도 있다. 아이에게 "너무 진지하게 생각하지 말고 긴장을 좀 풀면 어때?" 하고 말해준다면 즐거움을 찾기가 한결 쉬워질 것이다.

마음 살피기 미션

아이가 꺼리는 일이나 루틴을 떠올려보고, 아이가 그 일을 좀 더 재밌게 할 수 있는 방법 다섯 가지를 고민해보자. (우리의 장기적인 목표는 아이가 스스로 재미를 찾는 방법을 가르치는 것이라는 점을 명심해야 한다.)

P : 자유가 필요한 우리 아이

우리가 진행한 여러 설문조사에서 부모의 가장 큰 걱정거리 중 하나로 지목된 힘겨루기는 아이가 자신의 권한을 확인하고 싶은 타당한 욕구에서 비롯된다. 자신의 세계를 직접 통제할 능력을 발휘하고 싶은 지극히 당연한 인간의 욕구이다. 아이들이 성장하면서 자신에게 적절하고도 진정한 권한이 주어졌다고 느끼지 못하면 그 힘을 확보하려는 과정에서 문제가 발생한다. 이런 시도는 항상 갈등으로 이어진다.

아이들은 자신의 권한을 느끼기 위해 가능할 때마다 통제력을 행사하려 든다. 아이의 나이에 맞게 혼자 밥을 먹도록 하고, 옷을 직접 고르게 하고, 점심 메뉴를 정하게 하고, 특별 활동도 직접 선택하게 하는 등 권한을 주는 방법은 다양하다.

아이가 실수를 할 자유를 허락하는 것은 또 다른 이야기이다. 아이가 스스로 할 수 있는 일을 부모가 대신 해줄 때마다 아이의 권한과 기회를 앗아가는 것이다. 아이가 직접 우유를 따라 먹도록 두어야 한다. 흘려도 괜찮다. 직접 치우는 법도 깨우치도록 해야 한다.

아이에게 모든 권한을 주는 것이 아니다. 또한 아이의 권한을 허락한다고 해서 허용형 부모가 되는 것도 아니다. 사실 당신이 지금껏 보고 들었던 것과는 달리 아이가 권한을 요구하는 것은 더 많은 규제가 필요해서가 아니라 그저 더 많은 권한이 필요하기 때문이다.

아이의 권한을 빼앗는 사소한 일들

아이의 나이에 맞는 적절한 책임감을 부여할 때 아이는 자신에게 권한이 있다고 느낀다. 아이가 자신의 삶에 직접적인 영향력을 행세할 수 있기 때문이다. 아이에게 무엇을 해야 하는지, 적어도 어떤 방향으로 나아가야 하는지를 강력하게 제시해야 할 때도 있다. 하지만 이런 것도 아이가 부모에게서 통제당하고, 강요받는 기분을 느끼도록 만들지 않고도 충분히 할 수 있다. 비결은 바로 부모가 아이들에게 선택권을 제시하는 습관을 들이는 것이다.

선택권을 주는 방법

부모는 자녀에게 세 가지 유형의 선택권을 제시할 수 있다. 구체적인 선택권, 윈윈 선택권, 재밌는 선택권이다.

· **구체적인 선택권** 직접직이고도 한정된 선택권을 제시한다. 사고의 폭이 좁은 유아부터 미취학 아동에게 특히나 효과가 좋으나 10대 청

소년에게도 활용할 수 있다. "빨간색 바지 입을래, 아니면 파란색 바지 입을래?"처럼 구체적인 선택권을 제시하는 것이다. "식기세척기 다 끝나면 그릇을 정리해줄래, 아니면 식기세척기에 그릇을 넣어줄래?"이런 식의 질문도 가능하다.

· **윈윈 선택권** 취침 시간이나 귀가 시간 등 한계를 설정할 때도 아이의 나이에 맞는 선택권을 제안할 수 있다. 어린 아이에게는 이런 식으로 묻는 것이다. "지금 잠자리에 들면 엄마가 책을 네 권 읽어줄 수 있고, 10분 후에 자면 두 권 읽어줄 수 있는데 어떻게 하고 싶어?" 좀 더 큰 아이에게는 이렇게 묻는다. "평일에는 일찍 들어와서 10시 30분에는 자는 걸로 우리 약속했잖아. 지금 외출하면 영화를 두 편 볼수 있고, 저녁 먹고 나가면 한 편만 볼 수 있어. 어떻게 하고 싶니?"

· **재밌는 선택권** 자신의 권한을 주장하고 싶고 또 재미도 느끼고 싶은 아이의 욕구를 둘 다 충족할 수 있다. 어린 아이라면 이렇게 묻는다. "침대까지 업어줄까, 아니면 썰매처럼 끌어줄까?" 이때 중요한 것은 신나는 목소리로 선택권을 제시해야 한다. 그래야 아이도 쉽게 선택할 수 있다.

선택권은 두 가지 안만 제안하되 둘 다 아이가 느끼기에 즐거울 만한 것이이야 하고, 자신에게 정말 선택권이 있다고 느끼도록 해야 한다. 둘 중 하나가 처벌이어선 안 된다. "옷 갈아입을래, 타임아웃 할래?" 이런 식은 선택권이 아니라 협박에 가깝다. 또한 부모는 아이가 둘 중 무엇을 선택해도 좋은 마음으로 아이의 선택을 따라야 한다.

선택권을 제시하는 방법은 부모가 원하는 바를 얻기 위해 쓰는 '__ 하면 __ 해줄게' 조건부 화법을 삼가는 데 효과적이다. 이 화법은 협박, 보상을 바탕으로 한다. 또한 '__하면'이란 말에는 부모의 요청사항을 아이가 이행할 능력이 있는지 의심한다는 의미가 포함되어 있다. 이런 조건부 화법은 다음과 같이 선택권을 제안하는 화법으로 바꿀 수 있다.

조건부: "옷 갈아입으면 저녁에 TV 보게 해줄게."
구체적인 선택권: "네가 골라봐. 고양이 잠옷 입을래, 강아지 잠옷 입을래?"

조건부: "숙제 다 하면 레고 놀이 시간 늘려줄게."
윈윈 선택권: "저녁 먹기 전보다 저녁 먹고 나서 엄마가 더 많이 놀아줄 수 있어. 5시 전에 숙제 마치면 엄마랑 레고 놀이 20분 할 수 있는데, 저녁 먹고 숙제하면 엄마랑 10분 놀 수 있어."

조건부: "장난감 다섯 개 정리하면 공원에 데려갈게."
재미있는 선택권: "장난감 다섯 개 정리하는 동안 노래할래, 아니면 춤출래?"

아이가 선택하지 못하면 어떡하죠?

아이가 선택지 두 개 모두 달가워하지 않는다면 곤란해진다. 가령 아픈 아이에게 쓴 항생제를 먹어야 할 때가 있다. 이때 부모가 제시할 수 있는 선택권은 이런 식이다. "저녁 먹기 전에 약을 먹을까, 저녁 먹고 먹을까?" 물론 아이는 "둘 다 싫어요."라고 말할 가능성이 크다. 부모는 좀 더 논리적으로 접근하려고 한다. "의사 선생님이 약을 먹지 않으면 안 나을 거라고 했는데." 하고 말이다.

하지만 논리는 감정 차단어로 이런 상황에서는 논리를 들이미는 것은 전혀 도움이 되지 않는다. 이때는 아이의 감정에 공감해주는 것이 좋다. "약이 너무 써서 싫구나." 아이의 감정에 대해 이야기를 하는 것도 별 도움이 되지 않고, 아이가 여전히 어느 쪽도 선택하지 않으려 할 때는 그나마 아이가 고를 법한 선택지를 부모가 대신 정해 대화를 이끈다. "좋아, 그럼 저녁 먹고 약을 먹자. 그러고 나서 바로 양치하면 쓴맛이 금방 사라질 거야." 애정이 넘치는 어조와 태도가 중요하다.

어른과 마찬가지로 아이들도 지시나 명령을 받는 것을 싫어한다. 부모가 명령할수록 아이는 멀어지려고 한다. 명령 대신 정보를 전달한다고 생각해야 한다. 아이의 자발적인 행동을 이끌만한 정보 말이다. 명령이 아닌 정보를 제공받은 아이들은 스스로 생각하는 법을 훈련할 수 있고 부모와도 더욱 가까운 관계를 유지할 수 있게 된다

명령	정보
"재킷이랑 가방 챙기고 신발 신어. 지금 출발할 거야!"	"7시 30분에 나갈 건데, 뭘 챙겨야 하지?"
"엄마 마트 다녀올 동안 식기 세척기에 있는 그릇 좀 꺼내줘."	"식기 세척기가 다 된 것 같아."
"조심해. 넘어질라!"	"바닥이 젖어서 미끄러워."
"목소리 좀 낮춰."	"도서관은 책을 읽는 곳이라 조용히 해야 하는 장소야."
"신발 끈 묶어!"	"신발 끈이 풀렸구나."
"잠옷 입고, 세수하고 양치해. 잘 시간이잖니!"	"8시 30분에 잠자리에 들어야 하는데 지금 7시 30분이네. 자기 전에 뭘 해야 할까?"
"과제하라고 몇 번이나 말해야겠니?"	"일정표 보니 과제가 금요일까지던데. 혹시 뭐 필요한 거 있니?"
"화분에 물 좀 줘."	"화분이 말라가는 것 같아."

마음 살피기 미션

아이에게 평소에 자주 쓰는 지시어를 선택(구체적, 윈윈, 재미있는 선택)이나 정보 제공으로 바꿔 아이가 스스로 무엇을 해야 할지 생각해볼 기회를 준다.

E : 아이들은 모두 탐험가이다

아기들은 태어나자마자 주변 환경을 탐험하고 실험한다. 신생아를 데리고 나가 바깥 구경을 시켜주는 것도, 아이가 걸음마를 떼기 시작하면 콘센트에 안전 덮개를 씌우는 것도 이 때문이다.

　탐험을 갈구하는 아이의 정서적 욕구는 성장한다고 사라지지 않는다. 지인의 여섯 살 난 아들은 플라스틱으로 된 스타워즈 피규어를 대여한 팝콘 기계에 넣고 기계를 작동시켰다. 녹아버린 피규어를 팝콘 기계에서 닦아내는 내 친구에게 아들은 "어떻게 될지 궁금했어요."라고 말했다.

　물론 한계는 분명 있어야 한다. 하지만 "그만해!", "만지지 마!" 같은 말은 아이의 탐험 정신을 짓밟고, 이런 말을 지나치게 자주 듣는 아이는 당연하게도 좌절감을 느낀다. 또한 실험 정신은 창의력 발달에 중요한 요소이다. 아이가 탐험의 대상으로 삼는 것이 무엇인지 잘 살핀다면 타고난 관심사와 재능을 빨리 파악할 수 있다.

　다른 아이들보다 유독 호기심이 많은 아이들도 있는데, 이런 아이들은 실험과 탐험에 대한 욕구가 쉽사리 충족되지 않는다. 이 욕구가 도저히 참아지지도, 해소되지도 않는다. 네 살 난 아이 하나는 유치원에 있는 화단을 계속 밟고 다녔다. 아이가 그럴 때마다 엄마가 아이를 번쩍 들어 올리며 꽃이 아파한다고 몇 번이나 설명했지만 아이는 기어코 화단에 들어가곤 했다.

　엄마는 아이의 행동에 무척이나 화가 났지만 아들이 자신에게 반항하려는 게 아니라는 것을 깨달았다. 아이는 그저 화단을 밟는 그 촉감과 경험 자체가 너무도 좋았던 것뿐이었다. 엄마는 훈육의 방향을 바꿨다. 집 뒷마당에 잡초가 잔뜩 자란 곳에 아이를 풀어놓고 마음껏 거

닐며 놀게 했다.

결정을 해야 하는 순간, 부모는 빠져야 한다

수영을 잘하는 아이가 중학교에 가서 수영부에 가입하게 되었다. 하지만 가입하고 나서야 하루에 최소 두 시간은 수영장에서 훈련을 해야 한다는 사실을 깨달았다. 체력적으로 지나치게 혹사를 당한 나머지 더는 수영이 즐겁지 않았다. 아이는 수영부를 그만두고 싶어 했지만, 아빠는 체육 특기 장학생으로 대학에 입학할 때까지 해야 한다고 했다.

뛰어난 운동선수를 목표로 자란 아이들이 자신감이 없고 외로움을 많이 타는 성인으로 자라는 경우가 꽤 있다. 여러 연구를 통해 좋은 성과를 내는 아이들이 정서적 고통을 흔하게 겪는다는 것이 드러났는데, 고성과 이면에는 지나치게 밀어붙이는 부모가 있기 때문이다.

무엇이든 아이가 직접 선택할 수 있게 하는 것이 좋다. 중학생인 아이가 좀 더 활용도 높은 스페인어 대신 클링온(스타 트렉에 등장하는 가상의 언어-옮긴이)을 배우겠다고 할 수도 있고, 아이스 스케이트, 롤러 스케이트, 스케이트보드, 우쿨렐레 등 관심이 가는 족족 이것저것 맛만 볼 수도 있다. 하지만 괜찮다. 새로운 대상을 많이 경험한다면 아이에게 분명 도움이 된다. 아직 어린 아이들이 자신만의 탐험을 하는 중이라는 사실을 명심하라. 한 번 결정 했으니 끝까지 그 운동을 해야 한다고 강요한다면 탐험에 대한 욕구를 짓밟는 것이다.

마음 중심형 양육법은 팀에 대한 약속이 아니라 자기 자신과의 약속을 더욱 중요하게 여긴다. 아이가 열정을 느끼는 대상을 찾는다면 꾸준히 할 것이다. 그렇지 않다면 다른 대상을 찾도록 두어야 한다. 다만 아이에게 어느 정도의 예산 안에서 특별 활동을 뒷받침해줄 수 있는지 알리고, 특별 활동 한 가지 만큼은 꼭 참여하도록 독려하는 것이 옳다.

아이의 탐험 정신을 키우는 법

아이의 방에 신경 쓰지 않는다. 이 세상에서 온전히 아이 만의 공간이 되는 곳인 만큼 아이가 탐험을 마음껏 할 수 있는 안식처로 두면 어떨까? 아이가 자신의 방에서 자유를 느낄수록 다른 공간에서 '자유를 찾겠다'며 부모의 신경을 거스르는 행동을 하지 않을 것이다.

부모가 창의적인 대안을 제시한다면 실험 정신이 높은 아이의 욕구를 충족시킬 수 있다. "벽에 그림을 그리는 건 안 되니 커다란 상자를 준비했어. 이 상자를 장난감 집으로 만들어서 이 집 안의 벽에는 마음껏 그림을 그리자!" 아이가 새로운 일을 시도하고 싶어 할 때, 특히 그 일이 당신의 안전지대를 벗어나는 일이라면 스스로에게 이런 질문을 먼저 해보는 것이 좋다. "아이가 탐험을 하는 것인가?" 만약 그렇다면 창의력을 발휘해 아이의 욕구를 해소해 줄 방법을 찾는다.

마음 살피기 미션

아이가 탐험하길 좋아하는 일이 무엇인지 생각해본다. 아이의 탐험 욕구를
충족시키기 위해 부모는 무엇을 해줄 수 있는가?

C : 교감이 중요한 이유

아이와 '교감'한다는 것은 얼마나 가까운 사이인지를 말하는 것이
아니다. 사회적으로, 정서적으로 연결되어 있는 것이다. 당신도 누군
가와 통하는 듯한 느낌을 받은 적이 있을 것이다. 또한 누군가와 잘
맞지 않는다는 것이 어떤 느낌인지도 잘 알 것이다. 거리감이 느껴지
고, 거슬리고, 도저히 의견 일치를 보기 어려운 상대가 있었을 거다.

교감이란 수도꼭지와 비슷하다. 서로가 열려 통하거나 닫혀 막히는
것이 그렇다. 서로를 바라보고, 애정 어린 말을 주고받고, 함께 어울
리고, 아이에게 애정을 보일 때 우리는 아이와 교감하고 수도꼭지는
열린다. 잔소리를 하고, 언성을 높이고, 아이의 곁을 떠나고, 무시하
고, 죄책감과 수치심을 느끼게 하고 때리거나 벌을 내릴 때는 수도꼭
지가 닫힌다.

실천가능한 대안적 육아법, '영적 육아법'의 창시자 비키 팰컨은 부
모는 아이와 차단될 것인지 교감할 것인지를 두고 끊임없이 선택해
야 한다고 말했다. 매 순간 부모가 어떤 선택을 내리는지가 아이의 자

존감에 영향을 미친다. 저자는 '지금 이 행동이 아이와 교감을 나누는 것인가, 아이를 차단하는 것인가?'라고 스스로에게 늘 물어야 한다고 했다. 만약 차단이라는 답이 나왔다면 교감을 쌓을 수 있는 방안을 찾아야 한다고 했다. 팰컨은 '교감의 3단계'라는 개념을 소개했다.

· **낮은 단계:** 당신은 물리적으로 아이와 함께 있을 수도 있지만 정신적 또는 정서적으로는 부재한 상태이다. (열 살 아이를 수영장으로 데려간다. 아이가 노는 동안 당신은 최신 소설에 푹 빠져 있고 안전요원이 아이를 지켜본다.)

· **중간 단계:** 당신이 아이와 함께 있지만 부분적인 정신적, 정서적 교감만 나눈다. (수영장 근처에 앉아 아이가 수영하는 모습을 지켜만 본다.)

· **높은 단계:** 아이의 곁에 있고 정신적, 정서적으로 아이와 완벽히 함께한다. (수영장에 몸을 담그고 아이와 같이 논다.)

부모가 항상 높은 수준으로 아이와 교감을 나눌 수는 없다. 부모가 해야 할 일은 너무나 많기 때문이다. 어떤 때는 낮은 또는 중간 단계의 교감만 간신히 유지할 뿐이다. 늦게까지 야근을 하거나 출장을 갈 때는 아이와 아무런 교감도 나눌 수 없다. 하지만 아이와 일상 속에서 어떠한 수준의 교감을 나누는지 항상 주의하고, 가능한 높은 단계의 교감을 많이 누리도록 노력해야 한다.

교감은 부모가 나서야 하는 일이다

교감의 끈이 계속 이어지는 데 노력해야 하는 사람은 아이가 아닌 부모여야 한다. 아이는 많은 부분에서 부모에게 의존하는데, 자신과 부모와의 관계 형성 역시 부모에게 의지한다. 《아이의 손을 놓지 마라》의 공저자이자 심리학자, 애착이론을 탄생시킨 고든 뉴펠드는 한 인터뷰에서 이런 말을 남겼다. "아이와의 교감을 유지하고, 관계를 지키는 것은 부모의 역할입니다. 그래야 아이는 자유를 누리며 독립적인 인격체로 성장할 수 있습니다."

아이와 교감을 쌓을 수 있는 좋은 방법은 일데일 데이트이다. 아이와의 일대일 데이트 시간은 아이의 정서적 욕구 모두를 단번에 충족시켜준다. 그중에서도 교감 욕구를 크게 채워줄 수 있다. 아이가 부모의 관심을 간절히 바라거나 힘겨루기를 자꾸 하려고 들 때 육아 코치들이 추천하는 방법이다.

이성과의 낭만적인 데이트처럼 아이가 좋아하는 것을 선택해서 단둘만의 특별한 시간을 보낸다. 일대일 데이트는 아이의 감정 계좌에 로또 당첨금만큼이나 엄청난 예금과 더불어 가장 높은 단계의 교감을 형성하는 일이다.

1. 아이에게 '너랑 데이트 하고 싶어'라고 말한 뒤에 날짜를 잡는다. 두 사람만의 이벤트로 삼아야 한다. 다른 형제자매도, 배우자도, 친구도 동반하지 않는다. 방과 후 즉흥적으로 아이스크림을 먹으러 가는

것도 물론 좋지만 이런 것은 일대일 데이트가 아니다. 데이트는 시간을 따로 내고 미리 계획해서 보내는 것이다.

2. 가이드라인을 제시한다. 무슨 요일이 좋을지, 시간을 얼마나 보낼 예정인지, 데이트에 쓸 예산은 어느 정도인지 상의한다. 데이트를 하다 보면 무언가를 사주게 되는 일도 있지만 장난감을 살 목적으로 외출하는 것은 함께 시간을 보내기에 가장 좋은 방법은 아니다. 쇼핑보다 함께 무언가를 하는 시간임을 아이에게 알려주는 것이 좋다.

3. 아이가 데이트 때 무엇을 할지 선택하게 한다. 아이가 이 특별한 날을 위해 아이디어를 생각해두었을 수도 있다. 하지만 보통은 데이트를 어떻게 할지 결정하는 데 부모의 도움이 약간 필요하다. 가령 이런 것들이 있다. 등교 시간 전 외부에서 아침 식사를 하거나, 학교 점심시간에 가서 아이를 구출하거나, 동네에서 자전거나 롤러스케이트 등을 타거나, 도시락을 싸서 공원을 가거나 아이의 관심사나 취미 생활을 함께하는 등의 다양한 방법들이 있다.

4. 날짜를 정한다. 아이가 직접 달력에 표시하게 한다.

5. 약속을 어기지 않는다.

6. 아이에게 집중하며 즐거운 시간을 보낸다. 핸드폰을 무음으로 해놓고 문젯거리는 집에 두고 나온다. 특히나 아이와의 문젯거리라면 더욱 그렇다. 아이와 진지하게 대화를 나누고 싶은 것이 있더라도 이 시간에는 참는다. 일대일 데이트는 교감을 나누는 시간이지 문제 행동을 교정하는 시간이 아니다.

Ⅰ: 스스로 중요한 사람이라고 느끼도록

아이들은 누구나 소중하고, 존중받는 사람이자 가치 있는 사람이라고 느끼길 바라는 기본적인 욕구가 있다. 우리는 위에 나온 욕구를 '중요감'이라는 한 단어로 표현했다. 아이들은 자신이 가족에게 중요한, 더 나아가 필수적인 존재라고 느끼고 싶어 한다.

물론 아이는 이미 당신 가족에게 중요한 존재일 것이다. 그렇지 않은가? 하지만 그건 핵심이 아니다. 다시금 말하지만 아이가 그렇게 인식하는 것이 중요하다. 아이는 중요한 존재가 되어야 할 뿐 아니라 아이 스스로 자신이 중요한 존재처럼 느껴야 한다.

가정 내 다양한 사안에서 아이의 의견, 생각, 감정, 아이디어를 물으면 아이는 자신이 중요한 사람처럼 느낀다. 아이의 관점에 동의하고, 아이의 입장에서 상황을 이해하기 위해 노력하고, 아이의 말과 행동을 존중하는 모습을 보여야 한다.

아이를 의사 결정에 참여시키고 인정해야 한다. "이 사진은 어디에 걸까?", "슈퍼에서 무슨 간식 사다줄까?", "동생 목욕을 지금 할까, 저녁 먹고 할까?" 이런 질문이 중요하다. 당신의 삶에 아이를 동반시킬 때 찾아오는 변화를 결코 과소평가해서는 안 된다. 요리, 실내장식, 운동, 춤 등 아이의 능력을 높이 평가해야 한다. 아이가 좋아하는 TV 프로그램을 함께 시청하고, 아이 친구들에게도 관심을 가져야 한다. 또 아이가 최근에 배운 태권도를 보여달라고 해본다. 이런 사소한 표현을 통해 아이는 자신에게 중요한 문제를 부모도 중요하게 여긴다고 느낀다.

아이와 함께할 수 있는 '감사 써클' 놀이가 있다. 아이가 얼마나 중요한 존재인지 상기시키고 자부심과 자기 존중이라는 귀한 가치를 가르치는 방법이다. 이름처럼 반드시 원으로 둥그렇게 앉아서 할 필요는 없다. 한 번씩 아이들이 실없는 소리를 하기도 하지만 그것도 괜찮다. 오래지 않아 진심 어린 이야기를 듣게 될 것이다.

1. 가족 중 먼저 시작할 사람을 정한다.

2. 가장 먼저 시작하는 사람이 '내 자신에게 감사하게 생각하는 것 하나는 _____이 다'라고 말한다.

3. 남은 가족 구성원이 차례대로 '내가 ○○에게 감사하게 여기는 점은 _____이 다'라고 말한다.

4. 부모를 포함해 모두가 돌아가며 참여한다.

5. 부모가 나서서 보여주어야 한다. 상대를 비판하는 발언은 절대 하지 않는다.

아이의 자아존중감을 키우는 법

아이가 의견을 표현하도록 한다. 아이의 의견과 취향이 끊임없이 바뀌어도, 부모로서 하나도 동의할 수 없다고 해도 아이가 자신의 의견과 취향을 표현할 수 있도록 해야 한다.

아이가 결정하도록 한다. 가족이 돌아가며 저녁 시간 게임이나 활동을 정할 때 아이의 순서도 돌아가게 해야 한다. 아이가 저녁 메뉴를 고르게 하고, 요리에도 동참시킨다. 중요한 것은 아이의 의견을 진심으로 존중하는 태도를 보이는 것이다. 아이가 중요한 사람인 것처럼 느끼도록 속일 수 없다. 아이가 실제로 그러하듯, 정말 중요한 사람처럼 대해야 한다.

마음 살피기 미션

아이를 가족의 삶에 일부가 되는 또는 부모가 아이의 삶에 일부가 되는 방법을 생각해본다. 아이를 가족의 삶에, 부모가 아이의 삶에 함께할 수 있는 방법을 고민해본다.

A : 아이에게 가장 필요한 건 관심이다

창업에 관해 오래전부터 전해 내려오는 속담을 들어본 적 있는가? '첫째도 입지, 둘째도 입지, 셋째도 입지!' 자녀 양육에 대입한다면 '첫째도 관심, 둘째도 관심, 셋째도 관심!'일 것이다. 그 정도로 관심이 중요하다.

아이들은 좋을 때나 나쁠 때나 부모의 관심을 받아야 자신이 소중한 사람인 것처럼 느낀다. 아이가 동물 인형으로 인형극을 하며 부모가 관객이 되어주길 바라는 것도, 이번 주에 이미 두 번이나 다녀온 공원에 또 가자고 졸라대며 성질을 부리는 것도 아이의 목적은 하나이다. 부모가 지금 하는 일을 멈추고 자신에게 매우 가치 있는 선물을 줬으면 하는 것이다. 바로 부모의 관심 말이다. 아이가 부모의 관심을 필요로 하는 것처럼 보일 때는 최선을 다해 관심을 쏟아주는 것이 현명하다.

물론 부모의 관심을 바라는 아이의 욕구를 24시간 만족시킬 수는 없다. 나만의 문제에 완전히 매몰될 때도 있고 회사 일에 허덕일 때도 있으며, 너무 바빠 시간이 부족하기도 하다. 하지만 단 1분의 시간도 가치가 있음을 명심해야 한다.

아이가 놀아달라고 할 때, 이야기를 들어달라고 할 때, 과제를 도와달라고 할 때 '잠깐만'이라고 말하고 싶은 충동을 이겨내야 한다. 아이의 요구를 잠시만 미루겠다는 의미지만, 누구나 알고 있듯 결국 아이의 요구를 들어주지 못할 때가 많다. 이제부터는 '잠깐 시간 낼게'라고 말한다. 당신이 하던 일을 잠시 멈추고 아이의 요청을 들어준다.

여기서 아이와 교감을 나눌 수 있는 젬스GEMS 놀이를 소개하고자한다. 진정으로 사랑스러운 순간이라는 뜻의 젬스는 일곱 가지 스페셜 욕구를 모두 충족하는 가장 효과적인 방법으로, 특히 관심 욕구를 채워주는 데 유용한 놀이이다. 젬스는 도로시 코킬 브리그스가《Your Child's Self-Esteem: The Key To Life^{후회 없는 어버이의 길}》에서 처음 소개한 용어로 이후《Redirecting Children's Behavior^{아이의 행동 교정}》의 저자인 캐서린 크볼스가 널리 활용했다. 젬스는 20초 정도의 시간 동안 행복한 순간이든 불행한 순간이든 아이에게 온전히 교감하는 것이다. 방법은 매우 간단하다.

1. 아이의 위치로 몸을 낮춘다.

2. 눈을 맞춘다.

3. 아이의 감정에 공감하려 노력한다.

4. 아이와 신체적 교감을 나눈다. 아이의 어깨에 손을 올리거나 손을 잡는다. 당신에게도 자연스럽고 아이도 부담을 느끼지 않는 애정 어린 몸짓을 활용한다.

5. 다른 데 관심을 빼앗기지 않고 아이에게만 집중한다. 머릿속에는 온갖 판단과 생각이 시끄럽게 울리겠지만 단 몇 분 동안 머릿속에 울리는 소리의 볼륨을 낮추고 아이에게 온전한 관심을 준다.

6. 경청한다. 부모는 거의 혹은 전혀 말을 하지 않고 아이가 대화를 이끌도록 한다. '응, 응', '오', '와', '멋지다' 등 호응하는 말 또는 몸짓과 더불어 진심어린 관심을 보이며 아이가 하는 말을 귀 기울여 듣는다.

젬스는 어느 상황에서나 유용하지만 동생이 갓 태어났거나 학교에 막 입학한 아이, 이사를 하거나 심각한 실망감을 느끼는 등 아이가 스트레스를 받을 때 특히나 도움이 된다. 아마도 대부분의 부모들이 이미 자녀에게 젬스를 활용하고 있지만 정확히 무엇을 하는지 몰랐을 공산이 크다. 하루에 세 번씩만 젬스 놀이를 한다면 아이와의 관계는 확실히 달라질 것이다.

아이가 만족할 만한 관심을 주는 법

아이에게 도움을 요청한다. 지금 하는 일을 도저히 중단할 수 없는 와중에 아이가 당신의 관심을 요구한다면 아이에게 도움을 요청해 당신이 하고 있는 일을 함께할 수 있는 방안을 생각해본다(슈퍼마켓이라면 "카트에 사과 다섯 개만 넣어줄래?" 하고 묻는 식이다). 이 과정에서 아이에게 관심을 주는 것을 결코 잊어선 안 된다.

아이가 말하도록 한다. 관심은 세 가지 단계로 나눌 수 있다. 멈추고 바라보고 경청하는 것이다. 하던 일을 중단하고 아이의 곁에 머무르며 아이의 눈높이에 시선을 맞춘다. 경청은 판단이나 비난을 하지 않고 중간에 개입하는 일 없이 아이의 말을 들어주는 것이다. 발언권을 갖는 사람에게 주도권이 있다. 말을 가로막을 때마다 아이들은 무력감을 느낀다.

아이가 나쁜 행동으로 부모의 관심을 끌려고 할 때

부모의 관심을 받고자 하는 아이의 욕구가 때때로 발칙한 행동으로 이어질 때가 있다. 그 정도가 심한 아이들도 있지만 아이라면 기본적으로 관심을 요한다. 하지만 때때로 아이의 요구가 부적절할 때도 있다. 부모의 관심이 부족한 아이라 해도 중요한 대화를 나누는 데 자꾸 훼방을 놓고, 저녁 식사를 준비할 때 안아달라고 매달리고, 전화 통화를 할 때 옷을 잡아당기는 등의 행동을 한다면 옳지 않다. 이런 상황에서 아이가 바라는 관심을 준다는 것은 부모의 바운더리를 침해하는 것이다.

그럴 때 아이를 무시하면 아이는 문제 행동을 멈추는 것이 아니라 오히려 더욱 심해진다. 부모에게 의사를 표현하기 위해 이해와 공감, 사랑을 받기 위해 아이는 더욱 심한 상황을 만들어낸다. 핵심은 아이의 문제 행동을 무시하면서도 아이와 교감하는 방법에 달렸다. 해결책은 바로 무언의 관심이다.

무언의 관심은 세 가지 단계를 거친다. 시선을 맞추지 않고 말을 하지 않는다. 부드러우면서도 침착하게 아이에게 다가가 하던 일을 계속하며 아이의 허리를 쓰다듬는다.

아이의 관심 욕구가 어려운 지점은 부모의 바운더리와 상충되기 때문이다. 부정적인 방식으로 의사를 표현하는 아이에게 긍정적인 관심을 준다면 아이에게 항복하는 것처럼 보이진 않을까, 또는 나쁜 행동이 효과가 있다는 신호를 보내는 것은 아닐까 걱정스러울 것이다. 무언의 관심은 이러한 걱정을 없애는 뛰어난 방법이다. 아이를 무시하는 게 아니라 아이의 행동만 무시하는 것이다.

L : 아이는 부모의 무조건적인 사랑을 원한다

오늘날 자녀 양육에서 가장 오해하고 있는 개념이 바로 사랑에 대한 욕구이다. 누구나 자신의 아이를 무조건적으로 사랑한다고 믿는다. 물론 실제로도 어느 정도 그렇다. 아이들이 무엇을 하든 부모는 아이를 사랑한다.

하지만 아이는 그렇게 느끼지 않는다. 아이들에게 사랑이란 마음을 따뜻하게 해주는 고요하고도 온화한 감정, 어떤 일이 벌어져도 변치 않을 감정이 아니다. 아이들은 그 순간의 부모 얼굴에 떠오르는 표정, 목소리로 사랑을 감지한다. 부모가 매 순간 자신을 대하는 태도를 보고 사랑을 판단한다. 부모가 아무리 '사랑한다'고 말해도 자신의 어떤 행동을 좋아하거나 수용하는 모습을 보면 아이들은 부모의 사랑을 조건적이라고 여긴다.

보상과 벌이 문제가 되는 이유도 이 때문이다. 아이들은 보상은 부모가 사랑을 주는 행위로, 벌은 사랑을 철회하는 것으로 해석한다. 성적이 좋거나, 올바른 행동을 하거나, 운동을 잘 하거나, 형제자매에게 착하게 굴거나, 부정적인 감정을 잘 참아낼 때 부모의 미소와 애정, 인정을 받는다고 생각한다. 반대로 그렇지 못할 때는 애정을 받지 못한다고 말이다.

부모도 가끔씩은 아이의 능력이나 행동에 좌우되지 않는 무조건적인 사랑을 베푸는 것이 힘들 때도 있다. 하지만 무조건적인 사랑은 아이를 그 자체로, 아이의 장점과 단점 모두 인정하며 '지금보다 뭘 더 하지 않아도 너는 사랑 받을 가치가 충분한 존재야'라고 말하는 것이다. 결국 인생에 가장 중요한 사람들이 자신을 '충분한 존재'로 보지 않는다면 아이들은 아마 평생 자기 자신을 충분하지 않다고 여길 것이다. 무엇을 성취하든 말이다.

고든 뉴펠드는 무조건적인 사랑을 두고 이렇게 설명했다. "아이의 정서가 건강하게 성장하는 데 필수적인 영양분이다. 아이들은 성질도 부리고, 불쾌하고, 징징거리고, 비협조적이며 무례하게 굴 때도 있지만 그런 순간에도 부모는 아이가 사랑받고 있음을 느끼게 해주어야 한다."

반박의 여지가 없는 말이다. 아마도 무조건적인 사랑을 보여주는 것이 마음 중심형 양육에서 가장 어려운 부분일 것이다. 어렸을 때 잘못을 저질러서 혼난 적이 있지 않은가? 부모님의 표정을 보고 공포에 떨었던 적은? 그 표정은 누구나 알 것이다. 미간을 찌푸리고 입을 굳게 다문 채 쏘아보며 "한 번만 더 그래봐. 두고두고 후회하게 해줄 테니까."라고 말하던 부모님의 얼굴을 말이다.

부모라면 누구나 아이들을 혼내야 하는 때가 있다. 어쩔 수 없는 일이다. 혼 한 번 안내고 무조건적인 사랑만을 제공하는 완벽한 부모가 되어야 한다는 이야기를 하는 것이 아니다. 아이들은 융통성과 너그러움을 발휘할 수 있어서 혼을 낸다는 것이 사랑하지 않는다는 뜻이 아니라는 것을 안다.

다만 가혹한 언행은 아이들에게 부모의 사랑이 조건적이라는 인식을 심어준다는 것은 기억해야 한다. 부드러운 몸짓과 어투, 표정은 아이에게 대단한 효과를 발휘한다. 뿐만 아니라 성인이 되어 아이가 타인에게서 받는 대우도 부모와의 상호작용으로 결정된다.

어떤 현명한 이는 이렇게 말했다. "스스로 받을만한 가치가 있다고 여기는 만큼의 사랑을 받는다." 우리는 아이에게 '정상'이 무엇인지 그 기준치를 알려주어야 한다. 부모가 아이에게 어떻게 말하는지가 훗날 아이가 타인에게 어떤 이야기를 듣고 다니게 될지 기준점이 된다. 우리가 아이의 단점에 인내심을 발휘하고 아이의 인격을 인정한다면 아이의 삶은 크게 달라질 수 있다.

아이가 마음으로 느끼는 사랑을 주는 법

아이의 행동에 따라 애정을 철회하기보다는 언제나 애정을 표현한다. 아이에게서 협조를 이끌어내기 위해 애정을 철회하는 모습을 보인 적이 있는가? 아이가 실망스러운 또는 언짢은 언행을 한다고 해도 차가운 말이나 행동으로 벌을 주는 대신 아이를 향해 애정 어린 태도를 유지한다.

또 있는 그대로 잘 자라도록 바란다. 아이가 어떤 분야에서 특출나다거나 느리다는 생각이 든다 하더라도 아이를 의두적으로 특정한 방향으로 몰아서는 안 된다. 토머스 고든은 《부모 역할 훈련》에서 부모들을 만날 때마다 이런 말을 자주 한다고 밝혔다. "아이가 어떤 사람으로 자라야 한다는 기대를 버려야 한다. 그저 아이가 있는 그대로 잘 자라도록 바라야 한다."

마음 살피기 미션

재능과 무관하게 아이의 사랑스러운 점 세 가지를 생각해본다.

아이의 욕구를 지켜주는 수호자

심리학자 아들러에 따르면 아이의 마음속 가장 깊이 자리한 욕구는 가족 내 소속감이다. 이 책에서 말하는 일곱 가지 스페셜 욕구는 결국 소속감으로 귀결된다. 아마도 이런 식의 구시대적 협박을 들어본 적 있을 것이다. "내 집에서는 내 말이 곧 법이야. 마음에 안 들면 대학 들어가서 독립해!" 일정 기간 동안 지속적으로 정서적 욕구가 충족되지 못한 아이들이 부모에게서 느끼는 감정이 바로 이렇다. "이 가족에게도, 이 집에도 어울리지 않아. 나는 이 집에서 중요하지 않은 존재야."

아이에게 가정이 아닌 다른 곳에서 소속감을 찾아야 한다는 메시지를 보낼 때 여러 위험이 발생한다. 정서적으로 결핍된 아이들은 건강하지 않은 인간관계, 위험한 행동, 중독에 빠질 위험이 훨씬 높다. 주양육자와의 단절은 아이들에게 엄청난 스트레스로 작용해 위에 언급된 위험한 행동에 빠지는 원인이 된다.

아이들은 누구나 일곱 가지 정서적 욕구를 지니고 있지만 그 강도는 모두 다르다. 기질이나 환경의 이유로 다른 아이들보다 더 많은 권한을 발휘하고 싶어 하는 아이도 있다. 어떤 아이들은 관심을 더욱 요한다. 탐험 욕구가 유독 강한 아이도 있다. 다른 아이들보다 욕구가 강하다고 해서 무언가 잘못 되었다고 여겨선 안 된다.

부모는 아이의 욕구를 지키고 충족시켜주는 수호자라는 사실을 명심하길 바란다. 아이의 행동 근간에 자리한 욕구를 깨닫는 데 너무 늦은 때란 없다. 또 아이의 욕구를 우선시하고, 충족시키고, 보호하는 데에 너무 늦은 때란 없다. 양육 방향에 극적인 변화를 시도하는 것도, 그에 따른 보상을 경험하는 것도 마찬가지이다.

부모의 욕구를 먼저 생각하기

기내 안전수칙 안내에서는 아이보다 부모가 먼저 산소마스크를 써야 한다고 되어 있다. 그럴 만한 이유가 있다. 부모가 먼저 자신을 돌보지 않는다면 돌봄을 베풀 수가 없다. 부모의 감정 계좌가 텅 빈 상태에서 아이의 감정 계좌를 채운다는 것은 말이 되지 않는다.

물론 자녀의 요구를 들어주는 것이 부모의 책임이지만 자기 자신을 돌보지 않는다면 부모의 좌절된 욕구를 채우기 위해 아이를 압박하거나 지나치게 아이의 삶에 개입할 가능성이 크다. 더 많이 분노하고, 더 자주 인내심의 끈이 끊어지며, 더 많이 아이에게 화풀이를 할 확률이 높다. 자신의 욕구를 충족하는 것은 이기적인 것이 아니라 반드시 필요한 일이다.

아이의 자존감이 위험하다

아이의 정신건강에 자존감은 매우 중요하다. 아이가 자신의 가치를 어떻게 평가하는 지가 훗날 아이의 커리어와 습관 형성, 배우자 선택에도 영향을 미친다. 그렇다면 아이는 자존감을 어떻게 형성하고, 어떻게 잃게 되는 것일까? 자존감은 외모, 매력, 인지도, 성적과 연관이 있을까? 유전, 문화, 기질에 따른 것일까? 자존감은 돈, 칭찬, 명예와 함께 향상될 수 있을까? 이 모든 질문에 대한 대답은 단호하게 아니오이다. 성인이 된 후에도 지속될 자존감의 원천은 일곱 가지 스페셜 욕구를 지속적으로 충족하느냐에 따라 달려있다.

자존감에 대해 가장 중요한 책으로, 나는 1975년에 출간된 도로시 코킬 브리그스의 《후회없는 어버이의 길》을 꼽는다. 이 책에서 브리그스는 자녀의 자존감은 우열을 가릴 수 없이 중요한 두 가지 감정의 산물이라고 표현했다. 이 책에서는 이 두 가지 감정을 기둥이라고 표현하고자 한다.

· 기둥 1: 나는 무조건적인 사랑을 받는다. 무조건적인 사랑은 부모가 아이를 향해 느끼는 사랑의 감정이 아니다. 아이가 우리의 감정을 어떻게 인식하는지가 중요하다. 부모의 지지와 수용이 특정 행동에 따라 달라진다고 느낀다면 아이는 부모의 사랑을 조건적이라고 여긴다. 브리그스가 진행한 한 연구에서는 어렸을 때 부모에게서 사랑한다는 말을 듣고 자랐지만 정작 자신은 사랑받지 못했다고 생각한 아이들이 많았다. 부모가 보여준 '지지의 정도'를 아이는 달리 느꼈던 탓이다. 반면 부모가 '사랑한다'고 표현하지 않았더라도 자신이 사랑을 받으며 컸다고 느낀 아이들이 있었다. 삶의 매순간 부모에게서 인정받고 있다고 느꼈기 때문이다.

· 기둥 2: 나는 능력이 있고, 스스로 알아서 잘 할 수 있는 역량이 충분하다. 여기서 '능력'과 '역량'은 아이의 타고난 재능과 관계가 없다. 아이가 자신의 정서적 욕구를 충족시키고 주변 세계에 영향을 미치는 능력을 의미한다. 아이가 자신에게 권한이 있고, 행동에 대한 선택권이 어느 정도 주어지며, 자신의 행동이 주변 사람과 상황에 실제적인 영향을 미친다는 것을 알 때 형성되는 개념이다.

따라서 헬리콥터 부모("엄마가 해줄게!") 또는 과잉보호하는 부모("하지 마!")가 왜 아이의 자존감 형성에 악영향을 미치는지 이해할 수 있을 것이다. 아이가 해야 할 일을 대신 해주거나, 마땅히 감수해야 할 위험을 경험하지 못하도록 가로막을 때 부모는 아이에게 '네 능력이 부족하다'는 메시지를 보내는 셈이다. 아이를 향한 기대치가 지나치게 높거나 낮을 때, 아이가 어떠한 일을 할 역량이 '부족하다'거나 '감당할 수 없다'는 메시지를 전한다. 그 결과 아이들은 자신이 부족한 사람이라고 생각한다.

물론, 누구나 자신감을 보이는 영역이 있지만, 특정 분야에서 자기 가치를 높이는 것은 우리의 목표가 아니다. 아이들은 언제나 자신이 가치 있는 인간임을 느껴야 할 욕구가 있다. 자존감이란 당신이 무엇을 하든, 무엇을 성취하든 그것과 무관하게 자기 자신에 대해 만족감을 느끼는 상태이다. 해트필드 부부와 나는 아이가 자존감을 타고난다고 생각한다. 따라서 부모가 자존감을 더욱 높여 줄 필요는 없다. 다만 아이 안에 내재한 자존감을 지켜주어야 한다.

가족심리치료사인 예스퍼 율은 《내 아이의 10년 후를 생각한다면》에서 자존감이 높은 아이는 '냉정하고 진솔하게 자신의 본모습을 바라보고 수용한다'고 했다. 누구보다 뛰어나다고 느끼지 않아도 되고, 어느 분야에서도 반드시 재능이 있거나 뛰어날 필요도 없다. 그럼에도 아이는 자신이 가치 있는 인간이라는 것을 내면 깊은 곳에서부터 인식하고 있다.

부모라면 명심해야 한다. 아이의 두 발을 지면에 단단히 뿌리내리게 하고 두 눈이 미래를 바라보도록 하는 힘이 바로 높은 자존감이다. 또 아이가 열정을 깨닫고 자신의 목표로 나아가게 만드는 힘은 높은 자존감에서 온다. 자존감이 높아야 자신을 괴롭히는 사람들을 물리치고, 자기 파괴적인 행동을 거부하며, 자신을 존중하는 동반자를 만날 수 있다.

마음 중심형 양육은 아이의 자존감을 지켜준다. 무조건적인 사랑을 베푸는 동시에 아이 스스로 문제를 해결할 능력이 있음을 깨닫게 하는 양육법이기 때문이다. 도대체 어떻게 가능한 일일까? 다음의 롤플레잉 예시를 보면 감을 잡을 수 있을 것이다.

자존감의 두 기둥

당신이 축구경기에서 다친 여섯 살 난 아이라고 생각해보자. 여섯 살인 당신은 축구 경기를 하다가 다쳤고, 울면서 아빠에게 다가가 다리에 난 상처를 보여준다.

·시나리오 1: 허용형 아빠

허용형 아빠는 이렇게 말한다. "아이고, 울지 마. 아빠가 낫게 해줄게. 다친 데 씻고 밴드 붙이자. 그러고 나서 아빠 무릎 위에 앉으면 기분이 좀 나아질 거야."

아이의 입장이 된 당신이 느끼기에 무조건적인 사랑을 받는 것 같은 기분인가? 롤플레잉에 참여한 부모 대다수가 무조건적인 사랑을 받는 듯한 기분이라고 말한다. 물론 그 사랑이 동정 같은 느낌은 들지만 말이다.

하지만 자기 스스로 문제를 감당할 수 있다고도 느꼈는가? 결코 아닐 것이다. 몸을 다치면 특별한 관심을 받고, 다른 사람이 당신의 감정을 긍정적으로 환기시켜 준다고 생각했을 것이다. 부모가 계속 이런 식으로 반응한다면 자존감에 타격을 입고 결국에는 지나치게 부모에게 의존하게 될 것이다.

・시나리오 2: 통제형 아빠

아빠에게 달려갔더니 이런 말을 듣는다. "아, 그냥 살짝 긁힌 거야! 다 큰 아이는 우는 게 아니야! 별 거 아냐, 괜찮아. 오빠는 지난주에 피부가 찢어져서 꿰맸잖아. 오빠는 눈물 한 방울 안 흘렸어."

당신 스스로 아픔을 이겨낼 수 있을 것 같은가? 달리 방법이 없었으니 아마도 그랬을 것이다. 하지만 무조건적인 사랑을 받는다고 느꼈는가? 아니다. 아마도 자신의 감정을 드러내선 안 되고 아빠가 도와줄 거란 기대를 해선 안 된다는 생각이 들었을 것이다. 부모가 매번 이렇게 반응한다면 당신의 자존감은 틀림없이 다칠 것이다. 또한 아빠에게서 정서적으로 단절되고 어쩌면 너무 어린 나이부터 또래 친구들에게 의지하기 시작할 지도 모른다.

・시나리오 3: 마음 중심형 아빠

아빠에게 다가가자 아빠는 당신을 안아준다. "아프겠다!" 아빠는 이렇게 말한다. 무슨 일이 있었는지 설명하는 내내 아빠는 고개를 끄덕이고 참을성 있게 당신의 이야기를 들어주며 당신의 기분이 나아지길 기다린다. "어떻게 해줄까?" 아빠의 물음에 아이는 밴드를 붙인다고 답한다.

"그렇게 하자! 밴드랑 수건을 챙겨서 다친 데 씻고 밴드를 붙이자."

아빠의 말과 행동에서 무조건적인 사랑을 느끼는가? 물론이다. 공감은 사랑에서 비롯된다. 스스로 문제를 해결해 나갈 능력이 있다고 느꼈는가? 이 또한 그렇다. 해결책을 제시한 것도 당신이었고, 결국에는 상처를 치료하는 것도 당신일 것이다.

아빠의 반응 덕분에 당신에게는 높고 건강한 자존감이 형성된다. 무엇보다 좋은 점이 한 가지 더 있다. 나쁜 기억으로 남을 뻔한 사건이 아빠가 아이를 얼마나 사랑하는지 보여주고, 아이가 얼마나 유능한 사람인지 깨우쳐주는 기회가 되었으니 말이다.

칭찬이 문제가 될 때

"정말 잘 했어!" "이거 너무 멋지다!" "정말 자랑스러워!" 언뜻 듣기에는 하나같이 멋지고, 긍정적인 칭찬의 말로 들린다. 아이가 얼마나 멋진 일을 해냈는지, 아이가 얼마나 멋진 사람인지 느끼게 해주는 말이다.

하지만 유명 전문가들은 칭찬은 부모가 피해야 할 일이라고 말한다. 칭찬은 아이의 자존감을 높여주는 것이 아니라 조금씩 무너뜨린다고 말이다. 우리가 해야 할 것은 칭찬이 아니라 격려이다.

그런데 칭찬이 왜 자존감을 훼손하는 걸까? 일반적으로 '칭찬'은 찬사, 감탄, 지지, 축하, 고마움 등의 표현으로 쓰인다. 하지만 자녀 양육에서 '칭찬'은 아이가 반복하길 바라는 행동이나 성과를 찬양하는 표현에 지나지 않는다. 아이의 존재가 아니라 부모의 평가에 방점이 찍혀 있다.

칭찬_ 훗날 아이가 반복하길 바라는 행동이나 성과를 지극히 찬양하는 표현이다. 칭찬은 아이의 평가가 아닌 부모의 평가에 초점이 맞춰져 있다.

칭찬은 조종의 수단일 때가 많다. 칭찬은 아이에게 자신의 가치에 대한 증거를 내면에서 찾도록 가르치는 것이 아니라, 부모에게서 가치를 인정받아야 한다는 잘못된 인식을 심어준다. 특히나 아이를 특정 방향으로 이끌기 위해 활용한다면 칭찬은 보상과 유사한 통제의 수단이 된다.

칭찬을 받으며 자란 아이들은 무언가를 하기 위해서는 상응하는 대가가 있어야 한다고 생각하는데, 이 대가는 보통 외부적인 것을 의미한다. 심한 경우 중독과 유사할 정도로 칭찬을 필요로 하는 경우도 생긴다. 칭찬을 많이 들을수록 아이는 다른 사람을 기쁘게 해야 한다고 느끼고, 스스로에게 만족하기 위해 더 많은 칭찬을 필요하게 되기 때문이다.

어떤 아이들은 칭찬에 불편을 느끼기도 하는데 특히나 10대 청소년들 가운데서 이런 성향을 많이 찾아볼 수 있다. 하임 기너트는《부모와 아이 사이》에서 어떤 유형의 평가든 으레 그렇듯, 칭찬 또한 청소년들에게 불안과 죄책감을 심어준다고 지적했다. 아이들이 스스로 칭찬받을 만한 자격이 없다고 여길 때 특히나 부정적인 감정을 많이 느낀다고 적었다.

칭찬 대신 격려를

이제 칭찬과 격려가 어떻게 다른지 살펴보도록 하자. 사회 전반에서는 칭찬과 격려를 비슷한 의미로 대체해 쓰고 있지만 자녀교육에서 격려는 칭찬의 반대말이다. 격려는 아이의 행동을 인식하고 지지하는 행위를 뜻한다. 아이의 의견과 지각을 중요시하고, 성취보다는 성취 이면에 자리한 노력을 높이 평가한다.

격려_ 아이의 행동을 인식하고 인지하는 행위이다. 격려는 부모의 평가가 아닌 아이가 자신의 성취를 어떻게 평가하느냐에 초점이 맞춰져 있다.

부모가 칭찬이 아니라 격려를 하고 있는지 어떻게 알 수 있을까? 아래의 질문에 대입해 보면 쉽게 깨달을 수 있다. 내 의도는 무엇인가(아이를 조종하기 위해서인가, 아니면 아이를 지지하기 위해서인가)?, 누구의 의견이 가장 중요한가(나인가, 아이인가)?

아이가 그림 한 장을 들고 와 이렇게 말한다고 생각해보자. "이 그림 좀 보세요! 내가 그린 그림 중에 제일 잘 그린 거 같아요!" 아이에게 힘을 북돋아주고 아이의 의견을 더 듣고 싶다면 이렇게 물으면 된다. "우와! 정말 알록달록하다! 엄마한테 설명해 줘봐. 왜 이 그림이 제일 잘 그린 것 같아?"

아이에게는 칭찬이 아닌 격려가 필요하다고 주장하는 또 한 명의 전문가인 브리그스는 두 개념의 차이를 다음과 같이 설명했다.

- 칭찬에는 평가의 말이 담겨있다. ("여기서 네가 바이올린을 제일 잘 켠다!" "너 정말 훌륭해.") 격려에는 관찰의 말이 담겨있다. ("바이올린 위에서 손이 정말 빠르게 움직이더라." "연주할 때 정말 행복해 보였어!")

- 칭찬은 조종하려는 부모의 의도와 어떠한 일의 목표가 담겨있다. ("잘했어. 설거지를 제대로 했네!") 격려는 진심 어린 고마움이 담겨있다. ("설거지 도와줘서 고마워!")

- 칭찬은 부모의 생각과 감정이 중심이다. ("성적 우수상을 받다니! 정말 자랑스럽다!") 격려는 아이의 생각과 감정이 중심이다. ("축하해! 이번 학기에 정말 노력을 많이 했구나. 소감이 어떠니?")

- 칭찬은 성과를 강조한다. ("경기에서 이겼어! 이 동네에서 네가 자전거를 제일 빨리 타는 아이라고!") 격려는 여정을 중요시한다. ("정말 빠르더라! 새 자전거를 정말 신나게 타던 걸!")

칭찬을 대체하는 네 가지 화법

2000년, 〈페어런팅^{Parenting}〉 매거진에 실린 '칭찬에 대한 중독^{Hooked on Praise}' 기사에서 알피 콘은 칭찬을 대체 할 수 있는 네 가지 화법을 소개했다. 나도 이 네 가지 화법 덕분에 습관처럼 튀어나오던 칭찬의 말을 고칠 수 있었다. "잘했어!"라는 말이 나오려 할 때 다음의 네 가지 화법을 사용해보라.

1. 관찰한 대상을 언급한다. ("보트를 그렸구나!" "장본 것을 여기까지 옮겨주었네!" "엄청 높은 미끄럼틀을 탔네!")
2. 타인에게 끼친 영향력을 강조한다. ("네가 써준 편지에 이모가 엄청 감동했어." "네가 레모네이드를 가져다주니 친구가 정말 행복해하는 것 같더라." "네가 쓰다듬어 주니깐 강아지가 무척이나 좋아하네.")
3. 질문한다. ("뭐가 제일 어려웠니?" "이 그림에 무슨 색을 쓸지 어떻게 골랐어?" "어떤 영법이 가장 좋아?")
4. 아무 말도 하지 않는다. (아이가 말하도록 한다.)

비판과 칭찬, 격려의 차이점

마음 중심형 양육을 만든 헤트필드 부부는 부모들에게 비판과 칭찬이 사실 무척이나 유사하다는 것을 가르치기 위해 《아이의 행동 교정》에서 영감을 얻어 롤플레잉 수업을 만들었다.

열두 살인 당신이 A 세 개, B 두 개, C와 D 각각 하나씩 기록된 성적표를 들고 집에 온 설정이다.

· 시나리오 1: 비판하는 엄마

엄마는 성적표를 확인한 뒤 이렇게 말한다. "D를 받다니! 너무 실망스럽구나. 네 언니는 D를 받은 적이 한 번도 없었다고. 성적 오를 때까지는 배구 못할 줄 알아!"

엄마의 생각만 일방적으로 전달된 데다 비난과 불필요한 비교와 처벌이 더해졌다. 게다가 당신이 본인의 감정이나 느낌에 대해 말할 기회도 주어지지 않았다는 것이 보이는가? 어떤 기분이 들었는가? 어떤 메시지를 받았는가?

수업에 참여한 부모 대부분은 의욕이 저하되고 화가 난다고 답했다. D라는 점수에 대해 함께 상의할 기회도, A와 B라는 우수한 성적을 축하하는 시간도 마련되지 않았다. A와 B를 받기 위해 들인 노고가 무시된다면 굳이 노력이란 것을 할 필요가 있을까?

· 시나리오 2: 칭찬하는 엄마

칭찬하는 엄마는 성적표를 보며 이렇게 말한다. "와, A가 세 개나 있네! 훌륭해! 정말 자랑스러워. D는 걱정 하지 마. 선생이 좀 이상한 것 같아. 이것보다 더 높은 점수를 받았어야 했는데. 어쨌든 자 A과목에는 25달러, B는 15달러, C는 10달러. 잘 했어! 정말 똑똑하구나!"

외부 동기가 등장하지만 이번에는 칭찬과 보상이 섞여 있다. 당신이 아이라면 어떤 기분이 들 것 같은가? 우선 학교생활이나 공부에 대한 즐거움 대신 좋은 성적이 중요하다는 메시지를 받게 된다. 또 수업을 듣고 그 과정에서 배우는 경험이 무가치하다고 여기게 된다.

한 가지 더 살펴보자면 정말 선생이 문제일까? 아니면 학생으로서 당신이 할 수 있는 무언가를 생각할 수 있을까? 성적이 낮은 과목은 당신의 책임이 아니라고 정리되었으니 이제 무엇이 문제인지는 영영 알 수 없게 되었다.

· 시나리오 3: 격려하는 엄마

격려하는 엄마는 이렇게 말한다. "성적표 받았구나!"(자신이 지금 보고 있는 대상을 언급한다.) "성적 나온 거 어떤 거 같아?"(질문한다.) 당신이 D를 언급하면 엄마는 당신의 감정을 공감해준다.

"D가 나와서 실망한 모양이네. 이번 학기에 열심히 노력했는데 말야."(자신이 관찰한 것을 말하고 여정을 중요시한다.) "D가 나와서 속상해요. 성적을 올려야겠어요." 아이의 말에 엄마는 대답한다. "걱정되나 보구나. 엄마가 어떻게 도와줄 수 있을까?"(아이에게 힘을 실어주고 아이가 능력을 발휘할 수 있게 돕는다.)

성적이나 성과를 지나치게 중요하다고 여기는 부모는 이해하기 어렵겠지만, 아이의 내적동기를 자극하는 것이 무엇보다 중요하다. 성적에 대한 부모의 평가가 아니라 아이의 평가에 초점을 맞춰야 한다.

아이가 A를 자랑스럽게 여기고 D를 부끄럽게 생각하도록 만드는 것이 아니라 아이의 솔직한 감정을 들어주고 다음 단계로 나아갈 수 있도록 지원하는 것이다.

그러니 이제부터라도 한번 생각해보길 바란다. 내가 아이라면 어떤 기분이 들까? 당신은 아이에게 어떤 메시지를 보냈는가?

	비판	칭찬	격려
정의	비판적인 평가 표현	호의적인 평가 표현	용기를 주고 더 노력하도록 자극하며 흥미를 유도
동기	외적: 타인의 평가	외적: 타인의 평가	내적: 자기 평가
부모의 관심사	낮은 수준의 수행과 성과	높은 수준의 수행과 성과	노력, 향상, 끈기, 결심
메시지	"설거지를 또 잘못 해 놨네. 몇 번이나 설명해야 알아듣겠니?"	"설거지 했구나! 정말 제대로 했네! 착해라!"	"고마워. 엄마에게 정말 큰 도움이 되었어."
가르침	아이가 무엇을 생각해야 하는지 가르친다-순응. (아이는 타인을 위해 자신을 바꿔야 한다.)	아이가 무엇을 생각해야 하는지 가르친다- 순응. (아이는 타인을 위해 자신을 바꿔야 한다.)	아이가 어떻게 사고해야 하는지 가르친다-지각. (아이는 자기 자신을 위해 변화를 결심한다.)
아이의 포커스	실패	완벽	노력에 대한 만족
자기 대화	"난 잘 하는 게 하나도 없어."	"최고가 될 수 없다면 하지 않을래."	"내가 성취한 것에 만족하고 새로운 것을 배울 기회가 기다려져."
삶의 교훈	타인의 인정 속에서 가치를 확인한다.	타인의 인정 속에서 가치를 확인한다.	타인의 인정 없이도 자신이 가치 있는 인간임을 안다.

_____에 관해 이야기 해줘. · _____에 대해 어떤 기분이 들어? · 어떻게 생각해? · 뭐가 좋았어? · 그거 어떻게 한 거야? · 노력을 상당히 많이 한 것 같아. · ___할 때 즐거워 보여. · 네 모습 그대로를 보여주면 돼! · 축하해! · 어떻게 축하하고 싶어? · 엄마가 응원하고 있을게. · 네 생각 많이 하고 있을게. · 언제든지 네 이야기를 들을 준비가 되어 있어. · 필요하면 언제든지 엄마를 찾아. · 네가 네 딸/아들이어서 정말 행복해. · 내가 네 부모라서 행복해. · 어떻게 했는지 엄마도 가르쳐줘. · 고마워! · 흥미로운 생각이다. · 너는 우리 가족에게 정말 중요한 존재야. · 엄마를 항상 깜짝 놀라게 하는구나! · 넌 할 수 있어! · 네가 정하면 돼. 네가 선택할 수 있어. · 네 신념을 지켰구나. · 정말 열심히 노력했구나! · 네가 해냈어! · 사랑해!

타인을 평가하던 버릇은 어느 한 순간에 바꿀 수 없다. 우리는 서로를 평가하는 문화에서 자랐고, 실생활에서도 끊임없이 타인을 평가한다. 아이들에게 좋은 평가의 말을 하던 버릇은 특히나 고치기 어렵다. 하지만 우리의 평가가 아이들에게 어떠한 영향을 미치는지 깨닫는다면 이제라도 칭찬을 줄이고 대신 가능한 자주 격려의 말을 전해야겠다는 결심을 실행할 수 있을 것이다.

마음 살피기 미션

아이에게 자주하는 칭찬의 말 세 가지를 적어본다. 그런 뒤 격려의 말로 수정해본다.

| 두 번째 원리 |

아이들은 스트레스에 반응한다

내 아이의 마음이 머무르는 곳

더 존THE ZONE은 아이와 부모의 강렬한 감정을 이해하는 데 도움을 주고자 우리가 만든 개념이다. 긍정적인 감정을 경험할 때 느끼는 마음 상태라고 이해하면 된다. 사랑과 기쁨, 흥분, 감사함, 균형, 만족을 느낄 때 우리는 더 존에 머문다. 더 존에 있을 때는 상호 협조도 가능하고, 의사결정을 수월하게 내리고, 창의력을 발휘하고, 타인의 말에 귀 기울이며, 새로운 것을 배울 수 있는 열린 자세가 된다. 물론 더 존의 상태에서도 어느 정도의 스트레스를 받을 수 있지만 부정적이거나 파괴적인 마음보다 무언가를 성취할 수 있는 힘이 더 생긴다.

더 존은 우리가 오래도록 머물고 싶은 곳인 동시에, 내 아이가 오래도록 경험하길 바라는 상태이다. 하지만 늘 더 존에 머물 수는 없다.

우리의 삶은 매일 예상하지 못한 일들이 벌어지기 때문이다. 사람들의 말과 행동이 우리의 신경을 거스르고, 두려움, 분노와 같이 부정적인 감정을 불러일으키는 일이 일어나기도 한다. 이런 일이 벌어지면 우리는 '더 존을 벗어난 상태'가 된다. 그러면 문제에 침착하고 이성적으로 대처할 수 없고, 통제력을 잃으며, 신체가 균형의 상태로 돌아가기까지 시간이 걸린다.

더 존은 하나의 용어로 정의할 수 있는 개념이 아니다. 때문에 상식을 바탕으로 당신과 아이가 더 존에서 벗어났거나 벗어나려는 중임을 알아서 판단해야 한다. 한 번의 좌절, 짜증, 실망과 같이 약간의 불편한 감정을 경험한다고 해서 더 존을 벗어나는 것은 아니다. 하지만 이런 감정이 계속 쌓인다면 아주 사소한 일로도 스트레스 반응이 일어나며 더 존을 벗어나게 된다.

더 존에 있을 때	더 존을 벗어날 때
교감	교감의 부재
소통	소통의 부재
배움	배움의 부재
협조	비협조
자기조절	자기조절 실패

명료하게 생각하지 못하는 진짜 이유

우리가 더 존을 벗어나게 되는 이유와 다시 더 존으로 진입할 방법을 제대로 이해하기 위해서는, 두뇌에 대해서 알아야 한다. 하지만 우리는 훌륭한 신경학자가 되려는 것이 아니라, 더 나은 부모가 되고 싶은 것이기에 뇌에 대해 가능한 단순하게 설명하고자 한다. 이제부터 두뇌의 세 요소인 생존의 뇌(뇌간), 변연계, 전두엽에 대해 알아보자.

·생존의 뇌

두뇌 아래쪽에 자리한 뇌간은 생존의 뇌라고도 불린다. 두뇌에서 가장 오래되고, 가장 원시적인 부위이다. 기본적인 신체 기능을 주관하는 뇌간은 탄생과 동시에 작동한다. 아무것도 모르는 신생아가 먹고, 자고, 호흡할 수 있는 것도 이 덕분이다. 아이가 배고플 때, 두려울 때, 아플 때 우는 것도 위험을 민감하게 인지하는 뇌간 덕분이다. 이 정도의 사고는 파충류도 가능하기 때문에 뇌간을 '파충류의 뇌'라고 부르기도 한다.

생존의 뇌 반응을 투쟁 또는 도피 반응으로 설명할 때가 많다. 투쟁fight, 도피flight, 경직freeze, 아첨fawn, 실신faint와 같이 수많은 'F' 단어가 이에 속하고, 하나같이 극심한 스트레스에 따른 반응이다. 우리가 위협에 처했다고 인지할 때 두뇌는 어떻게 해서든 생존하기 위해 그에 필요한 신체적 변화를 유도한다.

투쟁(위협에 대항한다) · 도피:(도망친다) · 경직(옴짝달싹 하지 못한다) · 아첨(완벽히 항복한다) · 실신(의식을 잃는다)

더 존에서 벗어날 때 하는 행동은 생존 두뇌와 관계가 깊은데, 한 번 생존의 뇌가 활성화되면 이전의 상태로 돌아오기까지 시간이 걸린다. 뇌간으로 유입되는 코르티솔, 아드레날린과 같은 호르몬이 사라지기까지 시간이 필요하기 때문이다. 맥박이 빨라지고, 동공이 확장되며, 시야가 좁아지거나 몸이 떨리거나, 청력이 상실되기도 한다. 전두엽과 팔 다리의 혈액이 큰 근육으로 이동하며 소근육 운동 능력과 판단 능력을 잃으며 심지어 언어 능력도 떨어질 때가 있다.

생존의 뇌는 호흡·소화·음식물 섭취·충동적, 반사적 반응·수면·스트레스 반응(투쟁, 도피, 경직, 아첨, 실신)·체온 조절을 한다.

· 변연계

뇌의 중간에 자리한 변연계는 '포유류의 뇌'라고도 한다. 기억과 감정 처리를 담당하고 있어 아군과 적군을 구분하고, 두려운 상황인지 어이없는 상황인지를 판단하다. MRI상 아기의 변연계는 생후 6주부터 활성화되는 것으로 드러나는데, 아기가 보통 이 즈음부터 웃거나 놀라움을 표현하는 것도 이 때문이다. 변연계는 정서를 담당하고 있어 '포유류의 뇌'라고 불린다. 개, 고양이 등 인간을 포함한 포유동물의 행동 양식을 설명하는 부위이다. 인간 발달 전문가인 캐리 컨티는

2011년 '삼위일체의 뇌를 고려한 양육Parenting the Triune Brain'라는 영상에서 포유류의 뇌는 교감이 핵심이라고 밝혔다. 교감을 바라지만 얻지 못한 아이는 징징거리거나 신경질적으로 행동한다. 짜증을 잘 내거나 괴팍한 성격으로 성장할 수도 있다. 아이들은 진정으로 자신과 교감하고 자신의 정서를 이해하는 누군가를 바란다.

변연계가 하는 일에는 기억·감정 처리·타인의 감정 상태 인지·공포 처리 및 표현이 있다.

· 전두엽

뇌의 상부, 이마 바로 뒤편에 전두엽이 자리한다. 크기가 가장 크고, 가장 마지막에 발달하는 기관이다. 의사소통, 문제해결, 논리, 이성, 유연함, 공감, 자기조절력, 그 외 인간만 가능한 능력과 고차원적인 사고를 담당한다. 때문에 전두엽을 '인간의 뇌'라고 하기도 한다.

뇌간과 변연계와 달리 전두엽은 언어를 필요로 한다. 생후 1년 쯤 말을 시작할 때부터 전두엽을 활용하기 시작하나 20대가 되어서야 완전히 발달된다. 실제로 전두엽은 평생 동안 계속 발달하기 때문에 성인이 되어서도 자신의 행동을 변화시키는 것이 가능하다.

전두엽은 추상적 사고·창의력·결과 예측·만족 지연·공감·학습·도덕관념·계획·이성적 사고·성찰과 집중·감정 조절·자기 지각·사회적 책임·합리적인 의사 결정·언어 능력을 담당한다. 전두엽이 활성화 될 때 우리는 보통 더 존에 머무른다.

두뇌가 작동하는 방식

우리에게 시각, 청각, 후각, 미각, 촉각 등 감각 자극이 전달되면 그 즉시 변연계에서는 해당 자극과 관련된 기억이나 감정을 소환한다. 변연계에 위치한 편도체는 이 자극이 위험한지, 안전한지를 판단한다. 위험하다고 판단한 경우, 두뇌는 즉각적으로 투쟁도피 모드에 들어간다. 감정은 모두 배제되고, 전두엽의 활성화가 어려워진다.

생존 두뇌만이 작동하고 있기 때문에 자극에 과한 반응을 보이게 된다. 생존 두뇌에 지배를 받을 때는 완벽하게 더 존을 벗어난 상태이다. 이를 테면, 길을 가다가 차 한 대가 덮쳐 온다고 생각해보자. 두뇌는 위협을 감지하고 곧장 신체에 모든 사고를 멈추라고 명령을 내린다. 그러면 당신은 황급히 차를 피해 몸을 날릴 것이다.

반면 자극이 안전하다고 판단할 때 두뇌는 통제의 상태에 머문다. 전두엽을 적극 활용할 수 있어 언어 사용과 이성적 사고가 가능하다. 가령, 길을 걷던 중 바로 앞에 멋진 1964년식 애스턴 마틴 한 대가 주차되어 있는 것을 봤다. 뇌에서는 이 상황이 안전하다고 판단했고, 언어 능력을 담당하는 전두엽이 여전히 주인 역할을 한다. '저거야 말로 멋진 차지' 당신의 머릿속에는 이런 생각이 스친다.

스트레스에 대한 뇌의 반응은 타고난 성향과 양육의 결과가 합쳐진 것이다. 개인이 타고난 유전자가 스트레스 반응과 더불어 스트레스에 대한 역치에 대단한 영향을 미친다. 하지만 삶의 경험 또한 마찬가지로 중요한 역할을 한다. 한 예로 뉴욕 업스테이트 지역에 거주하는 아이들을 놀라게 할 만한 일과 전쟁으로 폐허가 된 아프가니스탄 아이들을 경악하게 할 일은 크게 다를 것이다.

이런 변수에도 불구하고 두뇌에서 스트레스를 처리하는 과정은 모두 같다. 개인의 고유한 신체가 과도한 스트레스라고 해석하는 상황에 처했을 때 몸은 생존 모드로 전환되고, 신체적, 화학적 반응으로 인해 고차원적인 두뇌 기능이 차단된다. 생존 모드가 발동되었을 때 이성적으로 사고하기 힘든 이유가 여기에 있다. 배우자가 옆에서 진정하라고 말하는 소리는 마치 의사가 고무망치로 무릎을 쳤을 때 다리가 올라가지 않도록 참으라는 말과 동일하다. 우리가 어찌할 수 없는 일이다.

생존의 뇌는 우리의 가장 위대한 자산인 동시에 가장 큰 약점이다. 진짜 위험으로 뇌간이 활성화되었다면 말 그대로 우리의 생존을 지켜낼 수 있다. 하지만 자극을 위험으로 잘못 오인할 경우 생존 본능으로 인해 도리어 문제에 처하게 된다. 생존 두뇌로 인해 우리는 논리적이고 이성적으로 사고하는 능력과 공감하는 능력을 잃기 때문에 지나치게 과도한 반응을 보인다. 후에 후회할 만한 말이나 행동을 저지르기도 한다.

또한 생존 두뇌가 지배할 때는 사랑하는 사람들을 불안하게 만드는데, 이때 엎친 데 덮친 격으로 상대의 생존 두뇌까지 발동된다. 더욱 위험한 것은 생존 두뇌에 지배당할수록 벗어나기가 더욱 힘들어진다는 것이다. 비단 인간관계에서만 문제가 아니라 건강도 위험해질 수 있다. 여러 면에서 전두엽은 생존의 뇌와 대치된다. 전두엽은 평온한 환경에서 깊이 사고하는 능력을 담당하고, 생존 두뇌는 무언가 이상이 있을 때 우리가 즉각적으로 반응하도록 한다.

뉴런의 연결, 자기조절력의 중요성

1949년 심리학자인 도널드 헵은 '함께 활성화되는 뉴런은 함께 연결되어 있다'라는 헵의 이론을 주장했다. 이는 반복된 경험에 노출되면 해당 경험에 연계된 감정이 뇌의 네트워크에 새겨진다는 의미이다. 어떤 행동을 할 때 특정한 기분을 느끼는 이유를 설명할 순 없지만 그럼에도 그 감정을 경험한다. 예를 들어 저녁 식사 시간에 음료를 흘릴 때마다 항상 어딘가를 찰싹 맞았던 아이는 성인이 된 후에도 잔이 떨어지는 소리를 들으면 두려움을 느끼거나 움찔한다.

그렇다고 해서 두뇌가 완전히 발달한 후에는 결코 바뀔 수 없다는 의미는 아니다. 분명 바뀔 수 있다. 최근 신경과학 분야에서 발견한 뇌의 가소성을 발견했는데, 이는 우리의 마음이 유연하고 끊임없이 진화하는 성질을 가졌다는 것을 의미한다. 새로운 연결망을 만드는 것 즉, 생각의 길을 '재편성'하는 것이 가능하다. 하지만 헵이 연구로 밝혔듯, 특정한 사고의 패턴, 특히 스트레스와 관련한 사고 패턴은 재편성하는 것이 어렵다.

무언가 잘못 되었을 때 자기조절력을 발휘하지 못하는 부모에게서 자란 아이들은 스트레스를 받을 때 부정적인 감정을 강렬하게 경험한다. 훗날 이러한 반응을 수정하기 위해선 두 배 이상 노력을 기울여야만 한다.

앞서 자극에 반응하는 과정에서 가장 먼저 벌어지는 일 중 하나가 중간 뇌인 변연계에서 과거에 겪었던 비슷한 기억과 감정을 소환하는 것이라고 설명했다. 당신이 자기조절력을 발휘할 때, 당신과 자녀들에게 상당한 스트레스를 주는 자극을 받더라도 좀 더 긍정적인 연결이 만들 수 있다.

아이가 떼를 쓸 때 평정을 유지한다면 우리의 두뇌는 자동적으로 분노나 공포로 반응하지 않기 시작한다. 더는 아이의 짜증과 연계된 반응이 분노와 공포만 있는 것이 아니기 때문이다. 이와 마찬가지로 아이들의 두뇌는 스트레스를 불러일으키는 상황 속에서 부모가 보이는 애정어리고 침착한 반응을 학습하고 스트레스를 차분하게 대하는 법을 배우기 시작한다.

위협을 오인해 극단적인 감정이 생겨나는 일을 막고 설사 극단적인 감정을 경험한다 해도 이를 관리하는 방법을 찾는 일련의 과정을 우리는 자기조절력이라 한다. 자기조절력은 롤모델을 통해 가장 빠르게 배울 수 있다. 부모가 스스로를 진정시키는 법을 어릴 때부터 보여줄수록 아이는 스트레스를받더라도 자연스럽게 침착함을 찾을 확률이 높아진다.

부모의 마음을 진정시키는 법

얼마 전, 이케아 매장에서 한 아빠가 네 살짜리 아이를 데리고 쇼핑을 해보려고 애쓰는 모습을 봤다. 남성은 이리저리 돌아다니고 싶어 하는 아이를 잡아두느라 애를 먹고 있었다. 아빠는 아이를 붙잡아 두느라 점점 지쳤고 얼마 후 화를 냈다. 아이를 가까이 데려와서는 무서운 목소리로 이렇게 말했다. "자꾸 아빠 화나게 할래." 이내 아이가 울음을 터뜨렸다.

우리는 그 아빠에게 조언을 해주고 싶었지만 그 자리에서는 참아야 했다. 하지만 이곳에서는 밝히고 싶다. 그 아빠의 행동은 잘못된 것이었다. 냉정을 잃은 탓에 아빠는 아이의 생존 두뇌를 가동시켰고, 자신이 통제력을 잃은 것을 네 살짜리 아이의 탓으로 돌리고 있었다.

우리의 몸과 두뇌, 호르몬은 감정 상태를 만들어낸다. 우리를 화나게 만드는 또는 실망스럽게, 질투 나게, 짜증나게 만드는 것은 없다. 우리를 행복하게 만드는 것이 없는 것처럼 말이다. 분노나 기쁨과 같은 감정은 개인의 내면에서 벌어지는 일이다. 같은 농담을 듣고도 누구는 웃음을 터뜨리고 누구는 언짢아하는 것도 같은 맥락이다. 농담 그 자체가 특정한 감정을 촉발시키는 것이 아니다. 농담은 그저 촉매제일 뿐이다. 농담을 해석하는 두뇌에 따라 수없이 다양한 감정이 일어나기도 하고 아무런 감정이 일어나지 않기도 한다.

낯선 이야기이겠지만, 아이를 키우는 데 상당히 중요하게 여겨야 할 개념이다. 이케아에서 만났던 아빠처럼 아이에게 '나를 화나게 한다'는 말을 할 때 부모는 아이에게 부모의 감정에 책임이 있다는 잘못된 메시지를 전달한다. 이런 메시지를 지속적으로 보낼 경우 아이에게서 억울함, 반항 등 부정적인 행동을 불러온다.

사실 아이는 부모에게 그 정도의 영향력을 행사하지 않는다. 이케아에서 마주한 아빠는 두 가지 목표가 있었다. 첫째로는 가구를 사야 했다. 둘째는 딸의 안전을 지켜야 했다. 하지만 문제의 상황이 촉발된 데는 아빠의 잘못이 있다. 기대와 현실의 간극을 이해하지 못했다. 네 살짜리를 이케아에 데려오면서 얌전히 굴기를 바랐다니 말이다.

대다수의 부모들이 이런 상황을 경험했을 것이다. 여기서 이케아 아빠의 잘못을 꼬집자는 것이 아니다. 두뇌의 스트레스 반응을 안다면 갈등 상황을 마음 중심형 방식으로 대처할 수 있다는 것을 보여주고자 그 아빠의 사례를 소개하는 것이다.

우리에게는 종종 더 존을 유지할 수 없게 만드는 일이 벌어진다. 또한 아이들이 부모를 더 존에서 밀어내는 경우도 있다. 부모는 아이의 별 뜻 없는 행동으로 감정이 촉발되고 이 트리거를 진짜 위협이라고 인지할 때가 많다. 가령, 두 살짜리 아이가 새로 산 소파 쿠션에 요거트를 잔뜩 흘리거나, 아홉 살짜리 딸은 방문을 쾅 닫고 들어가고, 열네 살짜리는 뭐든 다 부모 탓으로 돌리는 것처럼 말이다. 하지만 마음의 평정을 유지하는 것이 당신과 아이에게 굉장한 선물이라는 사실을 명심해야 한다.

엄격한 반응자에서 신중한 응답자로

낡은 패러다임에서 부모는 반응자^{reactor}였다. 어떠한 자극을 감지하면 부모는 즉각적으로, 강하게 자극제에 반응했다. 마음이 아니라 몸이 반응하는 자녀교육이었다.

낡은 패러다임

자극   ⟶   강한 반응

전두엽의 활동을 중요시하는 새로운 패러다임에서는 부모가 자극을 감지하면 잠시 기다리는 것에서 시작된다. 그 사이 신중하고 침착하게 응답할 기회를 만들 수 있다. 누구나 훈련을 통해 반응자가 아니라 응답자responder로 거듭날 수 있다.

우리가 생각하는 만큼 어려운 일이 아니다. 기다림을 세 단계로 나누면 더욱 쉬워진다. 이 세 단계를 우리는 '멈춤-호흡-질문'이라고 부르는데, 이 과정이야말로 부모가 지닐 수 있는 가장 유용한 무기나 다름없다.

새로운 패러다임

자극 ⟶ 멈춤-호흡-질문 ⟶ 신중한 반응

지금 이 순간 아이에게 가장 필요한 것

· 멈춰라. 정서적 자극을 받고 더 존에서 멀어지려 할 때 가장 먼저 해야 할 일은 조급함을 버리는 것이다. 의식적으로 내면의 '멈춤' 버튼을 누르고 현재의 상황을 전면 정지시킨다. 처음 튀어나오려고 하는 말을 참는다. 아무것도 하지 않는다. 침착하고 여유 있는 태도로 멈춤을 실행한다.

좌절해도 되고, 짜증이나 화를 느껴도 된다. 우리 안의 갈등을 부끄러워하거나 외면하는 것보다 인정하는 편이 훨씬 건강한 것이다. 다만 이런 상태에서 하는 말이나 행동으로는 얻을 것이 없다. 물론 즉각적이고도 강렬한 정서적 반응을 불러일으키는 상황이 생기기도 한다. 가능하다면 잠시 멈추어 스스로를 추스를 수 있는 몇 초의 시간을 확보하길 바란다.

· 호흡하라. 잠시 멈춤을 행하는 동안 몇 차례 깊이 심호흡을 한다. 숨을 들이 마시고 잠시 호흡을 멈추었다가 다시 숨을 내쉰다. 호흡을 깊이 할수록 몸이 진정된다. 우리는 심호흡의 목적이 자동반사적인 생존 두뇌의 반응을 잠재우려 하는 것임을 명심해야 한다.

뇌간에서 혈액 속으로 다량의 호르몬이 분비되고, 전두엽으로의 혈액공급은 차단된 상태에서도 심호흡을 하면 뇌의 신피질로 산소를 공급하고 더 존으로 돌아올 수 있다. 얼마큼의 분노나 두려움을 느꼈는지에 따라 다르겠지만, '온전한 정신'으로 돌아오기까지 한 시간이 필요할 수도 있다. 하지만 보통은 몇 번의 심호흡이면 마음이 진정되어 다음 단계로 넘어갈 만한 여유가 생긴다.

· '내 아이에게 지금 필요한 것이 무엇일까?'라고 질문하라. 잠시 멈추고 무모하게 반응하지 않고, 심호흡을 하며 몸이 리셋되길 기다렸다. 이제 신중하게 반응할 수 있는 준비를 마쳤다. 어떻게 반응해야 할지 판단하기 위해선 이렇게 물어야 한다. '내 아이에게 지금 필요한 것이

무엇일까?' 아이를 통제하거나 아이에게서 특정 행동을 유도하는 것이 목표가 아님을 명심해야 한다. 아이가 지금 느끼는 감정을 사라지게 하려는 것도 아니다. 당신의 목표는 아이와의 관계를 돈독히 하고 아이의 자존감을 낮추지 않는 방식으로 이 상황에 대처하는 사랑이 넘치는 롤모델이 되는 것이다.

아이에게 필요한 것이 무엇일지 생각한다면 자기 자신에서 아이 중심으로 관점이 전환되며 공감을 발휘할 수 있다. 당신은 소리를 지르고 싶은 기분일지도 모른다. 제대로 악을 쓰면 속이 시원하겠다고 생각할지도 모른다. 하지만 이는 당신에게 필요한 일이지 아이에게 필요한 것이 아니다.

지금 이 순간 아이에게 무엇이 필요할지 고민할 때 현실에 집중할 수 있다. 아이가 한창 떼를 쓰다 퍼즐 조각을 당신에게 던진다면 아이에게 예의를 가르쳐야 한다거나 사람을 다치게 해선 안 된다고 교육시켜야겠다는 생각에 사로잡힐 것이다. 옳은 생각이다. 하지만 그런 훈육은 지금 이 순간 아이에게 필요한 것이 아니다.

성질을 부릴 때 아이는 더 존에 머물고 있지 않다. 뇌가 작동을 멈추어 어떠한 가르침도 받아들일 수 없는 상태이다. 지금 아이에게 필요한 것은 자기조절력을 발휘하는 법을 보여주는 따뜻한 부모이다. 따라서 이렇게 말하는 것이 좋다. "우리 둘 다 지금 화가 많이 난 것 같아. 엄마는 물 한 잔 마시면서 마음을 진정시키려고 하는데, 너도 물 한 잔 줄까?"

'멈춤-호흡-질문'은 더 존을 벗어난 부모가 다시 제자리를 찾고 마음 중심형 방식으로 반응할 수 있도록 돕는다. 멈춤은 투쟁도피반응을 차단하고 뇌에 새로운 연결망을 만들어낸다. 호흡을 통해 스트레스 반응으로부터 신체가 회복할 수 있도록 시간을 벌고 산소를 공급한다. 아이가 지금 이 순간 무엇이 필요한지 질문을 함으로써 고차원적인 전두엽 기능을 활용할 수 있다.

아이의 행동이 실제로 당신의 부정적인 감정을 자극했고, 마땅히 바로 잡아야 하는 행동이라면 필요한 것은 당신이 확실하게 더 존의 상태로 다시 돌아갈 때까지 아이와 대화를 미루는 것이다. 더 존으로 완벽하게 돌아가지 못했다면 사소한 자극에도 순식간에 평정을 잃게 될 것이다. 따라서 따로 메모를 해두거나 다음 가족회의 안건으로 삼겠다고 결심한 뒤, 기분이 좋아질 만한 일을 하는 게 좋다. 당신과 아이가 마음을 가라앉히고 이성을 찾은 후에 문제 행동을 논의하면 된다. 문제될 것이 전혀 없다.

마음 살피기 미션

우리 수업에서는 부모에게 멈춤 버튼을 하나 만들도록 한다. 무엇이든 좋다. 버튼에 자석을 붙이거나 나무를 깎아서 버튼을 만든 뒤 열쇠고리에 단 사람도 있었고, 냉장고에 커다란 빨간 점 사진을 붙인 사람도 있었다. 부모에게 실제로 만지고 느낄 수 있는, 또는 주머니에 넣고 다닐 수 있는 멈춤 버튼이 있다면 멈춤을 행하는 연습을 하는 데 도움이 된다. 주기적으로 감정이 동요하는 경향이 있거나 분노를 통제하는 데 어려움을 느낀다면 멈춤 버튼이 도움이 될 것이다.

감각의 놀라운 힘

감각적 체험은 신체적 움직임, 시각, 청각, 후각, 미각, 촉각이라는 우리의 감각 중 하나 이상을 활용한 활동을 통해 스트레스를 낮추는 방법이다. 부모에 따라 그리고 아이에 따라 선택하는 감각적 체험은 크게 달라진다. 아이를 쓰다듬거나 하이파이브를 할 때 부모는 아이에게 감각적 체험을 선사한다. 아이가 부모를 안거나 손을 잡는 것도 마찬가지이다.

감각적 체험은 단순히 하나의 개념이 아니라 실제로 활용할 수 있는 도구이다. 일상적으로 활용한다면 더 존에서 벗어나는 일이 크게 줄어들고, 실제로 더 존에서 벗어났다 해도 긍정적인 감정을 회복하기가 한결 수월해진다.

감각적 체험의 종류는 무수하다. 당신과 자녀에게 잘 맞을 만한 것을 찾기만 하면 된다. 아래의 리스트를 참고하되 당신과 아이에게 어울리는 체험을 직접 고민하고 찾아야 한다.

· 신체적 움직임. 춤·운동·심호흡·하이킹·달리기·줄넘기·스트레칭·수영·걷기

· 시각적 체험. 기념이 되는 물건을 바라본다·자연 속에서 시간을 보낸다·아름다운 사진이나 그림을 감상한다·마음을 평온하게 하거나 행복한 이미지를 머릿속에 그린다·사진을 본다·일출이나 일몰을 지켜본다

· 청각적 체험. 타인의 이야기를 들으며 공감한다·영감을 전해주는 연사의 강연을 듣는다·시 낭독이나 동요를 듣는다·새소리나 폭포소리, 바다소리 등 자연의 소리에 귀를 기울인다·풍경 소리를 듣는다·악기를 연주한다.

· 후각적 체험. 거품입욕제·갓 구운 쿠키·아로마 캔들·인센스나 아로마 오일·꽃·요리·자연

· 미각적 체험. 따뜻한 차나 차가운 물을 한 잔 마신다·간식·공갈 젖꼭지나 엄지손가락 빨기

· 촉각적 체험. 부드러운 담요·슬라임 만지기·포옹이나 주먹 인사, 하이파이브·샤워나 목욕·반려동물 쓰다듬기·부들부들한 슬리퍼

부모가 먼저 약한 모습을 드러내야 한다

부모로서 세상의 온갖 나쁜 일로부터 아이를 지키고 싶고, 자신의 문제로 아이에게 부담을 주고 싶지 않을 것이다. 하지만 적절한 방식으로 아이에게 부모의 속마음을 터놓지 않고, 감정을 공유하지 않으면 아이가 진정으로 부모를 이해할 기회를 없어진다. 아이들에게 스트레스에 대처하는 효과적인 방법을 보여주고 싶다면 부모가 우선 스트레스 받은 모습을 솔직히 보여주어야 한다.

그러니 앞으로 화가 나거나, 마음의 상처를 받았거나, 두렵거나, 말 그대로 스트레스에 짓눌릴 때 아이에게 오픈해보자. 오늘은 좀 힘들고 회사 동료 때문에 화가 나는 일이 있었다고 말하는 것이다.

난폭한 운전자가 갑작스럽게 끼어들 때 깜짝 놀라고 무서웠다고 말해준다. 그런 뒤 어떻게 그 감정을 처리하는지도 보여주어야 한다. 자신의 감정을 조절하는 방법을 알려준다. 심호흡을 몇 번 하면 마음이 진정된다고 말해주거나 화가 났을 때 음악을 들으면 마음의 평정을 찾을 수 있을 거라고 알려준다.

마음 살피기 미션

더 존에 머무는 데 도움이 되는 건강한 감각적 체험을 생각해보고, 더 존을 벗어났을 때 다시 돌아오기 위해 도움이 될 만한 체험도 고민해본다. 떠올린 체험을 이번 주에 직접 시도해본 뒤 어떠한 변화가 찾아왔는지 정리해본다.

벽을 보고 선 아이

성인과 마찬가지로 아이는 다양한 상황에서 여러 가지 이유로 스트레스 반응이 촉발된다. 아이가 스트레스를 느끼는 원인과 그에 반응하는 방식은 발달적, 기질적, 생물학적 요인에 따라 다르다.

가령, 7세 미만의 경우 전두엽이 발달되지 않아 떼를 쓰고 짜증을 내기 쉽다. 기질적으로 조심성이 많은 아이는 모험심을 강하게 타고난 아이보다 공포에 대한 역치가 낮다. 변화에 적응이 느린 아이들은 무언가 달라지는 상황에서 스트레스를 느낀다. 이와 마찬가지로 배가 고프거나 몸이 아프거나 지나치게 흥분되는 등 신체적 컨디션이 아이를 더 존 밖으로 밀어내는 큰 요인이 되기도 한다.

하지만 아이의 스트레스 요인 중 하나인 처벌은 우리가 통제할 수 있는 몇 안 되는 요인 중 하나이다. 앞서 우리는 부모가 더 이상 상벌 체계에 의존하지 않아도 되는 마음 중심형 양육법에 대해 이야기 했다. 여기서는 많은 이들이 괜찮다고 느끼거나 용인될 수 있다고 여기는 몇 가지 처벌 체계에 대해 살펴보고 이런 처벌 방식이 어린 시절의 스트레스와 어떠한 관계가 있는지 살펴보고자 한다. 대표적인 처벌은 타임아웃timeouts이다.

타임아웃의 타임은 끝났다

겉으로 보기에는 아이를 고립시키는 훈육방식이 벌을 주는 것보다는 무해하게 느껴진다. 많은 부모들이 아이가 마음을 진정시키고 자신이 한 일을 반성하는 시간을 주기 위해 타임아웃을 시행한다. 타임아웃을 통해 아이들에게 행동에는 결과가 따른다는 것을 가르칠 수 있다고 생각하거나 단순히 타임아웃이 효과가 좋다고 믿는 부모도 많다.

하지만 이제는 타임아웃을 영원히 타임아웃 시킬 때이다. 지금부터 그 이유를 알아보자.

타임아웃_ 부모가 보기에 허용할 수 없는 행동을 했을 때 일정한 시간 동안 아이를 강제적으로 고립시키는 처벌이다.

---

1. **타임아웃은 아이에게 신체적 통증과 같은 고통을 준다.** 아이를 때리거나 체벌을 가하는 것으로 신체적 고통을 주는 것이 아이를 진정

시키는 데 아무런 도움이 되지 않는 것을 우리는 알게 되었다. 마찬가지로 강제적으로 고립시켜 정서적 고통을 유발하는 것 역시 효과가 전혀 없다. 게다가 신경과학적으로 설명하자면 신체적 고통과 정서적 고통은 그다지 다르지 않다.

마인드사이트 연구소의 대니얼 시겔 박사는 "두뇌 스캔을 확인한 바, 거부와 같은 관계적 고통을 경험할 때 나타나는 두뇌 활동은 신체적 고통을 경험할 때와 유사하다."라고 했다. 타임아웃을 통해 아이들은 부모가 자신이 완벽할 때만 함께 있고 싶어 한다고 오해할 수 있다. 아이의 입장에서는 몸을 찰싹 맞는 것만큼 고통스러운 일이다.

때문에 타임아웃은 아이의 두뇌에 심각한 스트레스를 일으키고 여타 스트레스 요인들과 같은 작용을 한다. 바로 아이를 정서적 고통으로 밀어 넣고 더 존에서 벗어나게 만드는 것이다.

물론 타임아웃을 하고 난 뒤에 아이는 진정이 될 것이다. 아이들은 회복력이 강하고 아픔을 치유하는 힘이 있기 때문이다. 하지만 피부에 생긴 멍이 점차 옅어지는 것처럼, 가혹한 처벌에도 불구하고 치유를 하는 것이지 처벌 덕분에 치유가 되는 것은 아니다.

2. 아이들은 타임아웃으로 그 어떤 긍정적인 가르침도 얻지 못한다.
벌을 받으면 아이의 생존 두뇌가 활성화되고, 고차원적 학습을 담당하는 전두엽이 제한적으로만 작동하거나 완전히 마비된다. 아이에게 고함을 지른 뒤 잘못했다고 말하라고 윽박지르거나, 타임아웃을 통해 자신의 잘못을 오랫동안 곰곰이 생각해보길 바라는 것은 신경과학적으로 아무런 효과도 없다. 그렇다고 해서 타임아웃 동안 아이들이 아무엇도 배우지 못한다는 뜻은 아니다. 많은 것을 배우겠지만 우리가 가르침을 주고자 하는 내용은 전혀 전달되지 않을 것이다.

시겔과 브라이슨은 〈타임〉 매거진에 이렇게 적었다. "부모는 타임아웃을 통해 아이들이 자신의 행동을 반성할 거라고 생각합니다. 하지만 그런 효과 대신 아이들은 분노를 키우고, 절제력을 잃으며, 자기 자신에 대한 통제를 상실하거나 자신의 행동을 되짚어 생각해볼 의지를 잃고, 벌을 내린 부모에 대한 원망에만 집중하게 됩니다."

이런 순간에 아이들에게 필요한 것은 가르침이나 교훈이 아니다. 아이가 자신을 조절할 수 있도록 도움을 주는 부모가 필요하다. 다시 중심을 찾을 수 있도록, 더 존으로 돌아갈 수 있도록 말이다.

아이의 정서적 욕구를 단번에 무시하는 일

타임아웃 중인 아이는 웃지도 않고, 자신의 권한을 발휘하거나 탐험을 하지 못하고, 교감을 느끼지도 못하고, 중요한 사람으로 인정받지도 못하고, 관심과 사랑을 받지도 못한다. 그 시간은 아이들에게 부모의 사랑은 조건적이며 때때로 부모와 같이 있을 자격을 상실한다는 자존감을 낮추는 메시지만 전달한다.

알피 콘은 타임아웃에 대해 이렇게 말했다. 타임아웃은 그저 애정을 철회하는 것에 불과하다. 행동을 바르게 한다면 부모의 사랑을 받을 것이고, 그렇지 못할 때는 사랑을 받지 못한다고 느끼게 만든다.

타임아웃을 오랜 기간 동안 활용한다면 앞으로 몇 년 안에 아이가 부모에게서 멀어지는 역기능적 의사소통 패턴이 나타난다. 당연한 결과이다. 아이가 꾸준히 타임아웃 벌을 받는다면 아이는 부모와 효과적으로 의사소통을 할 수 없게 된다. 갈등을 어떻게 해소해야 하는지 배우지 못했고, 아이 스스로 잘못을 바로 잡을 기회도 제공받지 못한 것이다.

타임아웃을 경험한 아이들 대다수는 이후 문제가 생기면 혼자서만 품고 있는 아이가 된다. 자기 방에만 머물며 부모와 대화를 하지 않으며 친구들을 부모보다 훨씬 소중하게 여긴다. 친구들이야 말로 자신의 생각을 공유하고 고민을 털어놓을 수 있는 대상이자 자신을 지지하고 도와줄 사람이라고 느낀다.

해트필드 부부는 부모들에게 수업을 하면서 내성적인 10대 자녀에게 제발 방 밖으로 나오라고 뇌물을 주고, 보상을 하고, 사정을 하고 심지어 엄포를 놓는 부모를 셀 수 없이 봤다. 애초에 자녀를 고립으로 밀어 넣은 것이 부모였으니 아이러니하지 않을 수 없다.

강제적인 고립의 결과는 10대 이후에도 지속된다. 어린 시절 심각한 스트레스나 긴장 상태를 경험할 때 어떻게 의사소통을 해야 하는지 배울 기회가 주어지지 않았기 때문에 성인이 되어서 사랑하는 사람들과 솔직하고 진솔하게, 효과적으로 소통하는 것을 어려워한다.

당신이 몰랐던 타임아웃의 부작용

타임아웃은 널리 사용되고 있는 훈육법이다. 하지만 처벌이 응당 그러하듯 너무나 다양한 역효과를 초래한다. 앞서 언급한 것 외에도 타임아웃은 다음과 같은 부작용을 낳는다.

1. 아이를 더 존 바깥으로 밀어내고, 그 곳에 계속 머물게 만든다. 수많은 부모가 타임아웃으로 상황이 더욱 악화되었다고 말하는 데는 생물학적인 이유가 있다. 부모가 내린 벌로 인해 아이의 신체가 생물학적으로 스트레스에 반응하기 때문에 벌을 받는 아이들은 자기 조절력을 발휘할 수도, 배울 수도 없기 때문이다.

2. 행동만 교정할 뿐 원인을 해결하지 않는다. 타임아웃은 일시적으로 행동을 교정한다. 부모에게 아이가 문제 행동을 하는 원인을 이해하고 해결할 수 있는 기회가 주어지지 않는다.

3. 다른 처벌의 시작점이 된다. 아이가 자라 더는 타임아웃이 효과가 없게 되면 부모는 그간 해왔던 방식을 유지하기 위해서 다른 처벌로 대체해야 한다는 생각에 사로잡힌다. 그래서 타임아웃은 아이의 특권이나 장난감, 재밌는 체험을 앗아가는 벌로 이어질 때가 많다.

4. 아이에게 소외받는 기분을 느끼게 한다. 타임아웃은 부모의 마음이 덜 시끄럽고자 아이에게 내리는 벌이다. 그동안 아이는 자신이 잊혔다고 느낀다. 실제로 부모는 아이가 타임아웃 벌을 받고 있다는 것을 잊는 경우도 있다.

5. 아이를 조종하는 도구로 사용된다. "더는 어쩔 수 없어. 타임아웃이야!" "계속하면 타임아웃이야!" 아이는 공포와 죄책감, 처벌로 자극받고 조종당한다.

6. '복수심'을 가르친다. 보통 부모는 '본때를 보여주마!'라는 태도로 타임아웃을 지시한다. 이런 태도는 아이에게 보복처럼 느껴지고, 부모가 몸소 보여주는 만큼 아이들은 금방 배운다.

7. 고립은 아이만 필요하다는 오해가 생긴다. 부모로서 우리는 타임아웃에 대해 다시 생각해봐야 한다. 사실 정말 타임아웃이 필요한 사람은 누구일까? 아이의 행동에 화가 나고 좌절감을 느꼈다면 마음을 정리해야 하는 쪽은 오히려 부모이다. 아이에게 자기조절력을 발휘하는 모습을 보여주는 것은 매우 효과적인 가르침을 전한다. 부모가 타임아웃으로 마음을 먼저 진정시키면 아이와 아이의 행동에 건강하고 존중 어린 방식으로 응답할 방법을 찾는 시간을 얻을 수 있다.

8. 근본적으로 아이를 무시하는 행위이다. 우리가 무시를 당하거나 무례하게 대접받고 싶지 않은 것처럼 아이들도 마찬가지이다. 그럼에도 우리는 아이의 행동에 벌로 응수하며 지속적으로 아이를 무시하고 있다. 또한 타임아웃은 아이들의 선택권과 배움의 기회를 앗아간다. 진정성 있게 자신의 감정을 표현하고, 타인의 입장을 듣고, 모두에게 유리한 합의점의 찾고, 자신의 행동에 책임을 질 기회를 모두 잃는다.

9. 아이가 자발적으로 협조하려는 마음을 사라지게 만든다. 수십 년간의 연구를 통해 일정 기간 동안 꾸준하게 처벌이 가해질 때 아이들

은 벌을 피하고 싶다는 외부적 동기를 좇게 된다. 즉, 내면적으로 동기 부여가 이루어지기 힘들다. 옳고 선한 일이라는 명목은 착하게 행동해야 하는 동기로 부족해진다. 아이들은 부모가 바라는 대로 행동하려면 무언가 다른 보상이 필요하다고 생각하게 된다.

10. 반항심을 키운다. 부모와 분리되는 것은 발달 단계에서 지극히 정상적인 일이다. 10대 청소년들이 독립을 주장하는 것이 반항처럼 느껴지더라도 정상적인 일이다. 하지만 부모가 아닌 또래만 중요하게 여기고, 부모에게 상처를 입히거나 부모의 화를 돋울 방법을 찾는 식의 심각한 반항은 정상적인 10대의 행동이 아니다.

마음 살피기 미션

어린 시절 부모에게서 벌을 받았던 때를 떠올려보라. 부모가 어떤 벌을 내렸는지, 벌을 받으며 당신은 어떤 생각을 했는지 적어본다. 기분이 어땠는가? 만약 부모님이 마음 중심형 양육 기술을 활용했다면 당시 상황을 어떻게 달라졌을지도 상상해본다. 부모님은 벌을 내리는 대신 어떤 말이나 행동을 할수 있었을까? 부모님이 달리 반응했다면 부모님과의 관계가 어떤 식으로 더욱 나아졌을까? 당신의 자존감을 높이는 데는 어떠한 영향을 미쳤을까?

아이가 떼를 쓴다면

생존의 뇌의 지배를 받을수록 아이는 투쟁도피반응에 기인한 행동을 보인다. 일반적으로 투쟁 유형의 반응은 나쁜 어린이가 하는 행동에 가깝고, 도피는 착한 어린이의 행동에 가깝다. 어느 쪽도 건강하다고 볼 수 없다.

투쟁 반응

논쟁한다 · 방어적으로 나온다 · 남탓을 한다 · 상처를 주는 말을 하며 비판한다 · 힘겨루기 싸움을 건다 · 위험한 행동을 시도한다 · 침묵으로 일관한다 · 단념하고 불평한다 · 때리고, 발로 차고, 꼬집고, 당긴다 · 상대를 모욕한다 · 유대감이 없다 · 엉뚱한 곳에 분노를 표출한다 · 부모의 신경을 건든다 · 욕설을 내뱉는다 · 협박한다 · 떼를 쓴다

지나치게 사과한다 · 술, 약물, 음식을 통해 기분을 전환한다 · 부인한다 · 지나친 수면, 성관계, 전자기기 사용에 매달린다 · 자신이 부족한 사람이라 느낀다 · 항복한다 · 아무거나라는 식으로 대답한다 · 유대감이 없다 · 다른 공간으로 피한다 · 거짓말을 한다 · 변명한다 · 지나치게 순종적이 된다 · 관계에서 벗어난다 · 자해한다 · 대화를 단절한다 · 고립을 택한다 · 냉소적으로 군다

떼쓰는 아이 3단계 대처법

떼를 쓰는 것은 미성숙한 뇌에서 극단적인 감정을 표현하는 방식으로 두 살 반 정도부터 나타나는 행동이다. 아이가 떼를 쓰는 이유는 보통 배고픔이나 피로를 느낄 때, 몸이 아플 때, 자신의 행동을 부모가 제재할 때이다.

물론 별 것 아닌 사소한 일에도 유독 짜증을 부리는 아이들도 있다.

떼쓰기_ 분노나 좌절감, 짜증의 표현이다. 악을 쓰고, 소리를 지르고, 거친 몸짓과 비합리적인 행동으로 표출된다. 성인과 아이 모두 성질을 내기는 하지만, 발달상으로는 7세 미만까지만 정상적으로 허용된다.

아이가 떼를 부릴 때 부모가 해야 할 일은 비교적 간단하다. 침착하게 행동하며 연민을 보이는 것이다. 감당하기 어려운 상황이겠지만 당신도 한때 그랬고, 이는 완전히 정상적인 행동이다.

2011년 〈이모션Emotion〉 학술지에 실린 연구에 따르면, 아이의 떼에는 예측 가능한 패턴과 변화가 발견된다고 한다. 코네티컷 대학의 제임스 A. 그린과 미네소타 대학의 마이클 포티걸은 유아의 옷에 무선 마이크를 부착해 아이가 떼를 쓰는 상황을 100여 건 이상 녹음했다. 유아가 내는 소리를 분석한 두 연구자는 떼쓰기를 세 가지 단계로 구분해냈다.

· 1단계: 소리 지르기와 악쓰기

아이들은 자신의 의지를 대체로 소리로 표현한다. 부모가 말을 붙이거나, 설명을 하거나, 논리적으로 접근하거나 질문을 할 때 더욱 히스테릭한 반응을 보인다. 이 단계에서는 아이의 감정에 대해 이야기하는 것조차 아무런 효과가 없다.

이때는 아이와 가까이 머무는 것이 좋다. 부모가 곁에 있다는 것으로 아이가 안심할 수 있게 해주어야 한다. 아이를 혼자 두고 다른 곳으로 가면 아이를 더욱 자극하는 꼴이다. 침착하고, 중립적이며 애정 어린 태도로 곁에 머문다. 연민 어린 눈으로 바라보되 아무런 말도 하지 않는다. 즉, 멈추고, 낮추고, 침묵한다. 그저 가까이에 앉아 당신이 줄 수 있는 가장 사랑 넘치는 에너지를 전달해준다.

· 2단계: 거친 몸짓

이 단계의 아이는 손이나 발로 때리거나 가구를 밀거나 장난감을 던진다. 아이에게 대화를 시도하거나 몸을 만지며 달래려 든다면 아이는 오히려 더욱 거칠게 나올 것이다.

　이 경우에는 그 순간에 온전히 집중해야 한다. 부모가 해야 할 일은 아이의 짜증을 멈추는 것이 아니라 아이가 버려졌다는 느낌을 받지 않도록 해주고, 물건을 부수거나 다른 사람을 다치게 하는 일을 막는 것이다. 다른 장소로 이동하거나 자동차나 침실 등 자극이 덜하고 안전한 공간으로 장소를 옮겨 아이가 자기조절력을 발휘하기 위해 필요한 시간을 확보해주는 것이 좋을 수도 있다. 최대한 말과 행동을 삼가고, 아이가 자기 자신이나 형제자매 그리고 당신을 다치게 하지 않도록 해야 한다.

　아이가 부모에게 힘을 쓰며 아프게 하려고 할 때는 등 뒤에서 아이를 꼭 안는다. 하지만 반드시 필요하다고 생각할 때만 하는 것이 좋다. 최대한 침착하게 안고 아이가 심하게 반항해도 그 자세를 유지한다. "엄마는 널 안전하게 보호하기 위해 그러는 거야. 엄마도 다치면 안 되고." 이렇게 말하는 것도 좋다. 아이가 몸에서 힘을 빼면 포옹을 풀어준다. 가능한 강압적이지 않은 방법으로 아이와 당신을 안전하게 보호할 방법을 선택해야 한다.

　아이에게 어쩌다 맞으면 제법 아프다. 그 순간 부모의 투쟁도피를 담당하는 뇌에서 즉시 통증에서 달아나고 싶다는 반응을 보일 것이다. 하지만 여기에는 두 가지 문제가 있다. 첫째로, 부모가 그렇게 반응할 때 아이는 버림받았다고 느껴 상황은 더욱 악화된다. 둘째로, 아이가 자신이 한 일에 두려움을 느끼게 된다. 아이가 자신이 나쁘거나,

못됐거나, 통제 불능이라고 믿기 시작하면 이 인식은 아이 안에 내면화되거나 부모에게 불리한 일이 될 수 있다. (부모를 겁주거나 협박할 수 있다고 생각하는 순간 아이의 손에 강력한 무기가 쥐어지는 셈이다. 아이는 관심이나 권한 욕구가 충족되지 않을 때면 부모의 성질을 긁고자 새로 발견한 무기를 활용할 지도 모른다.) 그러니 아파도 꾹 참고 침착함을 유지해야 한다.

몸짓이 유난히 거친 아이들이 있다. 의학적 소견이 필요한 심각한 문제가 아니라면 이 시기도 결국 지나간다. 중요한 점은 이때를 어떻게 보냈는지가 부모 자녀간의 관계를 약화시킬 수도, 강화시킬 수도 있다는 점이다.

· 3단계: 슬픔

몸부림치는 시기가 지나면 다음 단계가 시작된다. 아이는 방금 전에 벌어진 상황때문에 슬퍼지거나 겁을 먹는다. 그러면서 울거나 징징거리거나 투정을 부린다. 부모와의 유대감을 잃은 아이는 이제 그 유대감을 회복하고 위안을 얻길 바란다. 더 존에 진입할 준비가 된 것이다.

아이가 울음 사이에 깊게 심호흡을 하는지 지켜본다. 코르티솔의 효과가 잦아든다는 신호일지도 모른다. 이때 당신은 신체적으로, 정서적으로 아이의 곁을 지킨다. 아이는 이제 감각적 체험을 필요로 할 수도 있다. 포옹이 필요하거나 부모의 무릎 위에 앉아 품을 파고들면서 울지도 모른다.

짜증 받아주기

강렬한 감정 표출을 받아주어야 할 때도 있다. 어떤 경우 아이가 내면에 있는 감정을 분출해야 해결이 되기도 한다. 이를 테면 아이가 굉장히 피곤할 때는 취침 시간에 가까워질수록 심하게 투정을 부린다. 이 경우에는 아이의 행동을 바로 잡으려고 굳이 애쓰지 말고 그냥 두는 것이 좋을 수도 있다. 부모는 그저 깊이 심호흡을 하면서 더 존에 머물려고 노력하면 된다.

잠자리에서 아이가 짜증을 내는 것은 자연스러운 현상으로 이해해야 한다. 조금 지나면 아이의 몸에서 억눌렸던 에너지가 분출되고 이내 얌전히 잠을 청할 준비가 될 것이다. 걱정할 필요 없다. 가만히 내버려둔다고 해서 아이의 투정을 받아준다거나 심화시키는 것이 아니다. 가만히 내버려두는 것은 아이에게 부모가 스트레스 상황에서 침착하게 자기조절력을 발휘하는 모습을 보여주는 일이고, 아이가 짜증을 비교적 편안하게 받아들이고 이겨낼 수 있도록 돕는 것이다.

언제든 마음의 중심을 되찾을 수 있도록

아이가 더 존에서 벗어난 상태에서 대화를 해보려고 애쓰는 건 별 소용이 없다. 아이가 몇 살이든 더 존을 벗어난 아이를 대할 때 가장 현명한 방법은 마음의 평정을 유지하고, 그 순간에 온전히 머물며 입은 굳게 다무는 것이다. 당신이 무엇을 해도 상황이 좋아지지는 않지만 자칫 상황을 악화시키기는 무척이나 쉽다. 이후 아이의 두려움과 분노가 점차 사라지기 시작하면 감각적 체험을 선사하거나 아이의 감정을 확인시켜주면 된다.

아이가 자신의 마음을 돌보는 공간

어린아이에게 감각적 체험을 할 수 있도록 도와주는 방법 중 하나는 우리가 진정 공간이라고 부르는 장소를 만드는 것이다. 아이가 직접 선택한 장소에서 혼자 머물며 마음을 진정시키는 공간을 의미한다. 진정 공간에서 아이는 좋아하는 일을 무엇이든 할 수 있다. 동물 인형을 꼭 안고 있거나 책을 읽거나 음악을 듣거나 간식을 먹거나 울어도 된다. 혼자 그곳에 있어도 되고 부모에게 함께 가달라고 부탁할 수도 있다.

아이가 더 존에서 아직 벗어나지 않았을 때, 혹은 벗어나 더 존으로 돌아오고 있을 때는 감각적 체험에 좀 더 수용적으로 반응한다. 아이가 더 존에서 완전히 벗어났을 때에는 불가능하다. 타이밍을 맞추는 것이 가장 중요하다. 아이가 자신만의 진정 공간을 만들 수 있도록 안내할 것이 몇 가지 있다.

· **장소를 함께 고른다.** 꼭 아이 방일 필요는 없다. 주방이나 서재가 될 수도 있다. 테이블이나 책상 아래도 좋다. 또는 아이가 진정하는 데 도움이 되는 아이템을 담은 바구니를 들고 그날 원하는 장소로 이동하는 것도 가능하다.

· **아이가 몇 가지 아이템을 선택해 진정 공간으로 향할 수 있도록 안내한다.** 아이에게 슬프거나 화가 날 때는 특별한 물건이 마음을 위로하는 데 도움이 될 거라고 알려준다. 아이가 가장 좋아하는 감각적 체험 리스트를 벽에 붙여두는 것도 좋다.

· 이 공간은 아이만의 특별한 장소임을 알려준다. 마음의 진정이 필요할 때면 언제든지 원하는 만큼 그곳에서 머물 수 있다고 알려준다. 그 공간과 그곳에 있는 물건이 아이가 마음을 진정시키고, 행복을 느끼고, 감정을 정리하고 다시 중심을 찾는 계기를 만들어 줄 것이다.

아이에게 부모도 한 번씩 진정 공간으로 떠나야 한다는 사실을 알려주는 것도 중요하다. 부모의 진정 공간이 어디인지 알려주고 감정에 압도당할 때면 그곳에 가서 마음을 추스르는 모습을 보여준다.

감각적 체험이 필요한 아이에게 진정 공간에 가면 어떻겠느냐고 제안을 하는 것은 좋지만 아이가 반드시 그곳에 가야 하는 것은 아니다. 아이가 바깥에 나가서 노는 등 다른 유형의 감각적 체험을 원할 수 있다. 진정 공간은 벌을 주는 타임아웃과는 다르고 그런 식으로 운영되어서도 안 된다.

마음 살피기 미션

아이에게 감각적 체험에 대해 알려주고 아이가 가장 좋아하는 체험이 무엇일지 함께 생각해본다. 이후 아이가 더 존에서 벗어나려 할 때면 적절한 타이밍에 아래의 리스트를 보여주며 다시 더 존으로 복귀하는 데 도움을 줄 방법을 직접 고르게 한다.

| 세 번째 원리 |

아이들은 자신의 감정을 표현하고자 한다

아이의 마음을 읽기까지

애니메이션 〈인사이드 아웃〉은 어린 시절부터 살던 집에서 이사를 한 후 우울증에 시달리는 열한 살 소녀의 이야기를 담고 있다. 영화의 주 배경이 되는 소녀의 머릿속에는 기쁨이, 슬픔이, 버럭이, 소심이, 까칠이라는 이름의 다섯 개의 감정이 나와 아이의 기분을 고쳐보려고 필사적으로 애를 쓴다.

이내 소녀의 상상 속 친구인 소녀의 기분에 영향을 받은 빙봉이 우울증에 빠져 꼼짝도 못한다. 기쁨이가 무한 긍정으로 빙봉의 기분을 바꾸어보려 했지만 빙봉을 다시 움직이게 한 것은 다름 아닌 슬픔이였다. 이후 기쁨이가 믿지 못하겠다는 듯이 묻는다. "어떻게 한 거야?" 슬픔이는 이렇게 답한다. "별 거 안 했는데. 슬퍼보여서 그냥 이야기를 들어줬어…."

이 진리는 누구에게나 해당된다. 자신의 부정적인 감정을 표현할 수 없다면 그 감정을 초래한 일에서 벗어날 수 없다는 것이다.

부정적인 감정은 피할 수 없다

많은 부모들이 부정적인 감정은 제한, 통제되어야 하고, 숨기고 사라져야 한다고 생각한다. 이성적으로는 슬픔과 분노가 건강한 감정이라는 것을 알지만, 우리는 자랄 때 사회적으로 용인될 수 있는 선 안에서 이런 감정을 표현해야 한다고 듣고 자랐다.

때문에 지나치게 극단적인 감정을 꾹 참거나 삼키는 버릇이 들었다. "네가 화가 났을 때도 엄마는 너를 사랑해.", "슬퍼해도 괜찮아." 라고 말은 하지만 불쾌하게 표현되는 분노와 슬픔 앞에서 부모가 일반적으로 보이는 반응은 아이들에게 이런 감정을 느껴서는 절대로 안 된다는 메시지를 전달한다.

우리는 감정을 바로잡고, 비교하고, 부인한다. 감정에 의문을 품고, 충고하고, 창피해 할 뿐만 아니라 감정을 비판하고 벌을 내린다. '감정 차단어feeling blockers'이라고 부르는 수많은 언행은 어린 시절부터 시작해 끝없이 이어진다.

우리가 악의로 아이들의 감정을 가로막는 것은 아니다. 아이가 부정적인 감정을 표현하는 방식이 부적절하고 무례하며 어쩌면 과장되었다고 여기기 때문이기도 하다. 별 일 아닌 일을 과장되게 받아들이는 아이를 보면 바로 이해시키고, 수용할 수 있는 방식으로 감정을 드러내는 법을 가르치는 것이 부모의 역할이라고 생각한다. 그 결과 아이들의 감정을 부인하는 말을 하게 된다. "네가 왜 화가 났는지는 엄마도 이해하지만… 이제 그쯤하면 되었어.", "슬프겠지만… 그렇다고 해서 이런 식으로 엄마에게 말하면 안 되지."

또는 아이의 기분이 나아지길 바라기 때문일 때도 있다. 〈인사이드 아웃〉의 기쁨이처럼 아이의 부정적인 감정을 달래주거나 다시 행복하게 만들어주어야 한다는 의무감을 짊어지는 것이다.

친구들에게서 나쁜 대우를 받고 아이가 우울해져 있으면 "또 그런 일이 있으면 엄마한테 말해. 엄마가 해결해줄게."라고 하거나, 성적 때문에 아이가 속상해하면 "넌 수학 정말 잘하는 아이라고! 다만 훈련이 좀 더 필요한 것뿐이야."라고 말한다.

아이의 감정을 부인하는 데는 이보다 좀 더 이기적인 이유도 있다. 자신의 불안을 표현하는 아이를 받아줄 기분이 아닐 때 그렇다. "이제 그만하렴.", "불평할 만큼 했잖니.", "이제 그만 투덜거려.", "울만큼 울었어.", "좀 과한 거 같은데.", "이제 진정하자.", "뭐 그렇게 화날 일이야.", "엄마가 슬슬 지치기 시작하는데.", "아빠가 오늘은 받아줄 시간이 없구나."

동기가 무엇이든 우리는 아이의 건강한 감정을 억누르고 본인도 모르게 아이의 정서를 망가뜨린다.

꼭 자신의 이야기처럼 들린다면 당신만이 그런 것이 아니라는 것을 명심해라. 또한 당신의 잘못도 아니다. 감정을 건설적으로 처리하지 못하는 문화에서 자라 타인의 감정을 지지하고 독려하는 법을 배우지 못했기 때문이다. 하지만 이제는 달라질 때이다. 우리 아이들에게 그리고 자신에게 들이밀었던 감정 차단어를 의식하고 영원히 벗어던지자.

50가지 감정 차단어

반사적인 반응처럼 나오는 감정 차단어는 본질적으로는 타인의 감정을 부인하겠다는 의도이다. 감정 차단어는 소통을 가로막고 아이와 부모의 사이를 멀어지게 만들어 스트레스, 자기조절력 저하, 나쁜 행동으로까지 이어진다. 아이가 더 존의 경계에 있을 때 감정 차단어가 아이를 경계 바깥으로 밀어버리는 역할을 한다.

우리가 감정 차단어를 고의로 쓰는 경우는 거의 없지만 그럼에도 무척 자주 쓴다. 우리 사회에서 가장 흔하게 찾아볼 수 있는 50가지 감정 차단어를 정리해보았다.

1. 조언: "그 애를 마주치지 않게 다른 길로 돌아와."
2. 추측: "당연히 C를 받지. 공부 안 했잖아."
3. 이유 묻기: "엄마가 데리러 가기로 했는데 안 보였으면 전화를 하지, 왜 안 했어?"
4. 탓하기: "다 네 잘못이야."

5. 상투적인 말: "애는 애야."

6. 비교: "네 언니처럼 매일 공부했다면 너도 수학에서 A를 받았을 거야."

7. 정정: "그게 아니야. 어떤 상황이냐면…"

8. 공포 조장: "오빠한테 한 번만 더 장난감 던지면 각오해."

9. 비판: "네가 고른 드레스 색이 너랑 잘 안 어울리는데."

10. 요구: "진정해!", "오빠한테 사과해."

11. 부인: "배고픈 거 아니야. 방금 먹었잖아."

12. 진단: "지금 피곤해서 그래."

13. 부정: "그 친구가 나쁜 게 아니야. 네가 오해한 거야."

14. 주의 분산: "울지 마! 울지 마! 우리 주방 가서 쿠키 먹자!"

15. 그물화: "엄마도 그런 적 한 번 있었어. 너무 화가 나서…"

16. 억지 교훈 찾기: "그래서 이번에 뭘 배웠지?"

17. '절대로'와 '항상'이란 말로 일반화: "너는 맡은 일 할 때마다 항상 그렇게 난리를 피우더라."

18. 죄책감: "가족이랑 밥 먹을 시간이 없다니 말도 안 돼. 친구들이랑 어울리는 시간은 많은 것 같더니."

19. 모욕: "학교에서 문제나 일으키고 정말 실망스럽구나. 엄마가 앞으로 일주일 간 같이 앉아 수업을 들으며 네가 말썽피우지 않고 잘 지내는지 지켜볼 거야."

20. "알아"·"이해해": "네 기분이 어떤지 다 이해해."

21. 조건부 화법: "친구들이랑 같이 놀러가자고 자꾸 조르면 앞으로

플레이데이트는 없을 줄 알아"

22. 무시: 애정을 철회하고, 차단하고, 아이의 곁을 떠난다.

23. 심문: "이번에는 또 뭘 잘못했지? 어떻게 된 일이야?"

24. 차단: "이야기 그만하고 엄마가 하는 말 들어."

25. 개인적 판단: "그 친구 아주 불쾌한 아이야!"

26. 설교: "학교생활에 더욱 충실해야 해. 성공하고 싶다면…"

27. 논리: "공부 열심히 하면 성적이 오를 거야."

28. 칭찬: "전부 다 A를 받았네! 네가 반에서 가장 똑똑한 학생이구나. 정말 자랑스러워."

29. 평가절하: "별 일 아니야. 괜찮아."

30. 훈계: "착한 아이는 그런 말 쓰는 거 아니야."

31. 험담: "댄스 슈즈를 또 잊다니 어쩜 그렇게 멍청할 수가 있어?"

32. 부정적 예측: "정말 친구네 집에서 자고 싶다고? 친구들이랑 싸우게 될 텐데."

33. 자기방어적인 사과(상대의 감정에 대한 사과): "네가 실망했다니 미안하지만….""그렇게 느꼈다면 미안해."

34. 긍정적 관점 강요: "이렇게 한 번 생각해보자. 적어도 네가 OOO 할 필요는 없어지는 거잖아"

35. 우월의식: "그건 아무것도 아니야! 내가 네 나이였을 때는 너보다 훨씬 심한 일도 겪었어."

36. 동정: "가엾어라! 선생님이 너한테 그런 식으로 하면 안 되지."

37. 순교자 행세: "내가 널 위해서 얼마나 희생하는데, 넌 고마운 줄

도 모르는 구나."

38. 극단적인 낙천주의: "네게 나쁜 일은 절대로 생기지 않을 거야."

39. 문제 해결: "심심해? 게임이랑 퍼즐이 이렇게나 많은데. 새로 산 미술 도구로 색칠하기 하면 어떨까?"

40. 벌주기: "일주일간 외출 금지에다 2주간 핸드폰 압수야!"

41. 구제: "내일 직접 경기장에 가서 코치랑 이야기 해볼게."

42. 냉소주의: "이번 주 최고의 학생에 뽑혔다고? 도대체 뭘 어떻게 했길래?"

43. 야단: "그것 좀 그만하라고 몇 번 말해야 알아듣겠어?"

44. 수치심: "얼마나 당황스러운지. 할머니한테 그런 식으로 말해선 안 되잖아."

45. '하지만' 화법: "네가 화가 많이 난 건 알겠지만, 엄마한테 그렇게 말하면 안 돼."

46. 편들기: "너한테 이런 짓을 하다니 딱 네 형답다."

47. 협박: "셋 셀 거야!"

48. 시간제한: "이만큼 화냈으면 됐잖아."

49. 내가 말했지: "너무 기대하지 말라고 내가 말했잖아."

50. 최악의 시나리오: "주말에 친구랑 차를 몰고 샌프란시스코까지 간다니 말도 안 돼. 사고 나서 죽을 수도 있다고!"

아이가 부정적인 감정을 표출할 때 감정을 차단하는 말을 삼가기만 해도 큰 변화가 시작된다. 나아가 아이가 더 존에서 벗어나는 것을 막는 데 큰 역할을 한다. 물론 습관처럼 나오는 반응을 참아내는 데는 엄청난 노력이 필요하지만 이 점을 생각해 보면 노력할 가치가 충분하다.

마음 살피기 미션

아이와의 갈등 상황에서 감정을 차단시키는 말을 삼가는 효과적인 방법은 바로 아이의 도움을 받는 것이다. 앞서 나온 감정 차단어 50가지를 아이와 함께 읽고 앞으로 부모가 그 화법을 쓸 때는 알려달라고 말하라. 아이들은 신이 나서 부모에게 배움의 기회를 제공하려 들 것이고, 당신은 결코 후회하지 않을 값진 지식을 얻게 될 것이다.

억눌린 감정은 어떻게 변하는가

부정적인 감정을 무안해하거나, 무시하거나, 표현하지 못하게 가로막는다면, 이 감정은 아이의 내면에 차곡차곡 쌓여 신체적, 행동적, 발달적 문제의 온상이 된다. 감정이 억압당할 때 가장 흔하게 나타나는 결과 네 가지는 다음과 같다.

・부정적인 감정은 부정적인 행동으로 이어진다. 부모에게서 감정 표현을 환영받지 못하거나 거부당할 때 아이는 자신의 감정이 '나쁘다'고 인식한다. 이내 아이는 자신의 감정을 숨기고 아무 관련 없는 행동으로 감정을 달리 표출한다. 심리학자 도로시 월터 버룩은《New Ways in Discipline 새로운 훈육 방법》에서 이 현상을 '형식 변경 또는 대상 변경'이라고 칭했다. 부모에게 자신의 속마음을 편하게 말할 수 없

다고 느낄 때면 '오늘 엄마가 만든 저녁 메뉴 너무 싫어!'라고 말하며 불쾌감과 좌절감의 형태를 달리해 자신의 감정을 변형하여 표출하는 것이다.

가령 아이는 양치를 하지 않겠다고 고집을 부릴 수도 있고, 서둘러 나가야 할 때 일부러 꾸물댈 수도 있다. 아니면 아이는 대상을 변경해 자신의 불쾌함과 좌절감을 형제자매, 친구, 선생님, 반려동물, 타인의 물건, 심지어 자기 자신에게 표출할 수도 있다.

· 아이의 스트레스 원인이 된다. 억압된 정서는 스트레스로 이어지고, 이는 신체의 생리적 변화를 초래한다. 긴장 상태와 스트레스에 노출된 아이는 과잉행동, 손톱 물어뜯기, 머리 흔들기, 지나친 공포증, 불안, 우울, 면역 저하, 구토, 편두통, 몽유병, 만성피로 등 심리 요인으로 발생하는 신체적 질환을 경험할 위험이 크다. 더구나 만성 스트레스는 성인의 약물 및 알코올 중독의 가장 큰 원인이고, IQ 저하와도 관련이 있다.

· '착한 아이'를 만들어낸다. 아이들은 격렬한 감정을 느낀다. 권한 욕구를 충족하고 싶은 아이들은 더욱 그렇다. 이 강렬한 정서는 공격성, 무례함, 협조에 대한 단호한 거절 등의 행동으로 발현된다. 하지만 부모가 아이의 격렬한 감정을 받아주지 못하거나 그 이면에 자리한 욕구에 무관심할 때 아이들은 고통을 내면화하고 '순종적인 아이'의 역할을 자처한다.

아이가 감정을 분출하는 것을 부모가 수치스럽게 여기면, 아이는 자신이 나쁜 아이라 엄마를 고통스럽게 만든다고 생각한다. 이 생각으로 빚어진 분노를 억누르면서 아이는 도리어 천사처럼 행동한다.

· **부모에게 알리면 안 된다는 인식이 생긴다.** 아이는 자신의 감정을 이해받지 못한다고 느끼면 공유하려 하지 않는다. 자신을 두렵게 하는 일, 긴장되고 고통스러운 일을 부모에게 알리지 않는다. 안전이나 정신 건강을 위험하게 하는 일도 부모에게 거짓말을 하거나 입을 다문다. 핵심은 아이의 감정을 인정하지 않는다고 해서 아이의 내면에 자리한 감정이 사라지는 게 아니라는 것이다. 그저 더는 부모에게 제일 먼저 달려가 털어놓지 않을 것이며, 부모는 어떠한 이야기도 듣지 못하게 된다.

'진짜 세상'에서 용인되지 못할 일이기에 아이의 과격한 감정을 조절해주려는 것이라고 설명하는 부모도 있다. 하지만 '진짜 세상'이라는 뻔한 말에서 벗어나보자. 아이들이야 말로 진짜이고 아이의 감정 또한 진짜이다. 학교도, 대학도, 일도 진짜이다. 이게 더 '진짜'고 저것은 진짜가 아니라고 말할 수 없고, 어느 것도 대충 넘길 수도 없다. 지금부터는 가정 내에서 벌어지는 일도 다른 것들만큼이나 진짜로 인정하고 중요하게 여겨야 한다.

진실한 감정을 전하는 공감

아이의 감정을 마음껏 표출하게 만드는 확실한 방법이 하나 있다. 바로 공감이다. 하지만 공감이 무엇이고, 공감하고 있다는 것을 어떻게 보여줄 수 있을까?

공감은 상대방의 입장에서 이해하는 것이다. 브리그스는 이렇게 표현했다. "타인이 당신의 세계 안으로 들어와 당신의 메시지를 되새기고 당신의 감정을 이해한다는 것을 보여주는 일이다. 상대는 당신과 함께하기 위해 잠시 자신의 세계를 접어둔다." '자신의 세계를 접어둔다'는 것은 정말 대단한 일이다.

공감_ 타인의 생각, 느낌, 태도를 정서적으로 인지한다. 타인의 관점을 이해한다.

공감을 발휘한다는 것은 나 자신의 판단적 사고에서 완전히 벗어나 아이의 이야기를 경청하고 아이의 말과 행동 이면의 감정을 느끼는 것이다. 이때 우리는 동의도 반대도 해선 안 된다. 사실관계나 논리를 따지지 않고, 상대의 감정을 긍정적으로 전환하려 들면 안된다. 그저 상대가 대화를 하도록 이끌며 반응은 잠재운다. 상대의 감정이 진실하고 중요하다는 것을 인정한다.

공감을 한다는 것은 아이의 감정이 정당하다고 인정하는 것과는 다르다. 아이의 감정이 정말 터무니없을 수도 있다. 지나치게 과장되고, 이기적이고, 짜증나기도 한다. 자신의 실수로 동전을 빠뜨리고 떼를 쓰는거나 친구의 쿠키가 더 많다고 화를 내거나 약속된 TV 시간이 끝났다는 것을 알면서도 30분만 더 보게 해달라고 심하게 불평해대는 일들 말이다. 이런 일은 셀 수 없이 많고, 아마 당신도 상당히 자주 경험했을 것이다.

가끔씩 부모는 아이의 문제를 쉽게 해결할 방법을 찾을 때도 있다. "네가 떨어뜨렸잖아. 동전 새 걸로 또 줄게!"라는 말로 상황을 이성적으로 설명하기도 한다. "저거 다른 쿠키야. 그리고 쟤 쿠키가 네 거보다 작다고!", "30분 더 보겠다고 해서 그렇게 해줬고, 이젠 시간 다 되었다고! 왜 자꾸 조르는 거야?"라며 화를 내기도 한다.

하지만 공감 앞에서 이러한 이성적인 사고는 중요한 게 아니다. 자신 앞에 있는 상대가 진실한 감정을 느끼고 있고 다음 단계로 넘어가기 위해 이 감정을 표출해야 한다는 것을 이해하는 것이다.

공감하는 법을 배우고 익히는 것이 중요하다는 점은 아무리 강조해도 지나치지 않다. 하지만 많은 사람들이 어려워하는 일이기도 하다. 인간은 끊임없이 무언가를 판단하는 동물이고, 문제를 보면 해결하고자 한다. 상대가 자신이 처한 곤경을 이야기하면 우리는 본능적으로 상황을 판단하고 문제를 곧장 해결하려고 든다. 부모가 되면 이 본능은 더욱 강해진다.

아이가 대화를 하려 할 때는 그나마 낫다. 최악의 경우 아이들은 이 세상에 화를 내는 것이 아니라 부모에게 난리를 친다. 공감과 대화를 하려는 부모의 노력을 묵살한다. 우리가 베푸는 인내심과 애정에 감사할 줄 모른다. 온종일 부정적인 감정을 꾹 쌓아놓고는 어떻게든 부모 탓을 할 기회만 찾는다.

아이가 날선 분노를 쏟아내는 대상이 우리일 때에도 공감을 발휘할 수 있는지가 중요하다. 다행스럽게도 네 단계로 나누어 접근하면 공감력을 발휘하는 것이 한결 수월해진다.

공감의 네 단계

인생의 무수히 많은 일들이 그렇듯 공감을 보여주는 것 또한 기술이 필요하다. 공감의 네 가지 단계를 실천한다면 즉시 변화를 경험하게 될 것이다.

- 단계 1 : 아이의 눈높이에 맞춘다.

고통 속에 머문 상대와 시선을 맞출 때 공감은 한결 쉬워질 뿐 아니라 더욱 큰 효과를 발휘한다. 아이의 눈높이로 몸을 낮추어 부정적인 감정을 맞이하라는 이유도 이 때문이다. 시선을 맞출 때 두 사람의 에너지가 균형을 찾고, 즉각적인 교감이 형성되며 권력의 격차에서 벗어나 지금 이 순간 아이가 있는 곳으로 부모가 다가가겠다는 마음을 전할 수 있다.

- 단계 2 : 감정 그릇이 된다

토하는 아이를 위해 쓰레기통을 기꺼이 들어주지 않는가? 마찬가지로 아이가 부정적인 감정을 표현할 때 그 감정은 어디론가 분출되어야 한다. 어른들이 바로 그 역할을 해주어야 한다. 아이의 부정적인 감정을 '받아내기 위해' 커다란 통을 들고 있는 모습을 머릿속에 그리면 된다. 상황이 정리되면 받아낸 감정을 쓰레기통에 버리는 모습을 상상하자.

절대로 그 감정을 당신 안에 담아두어서는 안 된다. 감정 그릇이 된다고 해서 아이의 고통을 당신의 것으로 흡수하라는 말이 아니다. 물론 아이와 감정을 분리하는 것을 어려워하는 사람도 있지만 분리하려 노력해야 한다. 《부모와 아이 사이》의 저자는 '아이의 기분과 감정에 오염되지 않으면서도 진정성 있게 응답하는 능력'을 공감이라고 정의했다.

· 단계 3 : 감정에 이름을 붙인다

행복, 슬픔, 분노 등 일상적으로 떠오르는 감정 외에도 감정에는 다양한 이름이 있다. 감정 어휘를 늘려야 하는 데에는 세 가지 이유가 있다. 첫째로 감정을 정확하게 지칭할 때 아이의 자기조절력이 커진다. 둘째로 타인의 감정에 정확한 이름을 붙일 때 타인에게 공감하기가 쉬워진다. 아이는 기분이 안 좋은 게 아니라 외로운 것이고, 짜증이 난 게 아니라 당황한 것이며, 흥분한 게 아니라 불안한 것이라는 것을 알면 공감이 수월해진다. 아이가 공감을 배우는 방법이기도 하다. 자신이 느끼는 감정의 이름을 붙이면 타인이 해당 감정을 느끼는 것도 더욱 잘 알아볼 수 있다.

아이의 감정에 구체적으로 이름을 붙일수록 그 감정에 교감하기가 쉬워진다는 것을 명심하길 바란다. 외로움이 어떤 것인지, 당황과 불안, 걱정이 찾아올 때 어떤 느낌인지 사실 우리 모두 알고 있다. 그것이 전혀 즐거운 일이 아니라는 것도 말이다. 아이에게 알려주면 좋은 감정 어휘를 아래 정리해보았다.

아이와 함께 쓰는 감정 어휘

두려운 · 산만한 · 마음이 아픈 · 기쁜 · 화난 · 당황한 · 신경질이 나는 · 겁이 나는 · 짜증난 · 신난 · 질투 나는 · 놀란 · 불안한 · 좌절한 · 외로운 · 지친 · 혼란스러운 · 분노하는 · 긴장된 · 인정받지 못하는 · 실망한 · 행복한 · 불쾌한 · 확신이 없는 · 낙심한 · 창피한 · 압도된 · 걱정되는

· 단계 4 : 감정 인정어를 활용한다

공감에서 가장 중요한 단계이자 제대로만 한다면 부모가 지닐 수 있는 가장 효과적인 양육 기술이 되는 전략이다. 감정 인정어^{feeling} ^{acknowledgers}는 《아이의 행동 교정》에서 처음 소개한 '감정 촉진제^{feeling encouragers}'라는 개념을 각색한 것으로, 상대가 느끼는 감정을 마주 표현하는 말과 소리를 의미한다. 아이의 감정을 파악하고, 인정하며, 감정의 표현을 적극 유도하는 적극적 경청의 핵심이기도 하다. '감정' 어휘를 전혀 쓰지 않는 감정 차단어와는 달리 감정 인식어는 감정 어휘를 적극 활용한다. 기억해야 할 것은 진정한 공감을 바탕으로 발휘할 때만 효과가 있다는 것이다.

처음에는 '기분'이라는 단어를 포함해 말하는 것이 중요하다. 그래야 부모가 잊지 않고 감정을 나타내는 감정 어휘를 쓸 수 있다. 아이의 감정을 확인한 후에는 감정의 실체를 언급하는 대신 말과 소리 보디랭귀지를 활용하는 것도 좋다.

"와!", "세상에!", "어휴!", "그럴 만해!", "네 입장에서는 그렇게 느낄 수 있지!", "_____ 이면 좋겠어."와 같은 말을 사용한다. 포옹과 공감 어린 표정, 끄덕임, 애정이 느껴지는 톤으로 '응', '음', '아', '저런' 등 위로가 되는 추임새는 강력한 감정 인정의 표현이다.

아무런 말이 필요치 않고, 어떠한 말도 도움이 되지 않는 상황에서 특히나 효과적인 최고의 감정 인정어가 있다. 바로 애정 어린 침묵이다. 모든 것을 뒤로 한 채 아이에게 가까이 다가가 가만히 아이의 에너지에 동조하는 것이다.

　하지만 감정 인정어가 모든 아이들에게 효과가 있는 것은 아니다. 어떤 아이에게는 훌륭한 감정 인정어가 다른 아이에게는 가식적이거나, 부자연스럽고 어색하게 들릴 수 있다. 중요한 점은 진심으로 아이의 감정을 이해하고 정확한 감정 어휘를 사용하는 것이다.

　부모가 가장 자주 저지르는 실수는 아이의 내면에 자리한 감정이 아니라 바람을 읽는 것이다. (“TV를 끌 준비가 되지 않은 것 같구나.”, “쿠키를 하나 더 먹고 싶어 하는 것 같구나.”) 또 아이가 아닌 타인의 감정을 헤아리는 실수를 하는 것이다. (“친구가 네게 화가 났겠구나.”)

　감정 인정어는 아이를 더 존 안에 머물게 하는 데 실제적인 효과를 발휘하는 도구이다. 하지만 적절한 때에 제시하는 것이 중요하고, 진정성 있는 이해가 바탕이 되어야 한다. 부모의 공감이 거짓이라고 느낀다면 아이는 짜증이나 억울함을 호소할 것이다. 누구나 그렇듯 말이다.

　감정 인정어를 쓸 때는 이해하다, 알다, OO인 게 분명하다와 같이 아이의 감정을 추측하는 단어는 피해야 한다. “네가 두려운 거 알아.”, “네가 화가 난 상태란 거 이해해.”, “지루한 게 틀림없어.” 같은 표현이다. 우리는 상대를 이해하기 위해 노력할 수 있고, 이해해줄 수도 있지만 상대가 어떠한 감정을 느끼는지 진정으로 이해한다고 확신할 수는 없다. “틀림없이 OO일 거야.”라는 말은 내가 옳다고 주장하는 것이다. '틀림없다'는 단어 때문이다.

마지막으로 중요한 이야기를 한 가지 더 하자면, 감정 인정어 뒤에 '하지만'이란 단어를 삼가야 한다. "실망한 것 같구나. 하지만 우리 지금 당장 파티에서 나와야 해." 하지만이 감정 인정어의 효과를 떨어뜨리고 대화를 가로막는다.

'하지만'이란 단어가 나올 것 같을 때는 화제를 앞의 내용과 관련시키면서 다른 방향으로 이끌어가는 '그런데'로 대체하길 바란다. "실망한 것 같구나. 그런데 이제 파티에서 나와야 할 시간이야."

충분한 공감을 나타내는 세 개의 신호

공감의 역할은 아이가 이해받는다는 감정을 느끼게 해주고 정서적으로 부모와 교감할 기회를 만들어 주는 것이다. 그렇다면 부모의 공감이 제대로 전해졌는지, 실패했는지 어떻게 알 수 있을까?

캐서린 크볼스는 《아이의 행동 교정》에서 아이는 정서적으로 교감했는지, 단절되었는지를 부모에게 신호를 보낸다고 말했다. 교감 신호는 성공했다는 의미이고, 단절 신호는 실패했다는 뜻이다. 아이의 '예스'라는 답변, 끄덕임, 미소, 그 외 비언어적 신호는 성공했다는 확인이다. 아이가 아래의 표에서 세 개의 신호를 보였다면 부모가 잘 하고 있다고 봐도 좋다. 물론 긍정적인 신호는 많을수록 좋다. 부모가 유심히 살펴야 할 신호는 다음과 같다.

교감 신호

고개를 끄덕인다 · 곁에 머문다 · 예스라고 답한다 · 미소짓는다 · 이야기를 계속한다 · 더 깊은 이야기를 공유한다 · 눈물을 보인다 · 포옹한다 · 시선을 맞춘다 · 놀아달라고 한다 · 얼굴을 마주본다 · 편안한 표정을 짓는다

단절 신호

말이 없어진다 · 대화 주제를 바꾼다 · 눈이나 귀를 막는다 · 방어적인 태도를 보인다 · 눈을 굴린다 · 불평하기 시작한다 · 남 탓을 하거나 부인한다 · 지긋지긋한 표정을 짓는다 · 시선을 돌린다 · 변명한다 · 방어적인 몸짓을 취한다

감정 차단어와 감정 인정어

감정 인정어로 아이의 감정을 맞이할 때, 수많은 문제와 갈등을 방지할 수 있고, 이미 벌어진 문제 상황도 더 이상 진전되지 않고 끝낼 수 있다. 예시를 보면 그 차이를 이해하기 더 쉬울 것이다. 아이의 감정을 차단하고 또 인정하는지의 부모의 태도를 열 개의 시나리오로 구성했다.

1. 4세 아이가 "조니가 그냥 날 때렸어!"라고 말하는 상황

감정 차단어

- "아휴, 불쌍해라. 형을 때리면 안 되지. 지금 당장 사과해."(차단어: 동정, 구제, 편들기)
- "동생 귀찮게 하지 말랬잖아. 동생 괴롭히지 말라고 도대체 몇 번

이나 말해야 알아듣겠어?"(차단어: 추측, 비난, 내가 말했지)

감정 인정어

- "아이고! 아프겠다. 얼굴이 슬퍼 보여."
- "동생이 때려서 많이 화가 났구나. 동생이랑 맨날 싸우는 것도 지칠 것 같아."

2. 5세 아이가 "나 심심해."라고 말하는 상황

감정 차단어

- "심심하다고? 오늘 날이 이렇게 좋은데. 나가서 노는 건 어때?"(차단어: 논리, 문제 해결)
- "네가 얼마나 복 받은 아이인지 모르는구나. 엄마가 네 나이 때는 장난감도, 아이패드도, DVD도 없었다고."(차단어: 비교, 설교, 논리)

감정 인정어

- "뭘 해야 할지 혼란스럽구나. 넌 창의력이 뛰어나잖아! 이번에는 또 어떤 멋진 아이디어를 떠올릴지 궁금해진다."
- "흠, 비가 3일이나 내려서 하루 종일 집 안에만 있다니 너무 괴롭고 짜증나! 엄마가 비를 멈출 수 있으면 좋겠다!"

3. 7세 아이가 "아싸! 오늘 친구가 우리 집에 와서 잔다!"라고 말하는 상황

감정 차단어

- "둘 다 9시 취침 지키지 않으면 다시는 지미랑 같이 못 잘 줄 알

아!"(차단어: 협박, 공포 조장)

- "너무 기대하지는 마. 지난번에도 자러 왔다가 그냥 집에 갔잖아."(차단어: 평가절하, 논리)

감정 인정어

- "지금 얼마나 행복하겠어. 둘이 정말 친하잖아!"
- "오늘 저녁에 지미가 와서 그런지 네가 무척 신이 나 보여."

4. 9세 아이가 "오늘 저녁 메뉴 싫어요!"라고 말하는 상황

감정 차단어

- "지난번에는 싫다고 안 했잖아! 엄마가 맛있는 저녁 만들어줄 때마다 왜 그러는 거야?"(차단어: 논리, 죄책감, 일반화)
- "몸에 좋은 음식인데다 두 시간이나 걸려 만들었어. 건강한 음식을 먹지 않으면 나중에 병 걸릴 지도 몰라."(차단어: 설교, 죄책감, 조건부 화법, 최악의 시나리오)

감정 인정어

- "실망했구나. 생선 말고 저녁 메뉴로 다른 걸 먹고 싶은 거지?"
- "생선 싫은데 엄마가 생선 요리를 했네. 짜증났겠다! 그런 기분이 드는 게 당연해.

5. 12세 아이가 "내일부터 5학년이 된다니 너무 설레요!"라고 말하는 상황

감정 차단어

- "진정해. 새 담임 선생님이 점수 잘 안 주시는 분인 거 명심하고." (차단어: 평가절하, 공포 조장)
- "알겠어. 이제 그만해. 잘 시간이야." (차단어: 시간제한, 주의 분산)

감정 인정어

- "신나겠다! 학교생활 너무 좋아하잖아!"
- "새 학기 시작해서 행복하구나! 새로운 친구들 만나는 것도 정말 신날 것 같아."

6. 11세 아이가 "오늘 학교에 제출해야 할 과제를 깜박하고 집에 두고 갔어요."라고 말하는 상황

감정 차단어

- "또야! 다음에는 엄마한테 전화하면 학교로 가져다줄게." (차단어: 구제, 문제 해결)
- "왜 이렇게 맨날 깜빡거려! 네 형은 과제 제출하는 거 잊은 적이 한 번도 없다고!" (차단어: 비판, 험담, 비교)

감정 인정어

- "너무 낙담했겠다. 그 숙제 하느라를 며칠이나 고생했는데!"
- "선생님이 내일 뭐라고 하실까 봐 걱정되니?"

7. 12세 아이가 "수학 성적이 D예요."라고 말하는 상황

감정 차단어

- "더는 안 되겠다! 공부 열심히 해서 성적 오를 때까지는 축구 그

만해.”(차단어: 벌주기, 죄책감, 공포, 뇌물)

- “나도 너 만할 때 수학에서 D가 나왔는데 별 문제 없이 잘 컸어.”(차단어: 그물화, 평가절하, 논리)

감정 인정어

- “수학 성적 때문에 걱정이 되는구나.”
- “수업 시간에 열심히 노력했는데도 성적이 잘 안 나와서 실망했겠다.”

8. 14세 아이가 “축구 훈련 아까 마쳤는데 엄마가 또 늦게 데리러 왔잖아요!”라고 말하는 상황

감정 차단어

- “엄마 오늘 회사에서 중요한 회의 있다고 아까 말했잖아. 네가 축구 수업을 받을 돈은 어디서 나오는 것 같아?”(차단어: 죄책감, 과소평가, 논리)
- “차 타고 갈 수 있는 것만으로도 행운인 줄 알아야지! 엄마 어렸을 때는 혼자서 집까지 3킬로미터 넘게 걸어 다녔어!”(차단어: 비교, 우월의식, 평가절하)

감정 인정어

- “엄마가 또 늦었으니 화가 날만 해. 언제 올지도 모르고 무작정 기다리려니 얼마나 답답했겠어.”
- “엄마가 제 시간에 오길 바랐는데 그러지 못했으니 짜증났구나. 그럴 만해.”

9. 16세 아이가 "오늘 남자친구가 제게 헤어지자고 했어요."라고 말하는 상황

감정 차단어

- "그 남자애는 잊어. 더는 만나지도 말고, 말도 섞지 말고. 별일 아니야. 세상에 남자가 얼마나 많은데!"(차단어: 조언, 평가절하, 논리)

- "잘 됐다. 그 애 별로였거든. 그런 아이랑은 헤어지는 게 훨씬 나아. 다른 친구들도 많잖아. 자, 이제 우리 아이스크림 먹으러 가자!"(차단어: 상황 축소, 긍정적 관점 강요, 주의분산)

감정 인정어

- "흠, 슬프겠다. 네게 중요한 사람이었는데, 이야기하고 싶으면 엄마한테 털어놔도 돼."

- "마음이 힘들겠다. 네가 정말 좋아했잖아. 함께 좋은 추억도 많이 쌓았고. 엄마가 한 번 안아줘도 될까?"

아이와 공감한 후에는

대부분의 경우, 감정 인정어만으로도 감정적 상황이 저절로 해결된다. 아이는 자연스럽게 스스로 문제를 해결하거나 현실을 수용하는 법을 깨우친다. 우리도 힘든 일을 가까운 친구에게 실컷 털어놓고 나면 현실을 수용하기가 한결 쉬워지는 것처럼 말이다.

하지만 어떤 경우에는 부모의 도움이 필요할 때가 있다. 아이가 자신의 문제를 어떻게 해결하면 좋을지 알고 싶어 하기도 하고 부모의 도움을 요청할 수도 있다. 이때 할 수 있는 가장 좋은 방법은 바로 아이에게 주도권을 넘기는 질문을 하는 것이다.

아이에게 질문한다

공감해준 이후에 아이가 혼자 해결하기 어려워하는 갈등 상황이나 부모가 나서서 구제해줘야 하는 상황에서 아이에게 주도권을 넘길 때 질문을 하면 된다. 이 질문은 보통 무엇을, 언제, 어디서, 어떻게로 시작한다.

> "지금까지 무엇을 시도해봤어?"·"또 뭘 해볼 수 있을까?"·"이런 상황에서는 네 자신을 어떻게 돌봐야 할까?"·"이제 어떻게 해야 할까?"·"뭐가 필요할까?"·"엄마가 어떻게 도울 수 있을까?"· "어떻게 하면 원윈으로 할 수 있을까?"·"네가 무엇을 해볼 수 있을까?"·"어떤 아이디어가 있어?"·"언제쯤 그렇게 할 수 있을 것 같아?"·"잊지 않고 기억하려면 어떻게 해야 할까?"

마지막 질문인 '잊지 않고 기억하려면 어떻게 해야 할까?'는 아주 유용한 카드이다. 나중에 아이에게 상기시켜야 한다는 부담감에서도 자유롭고 잔소리 할 일도 줄어들기 때문이다.

주도권을 주는 질문은 아이가 이해받았다고 느낀 후에만 그 효과를 발휘한다. 이 질문들은 단순히 공감의 표현이 아니라 이후 자연스럽게 주제를 전환하는 장치이다.

공감을 발휘하다 저지르는 실수들

공감을 발휘하는 과정에서 몇 가지 걸림돌을 만나게 된다. 그 걸림돌이 무엇인지 또 어떻게 피해갈 수 있는지 안다면 모든 것이 한결 수월해질 것이다.

· 실수 1 : 너무 앞서 나가거나 너무 더디다

요가의 견상자세를 수련하듯 공감도 연습이 필요하다. 곧장 전문가가 되길 바라서는 안 된다. 부모가 가장 많이 저지르는 실수 중 하나는 타이밍을 놓치는 것이다.

아이가 이해받았다는 신호를 보냈음에도 그것을 놓치고 너무 오래 끄는 것도 문제지만, 이보다 더 자주 벌어지는 실수는 인내심을 발휘하지 못하고 감정 인정어를 너무 일찍 거두는 것이다. 아이가 부모에게서 이해받을 때 보이는 신호를 기다릴 줄 알아야 한다. 그렇지 않으면 아이는 재촉을 받는 것 같은 기분을 느끼거나 부모가 달리 중요한 할 일이 있다고 여길 것이다.

부모가 너무 앞서 나간 나머지 아이가 방어적인 태도를 보인다면 잠시 멈춤 버튼을 누르고 감정 인정어로 돌아가야 한다. 아니면 대화가 그냥 흘러가게 둔다. 제대로 된 대화는 언제든 다시 시작할 수 있다. 만약 아이가 긍정적인 신호를 보냈다면 잘 해낸 것이니 다음 단계로 나아가면 된다.

· 실수 2 : 솔직하지 못하다

감정 인정어를 쓸 때 중요한 것은 강렬한 감정을 경험하는 아이에게 얼마나 진정성 있게 메시지를 전달할 수 있느냐이다. 물론 처음에는 감정 인정어를 쓰는 것이 어색하게 느껴지겠지만, 하면 할수록 점점 자연스럽게 쓸 수 있게 된다.

· 실수 3 : 구조 요청에 무너진다

아이가 부모에게서 교감하고 이해받는다고 느낄 때면 한 번씩 교묘한 질문을 하곤 한다. 바로 구조 요청이다. 부모가 빠져나가기가 쉽지 않은 질문이다. 부모가 그 질문에 휘말리면 아이 스스로 문제를 해결할 기회가 사라진다. 구조 요청을 무시한다면 아이와 힘겨루기 싸움이 시작될 수도 있다. 아이의 구조 요청 질문은 보통 이런 식이다.

"내가 어떻게 해야 될 것 같아요?" · "뭐라고 말해요?" · "제 대신 해줄 수 있어요?" · "안 잊어 먹도록 나중에 알려줄 수 있어요?" · "좀 도와주시면 안 돼요?"

구조 요청 질문은 부모의 공감이 좀 더 필요하다는 신호라는 점을 이해해야 한다. 도움을 요청한다는 것은 아이가 정서적으로 아직 위기 상황에 처해 있다는 뜻이어서, 감정 인정어로 아이와 더욱 교감해야 한다. 구조 요청 질문에는 이렇게 답할 수 있다.

"무슨 말을 해야 할지 몰라서 마음이 괴롭겠구나." · "선생님께 말씀드리는 것이 걱정스러운 모양이구나." · "친구 일 때문에 걱정하는구나." · "앞으로 어떻게 해야 할지 혼란스럽구나."

6장

| 네 번째 원리 |

아이들은 매일 조금씩 자란다

아이들은 자신만의 속도가 있다

타이의 모친은 은퇴 전까지 발달장애 아동을 돌보는 일을 했다. 휠체어에 앉아 스스로 음식을 먹을 수도 정서적으로 타인과 교감할 수도 없는 아이들이었다. 모친은 우리에게 부모들이 흔히 힘들다고 불평하는 현실이 발달장애 아동을 둔 부모들의 꿈이라고 말했다.

아이의 발달 단계는 선택이 아니다. 제아무리 뛰어난 자녀교육법이라도 아이가 마땅히 거쳐야 할 발달 단계를 통제할 수도 조종할 수도 없다. 발달 단계는 반드시 필요하고, 절대로 피할 수 없다. 물론 항상 좋기만 한 것은 아니지만 적어도 아이의 연령에 따라 정확하게 설계되어 있다.

아이들 저마다 발달 속도가 다르고 기질도 다르다. 하지만 이런 차이에 속아 넘어가선 안 된다. 아이의 행동이 다른 아이들에 비해 유별

나다고 해서 그 행동이 비정상적인 것이 아니고 보통의 아이들과 다르게 태어난 것도 아니다. 만약 부모가 타고난 기질을 두고 아이에게 수치심을 준다면 자존감에 심각한 상처를 입힐 수 있다.

내 아이의 행동은 괜찮은 걸까?

아이가 어릴 때는 부모는 아이의 성장을 기록하고, 언어 발달을 체크하고, 발달 단계별 목표를 수행할 때마다 안심하고 자축한다. 아이의 첫 미소를 놓치지 않기 위해 아이에게서 시선을 떼지 않고, 첫 뒤집기를 하려는 아이에게 열렬한 응원을 보내고, 첫 이유식을 먹는 모습을 뿌듯한 얼굴로 지켜본다. 수없이 많은 책을 통해 아이가 신체적, 정서적, 사회적, 지적 발달 단계를 계속 거치며 자란다는 사실을 배우고, 아이의 성장을 기쁜 마음으로 지켜본다.

그러나 생후 18개월이 지난 연령의 부모가 읽는 육아서는 이전과 기조가 달라지기 시작한다. 앞으로 아이가 어떻게 성장해갈지, 부모가 어떤 것에 기뻐하고, 무엇을 걱정해야 할지 알려주기보다는 문제 행동에 지나치게 몰입한다. 아이가 수줍음을 탈 때 어떻게 해야 하는가, 아이가 잠을 자지 않을 때 어떻게 해야 하는가, 고집이 센 아이는 어떻게 양육해야 하는가 같은 내용이 책에 등장한다.

18개월 이전에는 문제 행동이 없기 때문일까? 물론 아니다. 어떻게 보자면 아기 자체가 온갖 문젯거리다. 피곤에 절은 가련한 부모는 우는 아이를 안아야 하고, 아기의 말을 해석해내야 하며, 구슬 같은 것을 삼키지 않도록 관찰해야 하는 등 수없이 많은 문제를 해결해야 한다. 그럼에도 '내 아이 걸음마를 떼게 하는 완벽한 방법', '1-2-3: 제발 밥 좀 먹어', '잘 웃지 않는 아이를 키우는 법'과 같은 책은 찾아볼 수 없다.

신생아의 발달 단계마다 잠재적인 난관도 많지만 그럼에도 어린 아기를 키울 때만큼은 부모는 성장을 축하하고 기뻐한다. 정상적이고 건강한 발달은 무엇인지, 아이가 잘 자랄 수 있도록 부모가 어떻게 도와야 하는지 관심을 갖고 지켜본다. 부모는 아기의 성장을 재촉하지 않는다. 갓 태어난 신생아가 뱃속에서 나오자마자 목을 가눈다면 정말 기이한 일일 것이다.

그러나 아이가 자랄수록 우리는 아이가 연령과 발달 단계에 따라 정상적으로 성장하는지에 초점을 맞추지 않고, 완전히 잘못된 정보를 믿으며 현실과는 다른 기대를 품기 시작한다. 공격성을 보이고, 무언가를 자주 잊고, 제 뜻대로만 하려고, 부모의 말을 듣지 않는 등 아이가 제 연령에 알맞은 행동을 함에도 우리는 이를 고집스럽고 반항적이라고 이해하거나 육아법이 잘못되었다는 신호로 여긴다.

부정적인 기질이 긍정적인 신호일 때

아이가 타인과 나누는 것을 거부할 때, 목욕을 완강히 거부할 때, 10분에 한 번씩 "싫어!"라고 소리칠 때, 이를 긍정적인 행동이라고 볼 수 있다면 얼마나 좋을까. 그런데 이는 어느 정도는 맞는 말이다. 실제로 유아기에 접어든 아이가 부모에게 "싫어!"라고 단 한 번도 말하지 않는다면 의사에게 데려가야 한다.

성장 과정에서 아이가 부모를 기쁘게 하는 단계에 접어들 때면 우리는 잔뜩 흥분하고 행복해한다. 하지만 부모를 조금 언짢게 하는 발달 단계에 진입하면 즐거움과 유머는 자취를 감춘다. 예를 들어, 네 살 아이가 나쁜 말을 쓴다거나 다섯 살 아이가 부모 얼굴에 리모콘을 던지는 것은 매우 언짢을 만한 일이다. 리모컨에 얼굴을 맞아 기분이 좋을 사람이 누가 있겠는가?

그럼에도 다섯 살 아이가 떼를 쓰던 중 물건을 던지는 행위는 완전히 정상적이다. 아이가 일부러 부적절한 행동을 하거나 폭력적으로 구는 것이 아니다. 대부분의 경우 아이조차도 자신이 왜 그런 행동을 하는지 모를 때가 많다. 아이에게 "왜 그랬던 거야?" 묻는 것은 "왜 뒤집기를 했던 거야?"라고 묻는 것과 같다. 그만큼 자연스러운 현상이라는 뜻이다.

한 가지 명심해야 할 점은, 아이에 따라 평균보다 조금 더 이르게 혹은 늦되게 성장하기 때문에 아이의 적정 연령 행동뿐만 아니라 그보다 위, 아래 연령대도 참고하는 것이 좋다. 이를 테면, 아이가 일곱 살이라면 6세와 8세의 행동 양식을 참고하는 것이다. 부모가 연령별 발달 단계를 알아야 하는 이유가 몇 가지 있다.

1. 부모가 마음을 편하게 갖게 하는 데 중요한 역할을 한다. 아이에게 교훈이나 도덕관념, 매너를 가르치려는 노력이 완전히 실패로 돌아갈 때 부모로서 자신을 비난하기가 쉽다. 마음 중심형 육아를 실천하는 중이라면 벌, 뇌물, 보상과 같은 방법을 쓰지 않기 때문에 실패하는 것은 아닌가 의심이 들 수도 있다.

하지만 우리의 육아법은 반드시 아이의 두뇌 발달과 발맞춰 이루어져야 한다. 물론 어린 자녀에게 삶의 교훈과 도덕관념, 삶의 기술 등을 알려줄 수 있다. 영아기의 아기 주변에 쿠션을 받쳐놓고 앉는 법을 가르치는 것 같이 말이다.

하지만 아무리 아이에게 장난감 뇌물을 갖다 바친다 해도 아이의 몸이 준비가 되지 않으면 혼자서 앉을 수 없다. 저녁 식사 때 온 사방을 엉망으로 하면서 밥을 먹는다고, 타인에 대한 배려가 없다고, 사과를 할 줄 모른다고 혼을 낸다고 해서 아이가 갑자기 변하진 않는다.

신체적으로, 정서적으로, 지적으로, 사회적으로 어느 정도 준비가 되지 않은 아이에게 올바르게 행동하기를 기대해서는 안 된다. 현재 내 아이가 어디까지 가능한지, 이 연령대와 발달 단계에 속한 아이들이 일반적으로 보이는 행동 양식은 무엇인지 이해한다면 아이에게는 물론 우리 자신에게도 좀 더 너그러운 마음을 가질 수 있다. 아이의 행동이 일반적이라는 것만 알아도 곤두 선 신경을 가라앉히는 데 도움이 된다.

2. 아이의 성장에 따른 특징을 안다면 한 번씩 아이가 보이는 유감스러운 습관 대부분을 이해할 수 있다. 가족, 친구, 회의적인 사람들에게 아이가 투정을 부리고 제멋대로 굴고 나쁜 말을 쓰는 행동은 걱정할 만한 사안이 아니라고 설명할 수 있다.

부모가 아이를 잘 이해한다면 수많은 문제를 미리 예방할 수 있다. 다음의 상황을 한 번 생각해보자.

- 세 살 아들이 반짝이는 물건은 족족 만져보고 싶어 한다는 것을 잘 아는 엄마는 아이의 눈높이로 몸을 숙여 이렇게 말할 것이다. "가게에 멋진 물건이 엄청 많아서 신나는 마음은 알지만 우리가 함부로 만지면 부서질 수도 있어. 그러니깐 가게 안에서는 엄마

손을 잡고 있어야 해." 자꾸 손대면 좀 이따 아이스크림 사러 안 간다는 협박보다는 낫다.

- 네 살짜리 딸이 "왜?"라고 물어보는 시기에 진입했다는 것을 아는 아빠는 자꾸 자신의 말을 자르는 아이에게 타임아웃 벌을 주겠다고 겁을 주기보다는 인내심을 갖고 아이의 질문에 응답해줄 수 있다.

- 여섯 살 난 딸이 학교에서 유난히 힘든 하루를 보낸 날이면 짜증과 투정이 는다는 것을 아는 엄마는 아이의 행동을 보며 버릇이 없다거나, 호들갑을 떤다고 오해하거나, 앞으로 졸업 때까지 매일같이 이럴 거라는 불안감에 사로잡히지 않는다. 아이가 보이는 행동의 이유를 알 때 아이에게 마음이 가라앉을 때까지 방에서 나오지 말라고 말하는 대신 여유로운 마음으로 아이에게 공감을 발휘할 수 있다.

- 열다섯 살 아들이 한창 친구를 좋아할 시기라는 것을 이해하는 아빠는 아이의 냉담한 반응에 상처를 받거나 가족계획에 동참하지 않는다고 아이에게 죄책감을 심어주는 말을 하지 않는다. 도리어 적극적으로 아이의 교우관계를 지지해주고 아이가 자립심을 키울 수 있는 기회를 만들려 한다.

아이의 행동이 심각해 보인다면

아이가 단 5분도 가만히 앉아 있질 못할 때, 가장 친한 친구를 밀치고는 아무렇지도 않아 할 때, 수백 번을 가르쳐도 "주세요.", "고맙습니다."와 같은 말을 하지 않을 때면 당황스러움을 넘어서 좌절감이 느껴지기까지 한다. 하지만 이런 행동들이 진짜 심각한 문제일까? 하나씩 살펴보자.

1. **아이가 남과 나누려 하지 않아요.** 처음으로 타인과 무언가를 나누는 행동을 보이는 것은 4세쯤이지만 대부분의 경우 7세가 되어야 진심으로 나누고 싶다는 마음이 생긴다. 소유에 대한 개념이 정립되기 전에는 공유의 개념을 이해하지 못하기 때문이다.

'나'와 '내 것'을 완전히 이해하기 전까지는 나눔은 아이의 진심어린 선택이라기보다는 우연에 가깝다. 그러나 나눔을 실천하는 모습을 보여주는 것은 부모의 행동은 무엇이든 따라하려는 아이에게 좋은 본보기가 된다. 발달 상 준비가 되지 않은 아이에게 억지로 강요한다고 해서 아이가 타인과 공유하려 들지 않는다. 게다가 이런 부모의 강요는 아이의 감정 계좌에 크게 마이너스가 된다.

2. **아이가 이기적이에요.** 4세 미만 아이의 두뇌는 공감과 연민이라는 개념을 이해하지 못한다. 어린 아이에게 다른 아이가 다치면 마음이 아픈지 물어본다면 "아니!"라고 답할 것이다. 아이에게 일부러 친구를 다치게 한 거냐고 물어보면 아이는 "응!"이라고 대답한다.

공감능력이 아직 발달되지 않은 아이들의 솔직한 마음이다. 아이의 두뇌는 20대까지 발달하는 바, 아이가 독립할 정도로 클 때까지도 공감을 관장하는 전두엽을 완전히 활용할 수 없다고 봐야 한다. 그러니 다섯 살, 열 살, 열다섯 살 아이가 한 번씩 자기 자신만을 생각한다고 해서 걱정할 일이 아니다. 그저 인간의 발달 과정일 뿐이다.

3. 아이가 무례해요. 이 이야기를 듣고 놀라는 사람들도 있겠지만, 진정으로 감사할 줄 아는 마음은 일곱, 여덟 살이 되어야 생겨난다. 이보다 어린 나이의 아이들도 '~해 주세요', '감사합니다', '미안해요' 같은 말을 자주 접하고 들었다면 이 말을 기억하고 반복적으로 사용할 줄은 안다. 하지만 왜 이 말을 해야 하는지는 제대로 이해하지 못한다. 간호사이자 교육자로 아이의 기질에 대해 여러 권의 책을 저술한 헬렌 R. 네빌은 타인을 위해 어떤 일을 '해준다'는 의미를 깨닫기 위해선 삶의 경험이 필요하다고 설명했다.

그럼에도 아이가 사과를 거부하거나 타인에게 배려하지 않는 모습을 보일 때면 부모로서 걱정이 될 수 있다. 아이가 선물을 하찮게 여기거나, 어른들에게 무신경한 발언을 하거나, '잘못했어요'라는 말을 안 하겠다고 단호하게 말하면 부모로서 당황스럽기도 하고 스트레스를 받는다.

아이가 이런 행동을 할 때면 곧장 훈육을 하거나, 속으로 애를 태운다. 하지만 8세 미만의 경우라면 아이가 무례하게 구는 것이라고 말하기 어렵다. 자신의 연령에 적절한 행동에 따라 솔직하게 표현하는 것뿐이다. 정직함은 아이의 미래에 중요한 가치이다. '공손함'보다도 훨씬 더 말이다.

아이가 무례한 말을 하는 것을 좋아하는 사람은 없다. 거슬리는 것이 사실이다. 자기중심적으로 보인다. 하지만 발달 단계 상 당연한 일을 갖고 아이에게 수치심을 심어준다면 장기적으로는 부모에게 어떤 도움도 되지 않는다. 따라서 아이의 감정이 표현되는 방식이 아닌 감정 그 자체를 헤아리려 노력해야 한다. '엄마가 사준 새 게임이 마음에 안 드나보구나' 이렇게 시작해보라.

4. 아이가 퇴행 행동을 보여요. 아이를 보며 '이제 그럴 때는 지났잖아'라는 생각을 피하기 어려운 순간이 있다. 하지만 겉모습만으로 아이가 정서적으로 어떤 단계에 있는지 판단할 수는 없다. 또한 정서적 성장은 부침이 있다. 한 번씩 약간의 퇴행 행동은 벌어질 수 있는 자연스러운 현상이다.

《후회없는 어버이의 길》의 브리그스는 아이의 성장이 '지그재그 형태'로 진행된다고 설명하며, '이제 이럴 나이는 지났잖아!'라는 식의 말이 아이의 자아존중감을 갉아먹기에 삼가야 한다고 했다. 또한 아이는 조금의 퇴행을 부담 없이 보일 수 있는 환경에서 훨씬 빨리 성장한다고 말했다.

이 책은 열 가지 보편적 원리에 초점을 맞추고 있다. 이 열 가지 진리면 아이의 행동을 대다수 설명하기에 충분하다. 하지만 앞서 설명듯이 예외적 상황이 있다. 신체적 불편함(피로, 허기, 질병, 과잉 자극, 사춘기)은 물론 어린 시절에 경험하는 역경에서 파생된 몇 가지 문제도 있다. 바로 다음과 같은 것이다.

학대 · 방치 · ADHD · 동생 탄생 · 자폐 스펙트럼 장애 · 가족 사망 · 지체 장애 · 부모의 이혼 · 성적 학대 · 정서 장애 · 갑작스럽거나 극단적인 변화 · 극빈층이거나 홈리스 · 트라우마 · 정신 질환 · 그 외 이례적인 문제들

'아이가 배고프면 음식을 먹인다', '아이가 과잉 자극 상태일 때는 빛이 너무 번쩍이는 음식점에 가지 않는다', '정신 질환이 의심되면 병원에 간다', '아이가 안전한 환경에서 자랄 수 있도록 한다' 같은 기본적인 일은 부모가 마땅히 할 거라 믿는다. 한편, 아이의 문제가 신체적 욕구에서 기인하거나 외부의 개입이 필요하다 해도 열 가지 원리는 여전히 적용된다. 부모로서 자기 자신을 잘 돌보고, 아이에게 언제나 마음으로 다가가길 바란다. 지금 아이에게 간절하게 필요한 것은 부모의 마음을 느끼는 것일지도 모른다.

| 다섯 번째 원리 |

아이들은 저마다 고유한 기질을 타고난다

아이들은 모두 다르다

아이가 자신의 감정을 얼굴에 써 붙이고 다니는가? 책을 읽을 때면 외부 세상을 완벽히 차단한 것처럼 보이는가? 낯선 사람 앞에서는 당신의 뒤로 몸을 숨기는가? 벽에 '페인트칠 주의-만지지 마시오'라는 경고문을 보면 페인트가 아직도 안 굳었는지 꼭 손을 대보는가? 사실 당신도 그렇지 않은가?

아이의 성향을 보며 한 번씩 곤혹스러워질 때가 있다. 한 배에서 태어나 한 집에서 사는 아이들인데도 어떤 애는 겁이 많고, 어떤 애는 감정적이고, 어떤 애는 무관심한 이유가 도대체 뭘까? 이런 차이는 어쩔 수 없는 기질적 특성 때문이다. 즉 유전적인 특징에 의해 성격이 결정된다는 의미이다.

정확히 말하자면 기질에 대한 수많은 자료가 사실 구시대적이거나 너무 이론적이고, 또는 잘못된 경우도 많다. 어떤 웹사이트에서는 여전히 다혈질(감정적이고 열정적인 기질-옮긴이), 담즙질(정서적으로 불안정하고 자기중심적인 기질-옮긴이), 우울질(슬픔에 빠지기 쉽고 내성적인 기질-옮긴이), 점액질(낙천적이고 감정이 둔하며 우유부단한 기질-옮긴이) 이렇게 '네 가지 기질'로 구분하지만, 전부 사실이 아니다. 또한 기질과 성격이 같은 개념이라고 착각하는 사람들도 많은데 이 두 가지는 다른 의미이다.

기질_ 개인의 타고난 성향. 기질적 특성은 유전적으로 타고나 절대 변하지 않는다.

성격_ 타인과의 경험을 통해 형성된 개인의 특징. 성격은 기질에서 시작하지만 환경에 따라 달라지고 세월에 따라 개발된다.

성격이 기질에서 비롯된다는 점에서 이 두 가지 개념 사이에 강력한 연관성이 있는 것은 맞다. 하지만 성격은 환경의 영향을 많이 받는다. 아이는 엄마의 뱃속에서 나온 이후부터 부모, 문화, 사회의 신호를 읽고 그에 따라 행동을 변화시키며 주변 환경에 적응한다. 시간이 흐르면 타고난 기질은 성격에 가려져 거의 눈에 띄지 않게 된다.

아기의 타고난 기질은 훗날 성격을 파악할 만한 예측 변수가 되지 못하지만 그럼에도 아이의 가장 본질적인 '본모습'이 어떤지 알려주는 큰 단서가 된다. 수많은 경험과 지혜에 가려져 저 깊숙한 곳에 숨어 있지만 나이가 아주 많이 든 후에도 변함없이 우리 안에 자리할

'본모습' 말이다.

기질적 특성에 대한 아주 흥미로운 연구

《성격의 발견》의 저자인 제롬 케이건은 오늘날 기질 분야에서 가장 영향력 있는 전문가로, 21세기 가장 영향력 있는 심리학자 25인 중 한 명으로 선정되었다. 기질의 중요성과 더불어 세상에 퍼진 잘못된 정보를 바로잡기 위해, 제롬 케인건과 인터뷰를 한 적이 있다.

케이건은 인간의 유전 암호에는 1만 가지 가량의 기질이 숨어 있다고 했다. 각각의 기질로 인해 누군가는 빛에 민감하게 반응하기도 하고, 잠이 들기까지 시간이 걸리기도 하며 웃음이 많은 등 다양한 특성으로 발현되는데, 이 기질이 나름의 독특한 방법으로 합쳐져 성격이란 유전적 요소로 발달한다고 설명했다.

그는 이 유전적 요소를 '기질적 편향성'이라고 불렀다. "우리의 경험이 이 초기 편향에 영향을 미쳐 외향적, 내향적, 사이코패스, 충동적인 성격으로 형성됩니다."

성인이 된 후에는 성격을 보고 타고난 기질을 유추해내는 것이 불가능에 가깝다. 성격은 타고난 것과 양육 환경이 합쳐져 형성되었기 때문이다. 다만 어린 아이의 경우 아이의 성격을 구성하는 유전적 요소를 볼 수 있는 확률이 높다.

20년 전 제롬 케이건과 그의 팀이 진행한 연구는 대단한 파급력을 지닐 뿐 아니라 인간의 기질에 대한 연구 중에서 지금껏 가장 오랜 기간 진행된 연구로 꼽힌다. 연구팀은 4개월 된 아기를 두 가지 기질로 나누었다. 첫 번째 그룹인 '저반응성' 아이들은 새로운 그림을 수월하게 받아들였고, 큰 소리에도 긍정적인 반응을 보였으며, 달래기도 쉬웠다. 80퍼센트의 아기가 이 그룹에 해당되었다.

20퍼센트에 속한 두 번째 그룹은 '고반응성'을 가지고 있었다. 어떤 것에든 쉽게 놀라거나 겁을 먹었다. 큰 소음에 얼굴이 하얗게 질렸고, 낯선 얼굴이 담긴 그림을 보며 울었으며, 쉽게 진정이 되질 않았다. 이후 그의 팀은 아이들은 수년간 비주기적으로 관찰했다.

케이건의 연구에 흥미로운 점이 많지만 가장 주목해야 할 점은 부모가 아이의 기질적 편향성을 무시하거나 심지어 문화 규범에 따라 기질적 편향성을 극복하도록 강요할 때 벌어진 현상이다. 케이건은 고반응성 남자아이가 타고난 내향성을 지켜주지도, 인정하지도 않는 가족과 함께 자라며 겪은 가슴 아픈 이야기를 들려주었다. 축구 코치인 부친은 아이가 축구를 하며 좀 더 공격적이고 대담하게 자라도록 강요했다.

"하지만 아이는 도저히 아버지의 뜻을 따를 수 없었어요. 아이는 두려워했습니다." 케이건이 설명했다. 그는 아이가 성인이 될 때까지 추적 관찰했다. "스물두 살이 된 아이는 무척이나 불안해하고 긴장을 잘 했으며, 힘든 시간을 보내고 있었습니다. 아이의 소심함을 이해하지도, 인정하지 못하는 부모 때문이었어요."

이 사례를 통해 아이를 어떤 틀 안에 억지로 밀어 넣기보다는 타고난 성향을 파악하고, 존중해야 한다는 것을 알 수 있다.

아이를 부드럽게 대하라

타고난 것이 반드시 좋은 것은 아니다. 아이가 특정한 방식으로 행동하거나 느끼는 기질을 타고 났다고 해서 이를 항상 인정해주어야 하는 것은 아니다. 극도로 조심성이 많고 새로운 경험을 싫어하는 아이들은 부모가 조심스럽게 이끌며 새로운 기회에 주기적으로 노출시켜 주는 것이 중요하다. 이런 경우에는 아이의 기본적인 특성을 강압적으로 바꾸려 들면 안 된다.

부모가 부주의하게 아이의 타고난 기질을 억누른다면 아이의 자아존중감이 손상되고 자녀와의 관계가 악화된다고 케이건은 지적했다. "고반응에 속하는 아이에게 조심성이 너무 많다고 부모가 잔소리를 한다면 아이는 부모에게 분노합니다. 아이는 자신이 존중받지 못한다고 느낍니다. 훗날 분명 문제의 소지가 되죠."

기질적 편향성은 옳고 그름의 문제가 아니다. 각 특성마다 장점과 단점이 있고, 이는 아이가 속한 문화와 가정에 따라 달리 평가된다. 같은 환경이라도 좀 더 잘 적응하고 어울리는 아이가 있다. 당신의 가족에게 좀 더 맞는 아이가 있을 수 있다. 조심성이 많은 아빠는 조심성이 많게 타고난 딸을 좀 더 편하게 대하고, 새로운 경험을 좋아하는 엄마는 아들이 자신과 비슷하길 바랄 것이다.

그럼에도 아이 본성의 일부가 태어날 때부터 깊이 각인되어 변할 수 없다는 사실을 이해한다면 우리와 다른 기질적 편향을 지닌 아이에게 좀 더 인내심을 발휘할 수 있다. 아이가 두 명 이상이고 자신도 모르게 자꾸 비교하고 싶어질 때 특히 명심해야 한다.

이름표를 붙여야 한다면 긍정적으로

우리는 아이들에게 이름표를 붙이는 데 반대하는 쪽이다. 아이에게 부정확하고도 부당한 틀을 씌우기 때문이다. 하지만 인간은 본래 평가하고, 재단하며, 판단한다. 우리는 항상 이름표를 붙인다. 어쩔 수 없는 일이다. 때문에 메리 쉬디 커신카의 《Raising Your Sprited Child 아이를 바꾸려 하지 말고 긍정으로 교감하라》를 참고하여 만든 리스트를 소개하고자 한다. 커신카는 부정적인 이름표는 사실 부모가 간과한 아이의 장점을 반영하는 경우가 많다고 지적했다. 굳이 이름표를 붙여야만 하는 게 우리의 본성이라면, 긍정적인 이름표를 붙여보자.

부정적인 이름표와 인식	긍정적인 이름표와 인식
공격적인	적극적인
사람을 좌우하려 드는	리더다운
조심성이 많은	직감과 직관력이 뛰어난
요구가 많은	분명한, 자신이 원하는 것을 정확히 아는
산만한	지각적인
과장된	쾌활하고 열정 넘치는
흥분한, 거친	에너지가 넘치는
성격이 급한	열의가 넘치는
게으른	여유가 있고, 현재에 집중하며 마음이 편안한
약은	카리스마 넘치는 협상가
참견하기 좋아하는	삶에 대한 호기심과 관심이 많은
예민하고 감정적인	진심으로 느끼고 진실한
정신없이 구는	흥이 많고 재밌는
까다로운	신중하게 고르는
위험한	실험과 탐험을 좋아하는
이기적인	자신을 존중하는
수줍음이 많은	생각이 깊고 온화한
독한	의욕이 넘치는
완고한	끈기 있는
수다스러운	사회성 있는, 친근한, 사교적인

내 아이를 더 잘 알기 위해

　기질과 성격을 혼동하는 현상에 우려를 표하는 케이건에게 동의하나, 그럼에도 아이의 타고난 기질을 파악하는 데 활용하는 질문지를 소개하고자 한다. 이유는 두 가지이다.

　첫째로, 과학자들이 아직 기질에 해당하는 유전적 표지를 밝혀내지 못했기에 '진짜 기질'이라고 부를 순 없지만, 특정한 특징, 적어도 기질적 편향성은 아주 어린 나이 때부터 드러나기 때문이다. 둘째로, 우리를 포함해 수많은 부모가 아이의 타고난 성향을 파악하고, 이런 성향에 반하기보다는 장려하고 관리할 방법을 찾는 데 아래의 질문지가 실제로 큰 도움이 되었기 때문이다.

　우리는 이를 '진짜 기질'이 아닌 '기질적 특성'이라고 지칭하고자 한다. 기질적 특성은 타고난 바가 커서 변하기가 어렵다.

여덟 가지 기질적 특성

《아이를 바꾸려 하지 말고 긍정으로 교감하라》의 저자 메리 쉬디 커신카는 아이의 기질적 특성을 1에서 5로 표현하고 극단적으로 낮거나 높은 기질을 각각의 끝에 표시하도록 했다. 우리도 여덟 가지 기질적 특성을 이에 따라 표시하고, 스펙트럼 양끝에 해당되는 아이를 격려하는 방법을 적었다.

리스트를 살펴보며 아이가 해당하는 숫자에 동그라미를 친다. 이것이 바로 커신카가 말하는 아이의 기질적 초상화이다.

1. 정서적 반응성

아이의 정서적 반응이 얼마나 강렬한가? 열정적으로 웃고 우는가, 아니면 감정을 표현하는 데 있어 조용하고 내성적인가?

낮은 반응	격렬한 반응
반응이 낮은 아이를 위한 격려의 말	격렬한 반응을 보이는 아이를 위한 격려의 말
• "기분이 어때?" • "슬픈 것 같은데. 엄마 생각이 맞니?"	• "열정적이고, 표현이 풍부하고, 에너지가 넘치는구나." • "네 감정을 잘 표현하는구나."
반응이 낮은 아이를 위한 양육법	격렬한 반응을 보이는 아이를 위한 양육법
• 감정을 격렬하게 표현하는 부모라면 본인의 기질을 잘 파악해야 한다. 당신의 격렬한 반응이 아이에게 큰 부담으로 다가갈 수 있다. • 아이의 말에 귀를 기울이고, 아이가 원하는 방식대로 표현하게 둔다.	• 스스로 진정을 찾아가는 법을 가르치고 직접 보여준다. • 강렬한 감정을 존중하고, 인정하며, 감정의 흐름을 방해하지 않는다.

2. 끈기

아이가 한 가지 활동에 몰입하거나 어려운 일에 매달릴 때 끈기를 발휘하는가?

① ② ③ ④ ⑤

낮은 끈기	높은 끈기
끈기가 없는 아이를 위한 격려의 말	끈기 있는 아이를 위한 격려의 말
· "마음이 괴로운 것 같구나."	· "의지가 정말 강하구나."
· "어디까지 할 수 있겠어?"	· "네가 정말 좋아하는 일을 하고 있구나."
끈기가 없는 아이를 위한 양육법	끈기 있는 아이를 위한 양육법
· 난이도를 조금씩 높인다.	· 아이가 하던 일을 완수할 수 있도록 시간을 충분히 허락한다.
· 작은 성공을 맛볼 기회를 마련한다.	· 일정이 바쁠 때는 윈윈 협상 기술을 사용해 사전에 부모와 아이가 시간에 대한 합의점을 찾는다.

3. 민감성

작은 소음, 감정 변화, 기온 차, 맛과 질감을 얼마나 예민하게 알아채는가? 특정 음식이나 옷에 붙은 상표, 거슬리는 소음이나 스트레스에 민감하게 반응하는가?

① ② ③ ④ ⑤

낮은 민감성	높은 민감성
민감하지 않은 아이를 위한 격려의 말	민감한 아이를 위한 격려의 말
· "지금 기분이 어때?"	· "~때문에 불편하구나." "소리가 커서 괴롭구나."
· "지금 몸이 무슨 말을 하는지 들어봐."	· "옷에 붙은 상표 때문에 불편하구나."
	· "신중하게 고르는 중이구나."
민감하지 않은 아이를 위한 양육법	민감한 아이를 위한 양육법
· 예술 활동, 요리, 음악을 통해 아이에게 자기 지각력을 가르친다.	· 소음, 시각, 청각으로 아이가 어느 정도의 자극을 받는지 주의를 기울인다.
· 부모가 예민한 편이고 아이가 무던하다면, 갈등 상황이 벌어지기 전에 상호 합의점을 찾는 것이 좋다.	· 아이가 스스로 무엇 때문에 불편한지 감지하고 빨리 부모에게 본인의 욕구를 알리도록 교육시킨다.

4. 주의산만성

아이가 외부의 자극에 집중력을 쉽게 잃는가? 순식간에 다른 일에 주의를 뺏긴 아이가 무슨 일을 하려 했는지 잊는 경우가 자주 벌어지는가?

① ② ③ ④ ⑤

산만하지 않음	매우 산만함
산만하지 않은 아이를 위한 격려의 말	산만한 아이를 위한 격려의 말
· "무언가에 몰입하는 걸 좋아하는구나." · "일을 끝까지 마치는 걸 좋아하는구나."	· "일대일로 전달하는 상황이 아니면 설명을 잘 듣지 못할 때가 있는 것 같아." · "관심을 갖는 것이 많네." "자유롭구나."
산만하지 않은 아이를 위한 양육법	산만한 아이를 위한 양육법
· 아이가 일을 마치는 시간까지 고려해 계획을 세운다. · 부모가 산만한 경우 아이의 몰입을 방해하지 않는다. 아이의 집중력을 존중한다.	· 아이의 눈높이로 몸을 낮춘 뒤 눈을 바라보고 부드럽게 아이를 어루만지며 설명한다. · 한 번에 전달할 정보의 개수를 제한하고, 방 안의 자극 요소를 줄인다.

5. 적응성

아이가 스케줄이나 루틴의 변화에 빨리 적응하는가? 낯선 상황이나 장소에는 어떠한가?

① ② ③ ④ ⑤

높은 적응력	낮은 적응력
적응을 잘 하는 아이를 위한 격려의 말	적응을 잘 못하는 아이를 위한 격려의 말
· "유연하고 자유롭구나." · "변화를 즐기는 것 같아."	· "계획에 없던 일을 하는 것을 좀 불편하게 느낄 수 있어." · "루틴과 규칙을 좋아하는 것 같아."
적응을 잘 하는 아이를 위한 양육법	적응을 잘 못하는 아이를 위한 양육법
· 부모가 적응력이 낮다면 적응력이 빠른 자녀의 욕구를 고려해 자신의 루틴에 변화를 더한다. · 스케줄에 변동이 생길 때 윈윈 협상 전략을 활용한다.	· 루틴을 정하고 하루의 일과를 설명한다. 다른 활동을 시작할 때는 적응할 시간을 준다. · 일과를 계획할 때 활동 개수를 제한한다. 한 가지 활동을 마무리하고 완수할 여유를 계획에 넣는다.

6. 규칙성

식사 시간, 취침시간, 여타 생체 활동을 규칙적으로 하는가? 아이의 습관이 예측 가능한가, 예측할 수 없는가?

① ② ③ ④ ⑤

규칙적	불규칙적
규칙적인 아이를 위한 격려의 말	불규칙적인 아이를 위한 격려의 말
· "규칙적인 것을 좋아하는구나." · "루틴을 좋아해."	· "자유로운 아이야." · "매일 밥 먹는 시간과 취침 시간이 다른 걸 좋아하는구나."
규칙적인 아이를 위한 양육법	산만한 아이를 위한 양육법
· 부모의 생활이 규칙적이지 않다면, 아이는 좀 더 일관적인 시스템을 바랄 지도 모른다. · 아이의 규칙적인 행동 패턴을 존중한다.	· 가능한 이른 나이부터 아이가 스스로 해결하는 법을 가르친다. 가령, 식사를 챙겨 먹는 법을 알려준다. · 아이가 루틴에 적응하기까지 시간이 더 걸린다는 것을 염두에 둔다. 부모가 인내심과 규칙성을 발휘하면 아이도 결국에는 규칙적인 생활을 몸에 익힌다.

7. 활동성

아이가 항상 움직이고 바쁘게 활동하는가, 조용히 있는가? 달리기와 점핑을 할 때 행복해하는가, 장시간 한 자리에 앉아 조용히 놀 수 있는가?

① ② ③ ④ ⑤

낮은 활동성	높은 활동성
얌전한 아이를 위한 격려의 말	활동적인 아이를 위한 격려의 말
· "정말 침착하게 행동하네." · "가만히 앉아서 하는 일을 좋아하는구나."	· "배울 때도, 놀 때도 몸을 쓰는 것을 좋아하는구나." · "이리저리 움직이고 뛰는 것도 좋지."
얌전한 아이를 위한 양육법	활동적인 아이를 위한 양육법
· 부모가 활동적인 편이면 활동성이 낮은 아이를 존중하고 고려해 계획을 세운다. · 아이와 함께 스포츠나 취미 생활을 정한다.	· 아이의 활동량을 고려해 계획을 세운다. 아이가 마음껏 달리고, 점프하고 이곳저곳 기어 올라갈 수 있는 기회를 제공한다. · 아이가 장시간 얌전히 앉아 있어야 할 상황이 있다면, 그에 앞서 아이가 마음껏 몸을 쓸 활동과 장소를 제공한다. 또한, 장시간 조용히 있은 후에도 해소할 기회를 마련해주어야 한다.

새로운 아이디어, 활동, 장소, 사람에게 어떻게 반응하는가? 새로운 대상에 곧장 접근하는가, 잠시 시간을 끌며 확인부터 하는가?

① ② ③ ④ ⑤

높은 호기심: 곧장 접근한다	높은 조심성: 뛰어들기 전에 탐색한다
호기심이 많은 아이를 위한 격려의 말	조심성이 많은 아이를 위한 격려의 말
• "_____을 해보고 싶으면 말해줘. 엄마랑 같이 해보자." • "재밌게 놀아." (타인을 향한 바운더리와 한계를 다시 한 번 상기시킨다.)	• "우선 보고 천천히 시작해도 돼." • "생각해보고 어떻게 하고 싶은지 결정하면 돼."
호기심이 많은 아이를 위한 양육법	조심성이 많은 아이를 위한 양육법
• 부모가 설정한 한계와 바운더리 내에서 아이가 원하는 대로 탐험할 방법을 찾는다. • 앞서 상호 합의를 한다.	• 참여하기에 앞서 낯선 장소에 예정보다 일찍 도착해 먼저 둘러본다. • 무엇이, 누가 안전한 대상인지 아이에게 몸소 보여준다. 아이가 첫 수업을 받기 전에 수영 코치와 엄마가 대화하는 모습을 보여준다면 처음 본 사람이라도 아이는 저 사람이 안전하다고 생각한다. • 아이가 자신의 감정을 솔직하게 표현하도록 한다. 아이의 말에 공감해준다. • 아이가 두려워하는 일을 억지로 시키지 않는다.

마음 살피기 미션

아이의 기질적 특성을 파악했다면, 당신은 어느 쪽에 가까운가? 아이의 기질적 특성 중에 당신의 심기를 거스르는 게 무엇인지 생각해보고, 다음 번에 이런 상황이 닥치면 비판보다는 격려의 말을 어떻게 전할 수 있을지 적어본다.

| 여섯 번째 원리 |

아이들은 부모를 보고 배운다

그대로 따라 하는 아이들

청소년기에 접어든 딸과 관계가 소원해진 한 엄마가 해드필트 부부에게 조언을 구했다. 해외여행을 다녀온 엄마는 그 사이에 딸이 옅은 주황색으로 머리를 염색한 것을 보고 탐탁지 않았다. 그래서 딸을 공항에서 마주하자마자 머리에 도대체 무슨 짓을 한 거냐며 다그치고 그런 머리로는 아르바이트를 구할 수 없을 거라고 연설을 시작했다.

엄마와 딸의 관계에 그때부터 금이 가기 시작했다. 해드필트 부부는 이 엄마에게 꼭 필요한 조언을 전하기 위해 약속을 잡았는데, 약속 장소에 도착한 엄마의 머리는 자주색이었다.

가끔 우리는 부모의 행동이 아이에게 얼마나 큰 영향을 미치는지 잊곤 한다. 아이에게 어떻게 소통하는지, 개인 시간을 어떻게 보내는지, 어떤 태도로 세상을 대하는지, 자기 자신에게 어떤 말을 하는지 등 수많은 부분에서 부모가 아이 앞에 보여주는 모습은 단연코 아이에게 가장 강력한 교육 도구이다.

우리가 품위 있는 인간으로 행하는 모든 것들을 아이들은 귀신같이 알아차린다. 우리가 친구를 반길 때, 이웃을 도울 때, 공항에서 누군가와 부딪힌 뒤 사과를 할 때, 길에서 넘어진 낯선 사람을 일으켜 세울 때 등등 아이들은 단 한순간도 놓치지 않고 지켜본다.

아이들은 잔소리나 꾸지람으로 훌륭한 인간이 되는 법을 배우지 않는다. 좋은 사람이 하는 좋은 행동을 보고 배운다. 그런데 한 번씩 우리도 이성을 잃고, 과속을 하고, 온종일 인터넷을 하며, 술을 지나치게 많이 마시기도 한다. 하지만 잘못된 행동을 개선하기 위해 노력을 기울인다. 아이의 앞에서 모범을 보이는 때와 그렇지 못할 때를 세어보자면 그 횟수는 비교조차 할 수 없을 정도이다. 대부분의 경우, 우리는 아이들에게 훌륭한 인간이란 무엇인지 행동으로 보여준다. 당신의 부모가 그랬듯이 말이다.

하지만 우리는 인내심을 발휘해야만 한다. 우리가 지닌 도덕관념을 어린 나이의 아이들은 내면화하지 못한다. 어떻게 행동해야 하는지 그 기준을 직접 보고, 어린 시절 내내 수없이 많이 경험하고 노출되어야 진정으로 이 관념을 이해하며 살아갈 수 있다.

역설적인 점은 아이들에게 지금 당장, 바로 이 순간에 우리의 가치나 매너, 도덕관념을 장착하도록 강요할수록 지금 당장, 바로 아이들이 우리의 메시지를 따르지 않는다. 아이가 올바른 일을 하지 않는다는 것에만 치중할수록 아이는 점점 더 부모에게서 멀어지고 결국 부모의 말은 힘을 잃는다. 자주색 머리를 한 엄마가 해드필트 부부에게 조언을 구하는 상황까지 오게 된 것도 이 때문이다.

우리가 모델링을 하는 것은 비단 친구, 이웃, 주변 사람들을 대하는 모습만이 아니다. 자녀를 어떻게 대하는지도 아이는 보고 배운다. 부모가 아이에게 어떤 이야기를 하는가가 훗날 성인이 되어 아이가 자기 자신에게 어떤 이야기를 하는가를 결정한다. 우리가 애정을 담아 대화를 한다면 아이들도 스스로를 그렇게 대한다. 아이의 꿈과 열망을 소중하게 여긴다면 아이들도 살면서 자신의 꿈을 좇고 새로운 열망을 계속 찾아갈 것이다.

마찬가지로 아이를 비난하거나 지나치게 높은 기준을 강요한다면 아이들은 자기 자신에게 비판적이고 본인이 성취한 일들을 그저 괜찮은 정도로만 여길 확률이 매우 크다. 아이에게 실수를 허용하지 않는다면 아이는 완벽주의에 얽매여 실수를 하면 자신의 가치와 자존감이 떨어진다고 여길 것이다. 아이에게 이름표를 붙이거나 아이의 선택에 의구심을 갖는다면, 아이는 스스로를 틀에 가두고 자신의 선택을 확신하지 못하는 상태로 성장하게 될 것이다.

이는 우리가 자기 자신에게 하는 자기 대화에서도 똑같이 적용된다. 내가 나에게 하는 말을 떠올려 보면 그 말이 부모가 우리에게 했던 말로 이루어져 있다는 것을 깨닫게 될 것이다. 우리 부모가 우리를 보았던 방식 그대로 우리 자신을 본다. 물론 그 인식이 잘못되었을 수도 있고, 부모가 우리를 이렇게 생각했을 거라는 추측이 완전히 틀렸을 때도 많다. 하지만 그건 중요치 않다. 우리의 관점이 곧 우리에게 진실이 되었기 때문이다.

실수 이후의 행동

우리는 자신에게 가혹하게 굴 때가 있다. 핸드폰을 깜빡한 나머지 집으로 다시 돌아가야 할 때면 이를 악 물기도 한다. 유리컵을 깨거나 쿠키를 태우면 스스로를 비난하는 한마디를 내뱉기도 한다. 아주 작은 실수에도 우리 자신을 가혹하게 대한다.

아이들은 굉장히 많은 실수를 저지른다. 아이들은 말 그대로 실수를 통해서 배운다. 그럼에도 부모는 자신의 실수를 참지 못하는 모습을 보이고 만다. 어떤 경우 아이들에게 약점을 드러내지 않기 위해 또는 좀 전의 나처럼 멍청해 보이지 않기 위해 실수를 숨기기도 한다.

대부분의 사람들은 어렸을 때 부모가 보여준 모습을 통해 실수를 숨기거나, 방어적으로 대응하고, 변명하고, 남의 탓으로 돌리거나, 과하게 사과를 해야 한다고 배웠다. 이제 이 사이클을 멈출 때이다. 아이에게 실수를 부인하는 법을 가르치는 대신 실수는 피할 수 없는 일이고 반드시 필요한 일이며 인간에게 심지어 긍정적인 가르침을 준다는 것을 알려주어야 한다. 그러기 위해선 우리가 먼저 자신에게 관대하게 대해야 하고, 멍청한 실수도 할 줄 알아야 하며, 이런 실수가 사실 별 일이 아니라는 것을 몸소 보여주어야 한다.

또한 아이의 실수를 인정하려는 노력을 해야 한다. 언뜻 보기에는 당연한 일처럼 보이겠지만 사실은 많은 사람들이 어려워한다. 특히나 타인과 자기 자신을 가혹하게 비판하는 성향을 가진 부모는 더더욱 힘들어한다.

내 안의 못난 점이 드러날 때

투사란 내가 싫어하는 기질, 충동, 행동을 자신 안에서 차단하고 타인에게 전가하는 현상이다. 우리 안에 존재하지만 분리했기 때문에 그것이 우리 안에 있다는 것을 보거나 인식하지 못한다. 무의식적으로 우리는 이런 면을 깊이 숨기고, 대신 타인에게서 발견해 '나쁘다'고 드러내어 비판한다.

투사_ 자신 내면에 존재하는 행동, 기질, 충동을 부인하고 타인에게 전가하는 방어기제를 뜻하는 심리학 이론

투사는 부정적일 수도 있고 긍정적일 수도 있다. 부정적인 투사는 자신의 심리적 장애에 대한 책임을 회피하기 위한 자기방어의 형태

이다. 긍정적인 투사는 자신의 긍정적인 기질을 인식하는 데 실패해서 발생한다.

사실 투사는 누구나 하는 행위이다. 정서적 '트리거', 즉 과잉 분노를 일으키는 요인의 대부분이 부정적 투사 때문이다. 긍정적 투사는 누군가를 경외하거나 높이 평가하거나 우상화할 때 나타난다. 만약 정직하지 못한 사람을 보고 과잉반응을 보인다면 자신이 정직하지 못하거나 그럴 수 있는 성향을 지녔을 확률이 높다. 누군가의 용기에 경외심을 보인다면 자신 또한 어떤 면에서는 용감하거나 그런 성향이 내재되어 있을 가능성이 크다.

우리는 어느 정도의 부정함과 어느 정도의 용기를 지녔다. 하지만 여기서는 단순히 누군가 부정을 저지르거나 용감하다는 것을 인식하는 데서 그치지 않는다. 긍정적이든, 부정적이든 이런 행위를 통해 정서적으로 자극을 받을 때 우리는 투사를 한다. 투사를 하는 것은 이런 기질이 우리 안에 어딘가 자리하고 있다는 방증이다.

투사는 어린 시절의 경험에서 생겨난다. 부모님이 한 말, 전해준 가르침, 본보기로 보여준 모습이나 우리의 경험을 통해 어떤 행동은 옳지 않다고 정했다. 내면에 이 옳지 않은 속성이 있다는 것을 알고 있지만 완전히 차단해버렸기에, 이런 속성이 있다는 사실을 전혀 의식하지 못할 수도 있다.

투사하고 있습니까

투사로 인해 우리는 타인을 판단하고 이름표를 붙인다. 엄밀히 말하자면 우리가 붙인 이름표가 사실일 때도 물론 있다. 요란하게 음악을 트는 이웃은 정말 배려심이 없는 사람일 수도 있지만, 그가 배려심이 없다는 것과 그로 인해 감정이 촉발되는 것을 다른 이야기이다. 감정이 촉발된다는 것은 우리가 정서적인 고통을 느껴 반응한다는 뜻이다. 우리가 인지한 바를 중립적으로 생각하지 못하고 어떤 행동은 분명히 나쁜 것이라고 생각한다.

부정적 투사가 일어날 때 '이래야만 한다', '이래서는 안 된다'는 생각이 뒤따른다. ("저 사람은 좀 더 책임감 있게 행동해야만 해.") 긍정적 투사는 '이랬으면 좋겠다'로 이어진다. ("나도 저렇게 노래할 수 있으면 좋겠다.") 가령, 친구가 차를 빌린 후 기름을 채우지 않았다고 상상해보자. 과거 당신도 친구의 호의를 받은 적이 있다면, 감정적으로 좀 더 심한 반응일 때가 많다. "기름도 채워 넣을 생각을 안 했다니 정말 짜증나네." "너무 이기적이야. 걔가 그러면 안 되지!" 혼잣말로 투덜거릴 것이다.

'이래야만 한다' 또는 '이래서는 안 된다'는 생각이 머릿속에 떠오른다면 투사를 하고 있다는 경고이다. '이랬으면 좋겠다' 또한 마찬가지이다.

다시 한 번 설명하지만, 친구가 기름을 채워놓지 않았다는 사실을 인식하는 것 자체는 투사라고 볼 수 없다. 어쩌면 연료 탱크가 텅 빈 것을 깨닫고는 '다음 번에는 채워놓으라고 말해야겠네'라고 생각하고 말 수도 있다.

이 두 반응의 차이는 정서적 강도이다. 타인의 행동을 인식한 후 중립적이거나 부드러운 반응을 보일 때도 있지만, 타인의 행동에 감정이 촉발된다면 강렬한 반응과 함께 타인을 재단하는 말을 한다.("쟤는 맨날 저래!")

나를 용서하고 받아들이기

자신이 무엇을 투사하는지 밝혀내는 데는 두 가지 이점이 있다. 첫째는 투사를 인식하는 것만으로도 분노에 휘말려 반응할 확률이 낮아지고, 그에 따라 우리 주변 사람들과의 관계를 지금보다 안전하게 지킬 수 있다. 둘째로는 투사를 인정할 때 치유를 시도해볼 수 있다. 하지만 투사를 인정하는 것은 어떻게 해야 할까?

투사는 우리 자신의 행동을 수용하고 용서하는 것으로 치유될 수 있다. 나 역시 성급하게 굴 때가 있음을 인정하고 그런 자신을 용서할 때, 무례한 타인에게 감정적으로 반응하지 않을 수 있다.

우리도 가끔씩 정직하지 못할 때가 있다는 사실을 인식하고 수용해야 정직하지 않은 타인에게 반응하지 않을 수 있다. 또한 정서적으로 누군가에게 의지하려는 사실도 인정할 때 나와 비슷한 모습을 보이는 자녀에게 격렬하게 반응하지 않을 수 있다.

　무엇을 투사하는지 파악한다면 자신을 개선하는 데 도움이 되지만, 그렇다고 해서 꼭 잘못된 점을 바로 잡아야 하는 것은 아니다. 우리의 약점과 결점을 있는 그대로 수용할 때, 수년간의 경험으로 얻어진 행동 양식임을 인정할 때 치유가 시작된다.

　자기용서는 강력한 지원군이다. 정서적으로 무언가 촉발되었고, 이를 타인에게 투사한다는 것을 깨달았다면 자기 자신에게 인내심을 베풀길 바란다. 당신 안에서 그동안 제 가치를 인정받지 못했던 훌륭한 장점을 생각하며 스스로를 다독인다. 그런 뒤 주변 사람들에게, 특히 당신의 자녀에게 인내심을 베풀고, 시간을 주고, 다독여준다. 이것이 투사의 끝없는 순환의 고리를 끊어내는 방법이자 아이가 자라나 자신의 강점은 깨닫고 단점은 용서하는 성인으로 자랄 수 있는 기회를 준다.

아이의 문제 행동으로 골머리를 앓고 있는가?

　어른들은 아이에게 '나쁜 행동'이라고 단정적으로 말할 때가 많다. 하지만 우리 자신의 '나쁜 행동'을 아이에게 투사하는 게 아닐까? 아래의 질문을 읽어본 뒤 자신의 모습을 되돌아보길 바란다. 이 중 당신은 몇 개나 해당되는가?

☐ 음식을 먹으면서 말한 적이 있는가?

☐ 브로콜리는 거르고 아이스크림만 먹은 적이 있는가?

☐ 무슨 옷을 입을지 고르지 못했던 적이 있는가?

☐ '~주세요' 나 '감사합니다'를 잊었던 적이 있는가?

☐ 취침 시간을 어긴 적이 있는가?

☐ 혼자 자기 싫었던 적이 있는가?

☐ 음식을 흘린 적이 있는가?

☐ 그릇이나 접시를 깬 적이 있는가?

☐ 옷에 음식을 흘려 얼룩이 남았던 적이 있는가?

☐ 슬프거나 마음이 괴로울 때 울었던 적이 있는가?

☐ 지루하거나 긴장이 될 때 몸을 흔들거나 꼬았던 적이 있는가?

☐ 불편하다고 불평을 한 적이 있는가?

☐ 사람들의 관심을 받고 싶었던 적이 있는가?

☐ 피곤하거나 배가 고파 짜증을 낸 적이 있는가?

☐ 자신의 것을 다른 사람에게 나눠주고 싶지 않다는 생각이 들었던 적이 있는가?

☐ 집에서 연락을 받고도 곧장 들어가지 않은 적이 있는가?

☐ 옷과 소지품을 어지른 적이 있는가?

☐ 집안일을 하는 것보다 놀거나 쉬고 싶었던 적이 있는가?

☐ 무언가를 자꾸 잊어 누군가 몇 번이고 알려주었던 적이 있는가?

☐ 쇼핑할 때 꼭 필요한 물건만 사는 것이 어려웠던 적 있는가?

☐ 너무 큰 목소리로 이야기를 하거나 지나치게 수다스러웠던 적이 있는가?

☐ 다른 데 정신이 팔렸던 적이 있는가?

☐ 공상에 잠겼던 적이 있는가?

☐ 장시간 스마트폰이나 컴퓨터를 사용한 적이 있는가?

□ 누가 뭘 하라고 시키면 짜증이 났던 적이 있는가?

□ 격앙된 순간에 시선을 피한 적이 있는가?

□ 바랐던 지지를 받지 못해서 입을 꾹 닫고 혼자 방 안에 들어갔던 적 있는가?

□ 사람들이 당신의 감정이나 걱정을 진지하게 여기지 않아서 분했던 적이 있는가?

□ 다른 사람을 부려먹었던 적이 있는가?

□ 슬프거나 두려워서 누군가의 지지가 필요했던 적이 있는가?

□ 물건을 어디에 두었는지 잊었던 적 있는가?

□ 겉옷을 챙기는 것을 잊었던 적 있는가?

□ 당신의 의견에 동조를 바랐던 적 있는가?

□ 방어적이 되었던 적이 있는가?

□ 변명을 한 적이 있는가?

□ 타인의 반감을 사지 않기 위해 사소한 거짓말을 한 적이 있는가?

□ 당신의 말을 믿어주지 않아 속이 상했던 적이 있는가?

□ 계획대로 알아서 무언가를 하거나 배우겠다고 주장한 적이 있는가?

□ 누군가의 말을 제대로 듣지 않고 무시했던 적이 있는가?

□ 안내문을 꼼꼼히 읽지 않고 건너 뛴 적이 있는가?

□ 감정을 통제하는 것이 어렵다고 느낀 적 있는가?

□ 아무런 이유 없이 짜증이 날 때가 있는가?

□ 포옹이나 입맞춤을 밀어낸 적이 있는가?

□ 잔소리가 시작되면 자리를 떴던 적이 있는가?

□ '죄송합니다'라는 말이 쉽게 나오지 않았던 적이 있는가?

□ 당신이 함께 있는데도, 마치 없는 사람마냥 사람들이 취급해서 불편했던 적이 있는가?

- ☐ 스트레스를 받거나 마음이 조급했던 적이 있는가?
- ☐ 협박, 뇌물 등 당신을 조종하는 전략에 부정적으로 반응한 적이 있는가?
- ☐ 복잡한 지시나 설명에 정신을 못 차렸던 적이 있는가?
- ☐ 오해를 받아서 슬펐던 적이 있는가?
- ☐ 본인 뜻대로 할 수 없어 불만을 토로한 적이 있는가?
- ☐ 자동차에 장시간 앉아 있는 것이 괴로워 불평한 적이 있는가?
- ☐ 날씨 때문에 일정에 차질이 빚어져 불평한 적이 있는가?
- ☐ 사랑과 존중을 받고 있음을 확인하고 싶은 적이 있는가?
- ☐ 더 존 바깥으로 내동댕이쳐진 당신이 다시 중심을 찾을 때까지 사람들이 기다려주길 바란 적이 있는가?

어떠한 투사는 영원히 벗어나지 못할 수도 있지만 깊은 자기 지각과 자기 용서를 통해 대부분은 약해지거나 완전히 사라진다. 부정적인 행동에 더는 투사하지 않고 있다는 것을 어떻게 알 수 있을까? 그렇게 되면 감정의 동요 없이 그저 관찰하고 있는 자신을 발견하게 될 것이다.

솔직하게 잘못을 인정한다

　부모로서 가장 힘든 점 중 하나는 바로 자신의 한계와 약점, 실수를 있는 그대로 수용하고, 아이와의 문제에서 자신의 잘못을 인정하는 것이다. 당신이 바뀌기로 마음먹었을 때, 가장 먼저 마주하게 될 질문은 바로 '아이와의 문제에서 당신이 원인을 제공하지는 않았는가?'이다. 부모라면 아이와의 문제에서 언제나 일정 부분 지분이 있기 때문이다.

　어떠한 갈등에서든 먼저 자기 자신에게 '내가 이 상황에 어떤 원인을 제공했는가?' '내가 여기서 이해하지 못한 것은 무엇인가?'를 묻는다면, 대단한 깨달음을 얻게 될 것이다. 이러한 자아 성찰을 통해 아이를 통제하고 싶은 마음과 분노로 인해 잃게 될 인내심과 겸손함을 되찾을 수 있을 뿐 아니라, 그동안 아이를 대할 때 당신이 놓치고 있던 점을 보게 될 것이다.

어느 시대를 거쳐, 어디서, 어떻게 자랐든 누구나 양육과정에서 어느 정도의 상처를 안고 성인으로 성장한다. 당연한 일이고, 우리 부모님이 형편없는 사람들이었다는 의미도 아니다. 윗대의 부모가 우리의 부모에게 그랬듯 우리의 부모 또한 우리에게 실수를 했다는 뜻이다.

어쩌면 우리에게 필요한 것이 무엇인지 잘못 판단했을 수도 있고, 자신들의 실수를 우리가 대수롭지 않게 넘길 거라고 짐작했을 수도 있다. 아마도 자신의 부모가 전한 말과 가르침을 내면화시킨 뒤 달리 고찰해보지 않고 자녀들에게 그대로 반복했을 가능성이 크다.

토머스 고든이 《부모 역할 훈련》에서 적었듯 말이다. "요즘 부모들이 아이를 양육하고 가족 내 문제를 해결하는 방식은 자신의 부모가, 부모의 부모가, 조부모의 부모가 했던 그대로를 따를 때가 많다. 사회의 모든 기관과 제도가 변화하는 것과는 달리 부모 자녀간의 관계는 조금도 변하지 않고 있다. 부모들은 2천 년 전부터 내려온 양육법에 여전히 의존하고 있다!"

다행스럽게도 대대로 이어져오는 사이클을 벗어날 비상 탈출구가 있고, 자아 성찰의 빛을 따라 가다보면 그 탈출구를 찾을 수 있다. 물론 부모가 잘못을 인정하는 것으로는 아이의 징징대는 행동이나 우는 습관, 적대심을 마법처럼 한 번에 사라지게 할 수 없다. 그리고 자신의 책임을 인정한다고 해서 모든 문제의 잘못이 부모에게 있다거나 죄책감을 느껴야 한다는 것은 아니다. 오히려 그 반대이다.

그저 반 발자국 물러나 이성적이고도 현실적으로 그 순간의 상황을 관찰하라는 뜻이다. 물론 늘 반갑기만 한 것은 아니지만, 아이와의 갈등은 우리에게 무한한 자기 개선의 기회를 제공한다. 많은 이들이 간과하지만 부모로서 경험할 수 있는 좋은 점 중 하나이다. 갈등 상황에서 자신의 잘못을 깨닫는 게 어렵다면, 아래의 질문을 스스로에게 해보길 바란다.

1. 내가 어떤 원인을 제공 했는가?

2. 투사로 인해 심화된 것은 아닌가?

3. 내가 여기서 이해하지 못한 것은 무엇인가?

4. 아이에게서 보고 싶은 행동을 내가 먼저 보여주고 있는가?

5. 아이에 대한 기대치가 너무 높거나 낮은가?

6. 아이와의 관계를 재정립하기 위해 무엇을 해야 하는가?

아이와 똑같은 수준으로 대응하지 마라

우리의 추측이 잘못된 것은 아닌지 의심하고, 투사를 하고 있음을 인정해야 한다. 부모가 먼저 모범을 보이고, 우리가 대접받고 싶은 것처럼 아이를 대해야 한다. 아이의 연령과 발달 단계상 부모가 해주는 만큼 아이가 따라오지 못한다 해도 이런 태도를 유지한다.

부모와 또래 친구의 차이는 바로 아이가 '수준 낮게 굴어도' 부모는

'수준 높게 대응'할 줄 안다는 데 있다. 아이를 키우며 겪는 갈등 상황에서 우리도 일정 부분 잘못이 있다는 것을 인정하는 것이 우리 자신에게도 도움이 되지만, 무엇보다 아이의 큰 변화를 가져온다. 아이는 마음에 상처를 입으면서 성인이 된다.

하지만 문제 상황에서 부모가 책임을 인정하는 모습을 보일 때마다 아이의 상처는 조금씩 가벼워진다. 우리가 하는 행동이 잠재의식적일 수도 있지만 그렇다 해도 분명 우리가 하는 생각과 행동이다. 다행인 점은 약간만 고찰하면 잠재의식 속 생각을 금세 파악할 수 있다. 일상 속 갈등에서 부모가 흔히 저지르는 잘못을 간단하게 정리해보았다.

아이가 지나치게 흥분하도록 내버려둔다 · 취침 시간을 지키지 못한다 · 바운더리를 잘 설정하지 못한다 · 아이를 향한 기대가 너무 높거나 낮다 · 약속을 지키지 않는다 · 부모의 만족감을 위해 아이를 부모에게 의존하게 한다 · 너무 늦은 시간까지 아이와 외출한다 · 식사 시간의 텀이 너무 길다 · 아이의 정서적 욕구를 등한시한다 · 아이가 스스로 할 수 있는 일을 대신 해준다 · 아이를 대상으로 투사한다 · 모범을 보이지 못한다 · 감정 차단어를 활용한다 · 처벌, 뇌물, 보상을 활용한다.

마음 살피기 미션

아이와 가장 최근에 있었던 갈등을 떠올려본다. 또는 다음 갈등 상황이 찾아왔을 때 훈련해도 좋다. 과거의 갈등 상황에 자기 성찰 질문 여섯 가지를 대입해본다. 갈등에 당신은 어떤 식으로 원인을 제공했는가?

9장

| 일곱 번째 원리 |

아이들에게는 자신의 문제를
스스로 해결할 기회가 필요하다

성장하기 위해 필요한 아픔

한 나이든 여성이 옆집 남자 아이에게 며칠 동안만 나비 번데기를 돌봐달라고 부탁했다. 아이는 신이 나서 알겠다고 했다. 한동안은 번데기에 아무런 변화도 없었지만, 얼마 후 번데기 안에서 나비가 움직이며 몸을 떨었다. 아이는 나비가 안쓰러운 나머지 도와주고 싶었다. 번데기에 살짝 금이 간 것을 보고 아이는 주머니칼을 꺼내 그 틈을 더욱 벌려주었다. 이내 번데기에서 나비가 나왔다. 하지만 나비는 얼마간 날개를 파닥이더니 곧 바닥으로 떨어져 죽고 말았다.

집으로 돌아온 여성은 아이에게 번데기를 찢고 나오는 고통은 나비의 성장에 반드시 필요한 일이라고 설명했다. 나비가 몸에서 나오는 체액을 날개까지 순환시키기 위해 거쳐야 할 과정이라고 말이다. 나비의 날개에 체액이 흘러가지 않으면 날개가 비행을 견딜 만큼 튼튼

해지지 못하기 때문이다. 나비의 고통을 줄여주려던 아이로 인해 이 작은 생명체는 생존하는 데 필요한 날개의 힘을 얻지 못했다.

물론 좋은 의도겠지만, 요즘 부모들이 아이를 너무 지나치게 돌봐주려 하는 바람에 아이가 의사결정 근육을 훈련시킬 기회이자 스스로 목표를 달성할 중요한 기회를 빼앗긴다. 그리고 그 과정에서 부모역시 극심한 피로에 시달린다.

그리 놀랄 일은 아니다. 갓 부모가 된 사람들도 금세 아이 위주의 삶에 익숙해진다. 갓난아기와 영아는 100퍼센트 부모에게 의존한다. 부모는 곧 아이의 욕구를 충족시키는 법을 배우고 점차 그 분야의 전문가가 되어간다. 아이의 문제를 해결해주는 것이 너무도 익숙해진 나머지 그만 습관이 되고 만다.

점차 아이가 자라나 우리의 손에서 벗어나 스스로 해결해야 할 문제를 맞닥뜨릴 시기가 되었어도 그것을 반갑게 맞이하기는커녕 그 시기가 왔음을 깨닫지도 못한다. 역경에 대처하는 능력은 기술을 배우는 것과 같다. 연습을 통해 점차 나아지는 것이다.

처음 부모가 되었을 때는 기저귀를 가는 것조차 힘든 일이었을 것이다. 그러다 100번 쯤 반복하고 나면 눈을 감고도 해치울 수 있게 된다. 아이도 마찬가지이다. 아이가 고난을 마주하게 하고 한 살씩 커갈 때마다 아이의 책임을 확장해준다면, 아이는 굉장한 능력과 회복력으로 부모를 놀라게 할 것이다. 그리고 아이의 문제를 더 이상 부모의 문제로 받아들이지 않아도 되니 부모의 스트레스도 크게 줄어든다.

해결책 전달은 이제 그만

부모는 당연히 조언자의 역할을 할 수밖에 없다. 때문에 부모의 입장에서는 아이가 수도 없이 궁지에 몰릴 때마다 상황을 모른 척하기가 무척이나 힘들다. 토머스 고든이 '해결책 제시 sending solution'라고 부르는 현상을 참는 데는 굉장한 에너지가 필요하다. 다시 말하면, 아이가 우리의 도움을 필요로 하고 원하는지와 무관하게 부모의 관점과 의견을 제시하고 싶은 욕망을 참아내기란 여간 어려운 일이 아니다.

문제를 또는 문제가 될 수 있는 상황을 맞닥뜨려 해결책이 필요한 아이에게 앞뒤 재지 않고 뛰어드는 것은 사실 본능에 가까운 일이다. 아이가 성장에 필요한 진통을 겪고 있다고는 생각하지 못하고 방법을 알려주고 만다. 가령 이런 상황이다.

- "놀이터에서 어떤 아이가 못되게 굴었다고? 다음에 또 그러면 선생님한테 가서 꼭 말해야 돼."
- "학교에 입고 갈 옷이 전부 더러워졌다고? 빨래 바구니 안에 미리 넣었어야지. 바로 빨래 돌려야겠네. 그래야 등교할 때 입을 수 있을 테니까."
- "반 친구들 수에 맞춰서 밸런타인 카드를 못 샀다고? 나머지는 그럼 네가 만들어야겠다. 엄마가 종이 가져올게."
- "밖에 추워. 재킷 입고 나가!"

- "도시락 잊지 말고."
- "친구한테 그런 식으로 말하면 안 돼. 너무 못 됐잖니."

고든은 《부모 역할 훈련》에서 부모가 해결책을 제시할 때, 아이들은 '바보가 된 것 같고, 통제당한다고 느끼고, 심각한 경우에는 성인이 되어서도 주변 사람들에게 해결책을 기대하는 성인으로 자랄 수 있다'고 했다. 또한 부모는 평가, 판단, 비난, 수치심, 훈계, 명령이 담긴 표현을 쓸 때가 많은데, 고든은 이것이 아이를 있는 그대로 수용하지 않기 때문이라고 했다.

우리가 해결책을 줄 때 하는 어조와 표현이 문제의 원인이다. 아이를 수용하는 태도는 번데기 속 나비의 날개로 퍼져 나가는 체액과 같다. 부모가 아이를 수용할 때 아이는 자신이 혼자 결정하고 변화하고 성장할 수 있을 만큼 강한 사람이라고 느낀다.

자연적 결과의 힘

이제 마음 중심형 육아에 공감하겠지만, 여전히 이런 의문이 들 수 있다. '정말 아이가 모든 선택을 스스로 하도록 내버려둬야 하는 걸까? 나중에 후회할 게 눈에 뻔히 보이는데도?', '정말 아이의 실수를 전부 받아들여야 하는 거야? 똑같은 실수를 몇 번이고 반복해도?', '실수가 아니라 아이의 부주의한 행동이 문제인 것 같아도 참아야 한다고?'

그렇다면 그 기준을 어떻게 정해야 하는지 고민이 될 것이다. 부모로서 아이를 올바르게 이끌고, 무엇이 옳은 일이고 잘못된 일인지를 가르쳐주어야 하니 말이다. 만약 아이가 무단횡단을 하겠다고 하거나 거실에서 축구를 한다고 하면 어떻게 해야 할까. 매우 난감하고 당황스러울 것이다.

인생을 변화시킬 멋진 양육 태도, '자연적 결과natural consequence'가 이 무수한 질문에 대한 명쾌한 답을 줄 것이다.

추운 날 겉옷을 깜빡하고 나간 아이는 당연히 추울 것이다. 아침을 거르고 나간 아이가 맞이할 자연적 결과는 배고픔이다. 학교에서 친구들에게 무례하게 행동한 아이는 당연히 다른 아이들에게서 같이 놀기 싫다는 소리를 듣게 될 것이다.

자연적인 결과는 아이의 선택이나 행동에 따른 결과이다. 부모가 결과를 조종하거나 좋은 쪽으로 바꾸려 하는 순간 더는 자연스러워지지 않는다.

자연적 결과_ 아이의 선택 또는 행동으로 당연하게 따라오는 결과물. 자연적 결과는 부모가 만들어낼 수 없다.

자연적 결과는 최고의 스승이다. 부모로서 가능한 이를 자주 활용하는 것이 현명하다. 하지만 안타깝게도 늘 자연적 결과를 사용할 수는 없다. 그렇다면 언제 사용해야 하는가. 부모가 개입하지 않고 자연

적 결과가 제 역할을 하도록 두어야 할 상황이 언제인지 판단하는 중요한 기준이 있다. 아이의 연령을 고려해 다음의 질문에 답해보라.

1. 자연적 결과가 위험한가?
2. 자연적 결과가 해로운가?
3. 자연적 결과가 직접적이지 않은 탓에 아이가 원인과 결과를 연관 짓기가 어려운가?
4. 자연적 결과가 다른 누군가의 바운더리를 침해하는가?

무단횡단의 자연적 결과는 아이가 차에 치이는 것이다. (위험하므로 결코 용납해선 안 된다.) 정크 푸드만 온종일 먹을 때 맞이할 자연적 결과는 아이의 영양 상태가 불균형해지는 것이다. (건강에 해로우므로 용납해선 안 된다.) 양치질을 거부할 때 나타날 자연적 결과는 아이의 치아에 충치가 생기는 것이다. (건강에 해롭다는 문제도 있지만, 이 경우에는 아이가 행위와 자연적 결과의 인과성을 이해하기 어렵기에 용납해선 안 된다.) 집 안에서 공놀이를 할 때 자연적 결과는 무언가 깨지는 것이다. (바운더리를 침범하는 행위이므로 용납해선 안 된다.)

자율과 개입의 결정적 차이

아이가 스스로 해결하도록 맡겨야 할 문제인지, 부모의 개입이 필요한 문제인지를 어떻게 해야 재빨리 판단할 수 있을까? 이 차이를 판단하기 위해선 이 문제가 누구의 것인지 밝혀야 한다. 아이 몫의 문제인가, 부모 몫의 문제인가?

아이 몫의 문제는 부모에게 영향을 주지 않으며 직접적으로 관련되지 않은 문제이다. 물론 마음이 쓰일 수는 있다. 부모로서 아이에게 마음을 쓰는 것은 당연하니까 말이다. 하지만 부모의 욕구와는 관련이 없으므로 부모의 몫이 아니다.

아이 몫의 문제_ 아이의 연령에서 스스로 처리할 수 있는 문제로 부모에게 실질적인 영향을 끼치지 않는다.

아이의 발가락이 어딘가에 부딪히거나, 장난감이 지겨워졌거나, 사물함 비밀번호를 잊었거나, 용돈이 바닥났거나, 가장 친한 친구와 싸우는 등의 사안은 아이 몫의 문제이다. 이런 상황이 마음 쓰이고 감정이 동요할 수도 있지만 우리의 문제가 아닌 만큼 어떻게 해결되든지 관여할 필요가 없다.

반면 부모 몫의 문제는 우리에게 실제적인 영향을 미치는 사안이다. 아이가 그 문제를 일으킨 원인일 수는 있지만 그렇다고 해서 아이가 처리해야 하는 문제는 아니다.

부모 몫의 문제_ 부모에게 실제적인 영향을 미치는 문제. 문제 해결 과정에서 아이의 도움을 구할 수는 있지만 문제 자체는 부모가 해결해야 한다.

관심과 참견 그 사이에서

요즘 시대 부모들은 아이 문제의 대부분을 자신의 것처럼 대한다. 아이가 도움이 필요한 것 같으면 곧장 개입하는 데 익숙하며, 아이의 문제를 내 문제처럼 받아들인다. 조금도 고찰하지 않고 아이의 작은 어깨에 얹어진 짐을 번쩍 들어 부모의 어깨에 얹는다.

이제 멈춰야 한다. 아이가 어떻게 해야 할지 혼란스러운 시간을 경험하는 것은 좋은 일이다. 자연적 결과와 함께 따라오는 당연한 슬픔과 실망을 경험하는 것도 마찬가지이다. 또한 아이가 문제를 해결하기 위해 노력하고 자신만의 해결책을 찾는 과정은 꼭 필요한 일이다. 다음의 상황을 보고 아이 몫의 문제인지 부모 몫의 문제인지 한번 생각해 보길 바란다.

1. 두 살 아이가 상점 한 가운데서 떼를 쓰고 있다.

2. 열 살 아이가 우산을 잊고 나갔다.

3. 세 살 아이가 목욕 시간에도 계속 그림만 그리고 있다.

4. 열두 살 아이가 집 안에서 원반을 던진다.

5. 아홉 살 아이가 숙제를 집에 두고 갔다.

6. 네 살 아이가 사흘 연속으로 같은 반바지만 입는다.

7. 다섯 살 아이가 가장 친한 친구와 말싸움을 한다.

8. 여덟 살 아이가 아빠에게 말대꾸를 한다.

9. 열한 살 아이가 입었던 옷을 세탁바구니에 넣지 않아 빨아둔 옷이 없다.

10. 열다섯 살 아이가 축구팀에서 골키퍼가 되지 못했다.

11. 아홉 살 아이가 매일 해야 하는 집안일을 하지 않으려 한다.

12. 열세 살 아이가 지루하다고 불평한다.

13. 열네 살 아이가 나무로 된 마룻바닥에 젖은 수건을 두었다.

14. 열여섯 살 아이가 영화를 볼 돈이 없다.

15. 열여덟 살 아이가 기한 안에 대학 지원 서류를 등록하지 못했다.

정답: 1.부모, 2.아이, 3.부모, 4.부모, 5.아이, 6.부모, 7.아이, 8.부모, 9.아이, 10.아이, 11.부모, 12.아이, 13.부모, 14.아이, 15.아이

감정 인정어를 언제나 곁에 둔다

어떠한 사안이 아이 몫의 문제라고 해서 부모가 그냥 모른 척하라는 뜻은 아니다. 여전히 우리가 해야 할 역할이 있다. 그 역할은 주로

공감해주는 것이다. 자연적 결과가 부조종사라면 공감은 자연적 결과 앞에서도 아이가 편안하고 침착할 수 있도록 돕는 기내 승무원이라 볼 수 있다.

> "겉옷 잊고 나와서 짜증나겠다! 생각했던 것보다 추울 텐데!"·"선 생님이 그렇게 말씀하셨어? 세상에, 기분 상했겠다."·"그 파티 엄 청 기대했는데. 못 가게 돼서 많이 아쉽겠다."

잘 읽어보면 어디서도 부모가 아이를 구해주려 나서지 않는 것을 알 수 있다. 재킷을 두고 나갔을 때 부모는 아이의 감정에 공감했지만 대신 옷을 가지러 집에 들어가지는 않았다. 두 번째 상황 또한 부모는 감정에 공감하되 선생님과 통화를 하겠다고 말하지 않았다. 파티가 취소된 이야기에서 부모는 속상한 아이의 마음에 공감했지만 갑작스 레 계획된 생일 파티에 보내주려고 가족 휴가 계획을 변경하지는 않 았다.

아이에게 문제가 생겼을 때 진정한 공감을 보이는 것은 단순히 아 이의 기분을 위로하는 데만 그치지 않는다. 이보다 더욱 실질적인 역 할을 한다. 앞서 배웠듯이 공감은 아이를 더 존으로 이끌고, 이를 통 해 아이는 전두엽을 활용할 수 있게 된다. 공감을 받을 때 아이들은 앞으로 어떻게 해야 할지 생각하는 것이 가능해진다.

헬리콥터 부모가 치러야 하는 대가

《부모와 아이 사이》에서 하임 기너트는 어느 10대 남자 아이의 말을 인용했다. "엄마가 헬리콥터처럼 제 머리 위를 맴도는 것 같아요." 이 비유는 미국 내 수많은 부모들에게서 공감을 자아냈다. 50년이 지난 지금 '헬리콥터 부모(아이의 삶에 지나치게 관여하는 부모)'란 용어는 메리엄-웹스터 사전The Merriam-Webster Dictionary에 등재되었고, 구글에서 해당 용어를 검색한 횟수는 4백만 회에 이른다.

누구나 헬리콥터 부모를 한 번쯤은 봤을 것이다. 아이가 직접 고른 옷이나 헤어스타일을 두고 나중에 한마디를 꼭 덧붙이는 엄마. 아이가 생일날 받은 용돈을 어떻게 써야 하는지 (또는 저축하라고) 조언을 하는 아빠. 아이가 바로 옆에 있음에도 아이 대신 질문에 답하는 부모. 손을 베이거나 데일 것이 염려되어 열 살 아이가 주방에 들어가지 못하게 하거나, 식당에서 일곱 살 아이가 자신의 메뉴를 직접 주문하기보다는 부모가 대신 정해 종업원에게 전달하는 것도 헬리콥터 부모이다.

누구나 한 번씩은 헬리콥터 부모가 된다. 지금까지 그런 적 없었다고 생각한다면 운이 좋았던 덕분에 (그리고 자제력이 강했던 덕분에), 전국의 어느 학교에서나 찾아볼 수 있는 극단적인 치맛바람 행렬에 휘말리지 않았던 것 뿐이다.

요즘 아이들이 선생님이나 교장에게 직접 불만을 제기하거나 질문을 할 수 있는 기회가 얼마나 주어질까? 부모가 나서야겠다고 마음먹기 전에 자신을 놀리는 친구에게 맞서고 그에 대한 해결책을 찾을 기회가 얼마나 주어질까? 성적이 뛰어나지 않아도 된다는 말을 들은 적은 얼마나 될까? 아이의 과학 프로젝트에서 부모의 손길이 전혀 묻어 있지 않은 경우는 얼마나 될까?

건강과 안전이 달린 문제에서만큼은 부모의 지나친 개입이 완벽히 용인되나, 우리는 그 선을 훨씬 넘고 있다. 아이를 내버려둘 수 없는 현상은 하나의 팬데믹이 되었고, 이제 그 결과는 어디서나 찾아볼 수 있다.

미국의 한 주요 대학에서 근무하는 친구 킴은 사회초년생인 젊은 이들과 함께 일하는 직무를 맡고 있다. 한 번은 매력적이고, 똑똑하며 재능 있는 한 청년이 입사했다. 하지만 몇 주가 지나자 신입 직원은 자주 지각하기 시작했다. 킴이 늦은 이유를 묻자 그는 입사 후 2주 동안은 부모님 집에서 지냈기 때문에 엄마가 아침에 깨워주었다고 설명했다. 독립을 한 후로는 아침에 일어나기가 너무 힘들다는 이야기였다. 대학 교육까지 마친 사회인이 아침에 혼자 일어나는 기본적인 일조차 엄마 없이는 해내지 못했다.

비슷한 시기에 킴이 채용한 여직원은 여러 주요 업무 분야에서 수준 미달의 수행 능력을 보였다. 몇 번이나 주의를 줬지만 그리 달라지지 않았다. 킴은 여직원에게 단도직입적으로 말했다. "지금 그쪽 자리가 무척 위태로운 상태예요." 그러자 여직원은 이렇게 대꾸했다. "저희 아빠랑 이야기하시겠어요?"

아이 몫의 문제에서 빠져라

알피 콘은 이런 말을 한 적이 있다. "아이는 지시를 따를 때가 아니라 직접 결정을 내릴 때 현명한 결정을 하는 법을 배운다." 아이 몫의 문제에서는 아이가 대화를 시작하고 부모는 자문 역할을 맡아야 한다. 여기서 중요한 점은 아이가 스스로 결정을 내리게 하고, 가능하면 아이의 결정을 존중해야 한다는 것이다.

· 아이가 직접 나서도록 한다. 자연적 결과라는 원칙을 따를 때 좋은 점은 부모는 긴장을 풀고 느긋하게 관망할 수 있다는 것이다. 당신의 문제가 아니다. 사소하게나마 훈계를 한다면 자연적 결과의 가르침이 온전히 전달되지 않으므로 "네가 깜빡하는 바람에 이런 상황이 벌어졌잖니."와 같은 말을 하지 않는 게 좋다. 그저 아무 말도 하지 않거나 정 필요하다면 감정 인정어를 활용해 대화를 한다.

· 아이가 역경이 선사하는 '즐거움'을 맛보도록 한다. 역경은 아이가 창의력을 발휘하고, 가능한 해결책을 떠올리고, 의사결정을 하고, 그 결정에 따른 결과가 좋던 나쁘던 온전히 경험하는 기회를 준다. 이 경험을 통해 아이는 회복력과 감정을 조절하는 법을 배운다. 1888년 엘렌 케이는《어린이의 세기The Century of the Child》에서 "매순간 아이는 삶

이 제공하는 진짜 경험을 할 수 있어야 한다. 아이의 장미에서 절대로 가시를 제거해주어선 안 된다."라고 말했다. 연령에 맞는 적절한 책임감을 부여한다면 아이는 점차 자연스럽게 책임감 있는 어른으로 성장하게 될 것이다.

• 부모의 시간표에 맞춰 해결책이 등장하길 기대해선 안 된다. 아이가 의기소침해 하고, 삐지고, 울고, 걱정하고, 화내고, 이윽고 생각이란 것을 하는 시간을 허락해야 한다. 아이의 부정적인 감정에 부모가 종지부를 찍으려 하거나 해결책을 종용한다면 아이의 걱정 일부를 부모가 떠맡아 새로운 문제를 만드는 꼴이다. 현명하지 않은 처사이다. 문제에 처한 아이가 가장 바라지 않는 것은 자신의 든든한 지원자인 부모가 또 다른 문제를 만드는 것이다.

• 아이에 대한 신뢰감을 드러낸다. 공감만 하고 아이를 믿고 있다는 모습을 보여주지 않는 부모 아래에서는 무력함에 빠진 아이가 자란다. 아이의 이야기를 충분히 들은 후 적절한 순간이 되었을 때 아이에게 "네가 어떤 선택을 할지 궁금해!"와 같이 부모의 신뢰를 드러내는 말을 해준다.

• 자연적 결과를 조작하지 않는다. 너무도 당연한 말이지만, 아이가 일부러 실패를 경험하도록 결과를 조작해서는 절대로 안 된다. 어떤 문화에서 자라건, 아이들은 문제를 스스로 해결할 기회를 수없이 마

주한다. 따라서 일부러 고난을 만들어서 극복하게 할 필요는 없다. 함정을 놓거나 사소한 문제를 과장하는 부모는 스스로 아이의 적이 되는 것이다. 아에게 도움이 되지도, 유익하지도 않다.

아이가 자연적 결과를 경험하게 둘 때 부모는 착한 사람의 역할을 맡을 수 있게 된다. 부모의 침묵과 아이의 선택에 대한 믿음, 추후 어떤 결과가 닥쳐도 진심으로 공감하는 태도는 아이의 자존감을 높이는 동시에 부모 자녀 간의 관계도 더욱 탄탄하게 만들어준다.

마음 살피기 미션

아이가 어떠한 문제나 불만 사항으로 당신을 찾으면 그것이 부모의 문제인지 아이의 문제인지부터 파악한다. 후자라면 자연적 결과가 제 역할을 하도록 지켜본다. 그래서 어떤 일이 벌어졌는가? 아이가 혼자 문제를 해결했는가? 문제가 사라졌는가? 아이의 마음이 상할 만한 결과가 도출되었는가?

| 여덟 번째 원리 |

아이의 바운더리를
존중해주는 사람이 필요하다

아이가 배워야 하는 바운더리

동생에게 이제 그만 간지럽히라고 말했던 적이 있는가? 또는 소개 팅을 거절한 적은? 저속한 농담을 하는 동료를 무시하고 자리에서 벗어난 적은? 좀 지나치다 싶을 정도의 상사의 사적인 이야기를 받아주었던 적은? 돈을 빌려달라는 조카의 부탁에 마뜩찮은 마음에도 불구하고 주었던 적은? 운전을 하기로 한 사람이 약속과 달리 술을 마시는 걸 보고 이를 간 적은? 수많은 상황을 마주하면서 자신의 바운더리를 설정하고 지켰던 적도 있을 것이고, 끝내 지키지 못한 적도 있을 것이다.

바운더리를 설정하고 존중하는 방법은 어린 시절에 배우고 학습되는 것이다. 부모가 아이에게 명확한 바운더리를 설정하지 못하고 아이의 바운더리를 존중하지 못한다면 훗날 아이들은 자라 타인의 바운더리를 무시하고 자신의 것도 존중하지 못하는 성인이 될 가능성이 크다. 이는 사소한 문제가 아니다. 바운더리 침해는 현재 가장 널리 퍼져 있는 사회적 문제 중 하나이다.

가정 폭력, 성적학대, 직장 내 성희롱, 불평등 등 모두 바운더리에 대한 문제이다. 바운더리를 설정하고 존중하는 것이 과연 중요한 사안인가 의구심이 든다면, 전 세계적으로 성적 학대를 폭로하는 #미투 운동과 직장 내 성희롱 문제가 그 의심에 대한 답이 될 것이다.

이번 장에서는 바운더리라는 개념이 실제로 어떻게 학습되고, 부모가 아이에게 바운더리를 어떻게 가르쳐야 하는지를 다룰 예정이다. 또한 놀이터에서의 작은 괴롭힘부터 데이트 폭력까지 강압적인 행동을 벗어나는 데 마음 중심형 육아가 어떤 역할을 하는지를 살펴볼 것이다.

바운더리는 무엇일까?

다섯 살 아이에게 저녁 메뉴를 두 가지나 만들고 싶지 않다고 말하는 것이 바운더리이다. 여덟 살 자녀가 고급 접시를 갖고 장난을 치지 못하게 하는 것이 바운더리이다. 열한 살 아이에게 반려동물을 세 마리나 키우고 싶지 않다고 말하는 것도 바운더리이다.

자녀와의 관계에서 바운더리를 설정할 때는 무엇이 아이에게 최선인지를 설명하지 않는다. 이것이 한계와 다른 점이다. 바운더리는 부모가 자신이 개인적으로 선호하는 행동, 경험, 의견을 아이에게 밝히는 것이다.

바운더리_ 자신이 하고자 하는 것, 경험하고자 하는 것을 스스로 정하는 지침. 바운더리는 사람에 따라 다르다.

바운더리는 일찍부터 정해질 수도 있고 ("내 허락 없이는 그 누구도 내 몸에 손대지 못하게 하겠어.") 순식간에 생겨날 수도 있다. ("생일 파티 가자고 세 시간이나 운전 하는 건 아닌 것 같아.")

늘 그런 것은 아니지만 보통 바운더리는 우리의 신체, 감정, 소유물과 관련이 있다. 아래 예시를 몇 가지 소개하겠다.

소유물에 대한 바운더리

"사촌이 우리 집에서 지내는 건 딱 2주까지 만이야." · "친구들에게 저녁은 살 수 있지만 칵테일은 안 돼." · "아이한테 은 귀걸이는 줄 수 있지만 금은 안 돼." · "일곱 살 된 우리 애가 내 빈티지 자동차에서 노는 건 허락할 수 없어."

신체적 · 정서적 바운더리

"내가 좋아하는 사람들과만 시간을 보내고 싶어." · "내 허락 없이 누가 내 몸에 손대는 거 별로야." · "일주일에 세 번 요가 수업에 갈 거야." · "따뜻한 날에만 수영할래."

"직장 내 인종차별, 성차별을 참지 않을 생각이야." · "저녁 메뉴를 두 개나 만들고 싶지 않아." · "7시 전에 오는 메일에만 답장 할래." · "아홉 살 아이의 숙제를 도와주는 건 4시에서 6시 사이에만 가능해."

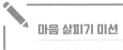

마음 살피기 미션

현재 당신이 지키고 있는 바운더리는 어떤 게 있을지 잠시 생각해보고 아래 적어본다. "나는 _____ 가 좋아." 또는 "나는 _____는 내키지 않아." 의 형식으로 적어본다.

죄책감 버리기

아끼는 친구가 당신에게 신부 들러리를 부탁했다. 이미 들러리를 너무 많이 한 터라 더는 하지 않겠다고 다짐한 차였다. 아빠가 함께 축구를 보러 가자며 모든 경기를 관람할 수 있는 축구장 시즌권을 사 달라고 부탁했다. 하지만 당신은 축구를 정말 싫어한다. 딸아이가 시험기간이라 매우 바빠서 아르바이트를 할 시간이 없지만 그만두고 싶지 않으니 당분간 자신이 하고 있던 신문 배달을 도와달라고 부탁했다. 아이를 도와주고 싶지만 아침에 출근을 해야 하기에 새벽 네 시에 일어나 신문 배달을 할 생각을 하니 달갑지가 않았다. 이럴 땐 어떻게 할 것인가?

위의 상황 모두 부탁이나 요구를 거절한다면 당신이 사랑하는 사람들에게 실망과 괴로움을 주고 어쩌면 마음을 다치게 할지도 모른다.

하지만 이 세 가지 상황 모두 당신의 바운더리가 침범당할 위기에 처해 있다.

사람들의 부탁을 들어준다고 생각해 보자. "그래 들러리 딱 한 번만 더 하자.", "그냥 참고 아빠를 위해 같이 가드리자.", "딱 3개월만 일찍 일어나면 되는데 뭘." 이렇게 마음먹을 수도 있다.

하지만 결혼 준비로 바빠지고, 축구 시즌이 길어지고, 수면 부족이 쌓일수록 고문처럼 느껴질 것이다. 또 하고 싶지 않았던 일을 부탁해 온 사람들을 향한 분노가 점차 커져 만나는 사람들마다 당신이 얼마나 괴로운지 붙잡고 토로하게 될 것이다.

물론 그 당시에는 사랑하는 사람의 마음을 다치게 하고 싶지 않았고 좋은 일을 하려는 의도로 요구를 받아들였다. 하지만 자신의 바운더리를 존중하지 않았고, 타인의 욕구를 충족하기 위해 희생을 감수했다. 더욱 최악인 것은 아이에게 부모가 원치 않은 일도 하는 사람이라는 것을 몸소 보여주었다.

누군가를 행복하게 해주려고 또는 불편한 상황을 피하려고 원치 않은 일도 했던 적은 누구나 있지 않은가? 모두 다 그랬던 적이 있을 것이다. 어느 정도는 우리가 보고 자란 것들의 영향을 받았기 때문이다.

하지만 꼭 그럴 필요가 없다. 부탁을 받았을 때 자동반사적으로 알겠다고 수락하는 습관에서 벗어나야 한다. 언제든 자신의 욕구를 살필 여유를 마련하고, 우리가 좋아하고 존경하는 사람들에게 상처를 주지 않고도 자신의 의견을 주장할 수 있다.

혹시나 싶어 밝히지만 이기주의를 옹호하는 것이 아니다. 타인의 바람과 욕구를 자신의 것보다 중시하는 태도는 서로를 향한 배려와 연민을 바탕으로 한 문명사회에서 칭송받는 태도이자 모두가 발휘해야 하는 태도이다. 다만, 타인의 바람과 욕구를 충족하느라 우리 자신의 바운더리가 침해당하도록 둔다면 문제가 된다.

예를 들어 무고한 범죄 피해자를 구하기 위해 경찰관들이 자신의 목숨을 거는 것은 피해자의 욕구를 자신의 것보다 중요하게 생각하는 행위이다. 하지만 경찰관들이 본인의 바운더리를 침해한 것은 아니다. 경찰관들은 시민에게 봉사하고 시민을 보호하겠다고 맹세한 자신의 바운더리를 지키면서 타인의 바운더리를 보호해주는 것이다.

열일곱 살 아이의 숙제를 학교에 가져다주려고 잠옷 바람으로 집을 나섰던 엄마가 있었다. 후에 다른 사람들에게 아이 때문에 무슨 일을 했는지에 대해 분노를 털어놓았다. 이 엄마는 자신의 바운더리를 무시한 채 아이의 욕구만 중요시 여겼다.

우리는 누군가 자신의 바운더리를 허물거나 침해하려 할 때 상대에게 분노를 느낀다. 하지만 사실은 그런 타인의 행동을 허용한 자기 자신에게 화가 난 것이다. 자기 자신을 저버린 행위였고, 그건 누구보다 스스로가 잘 안다. 우리가 '피해자 행세', '순교자 행세'라고 말하는 행동이 바로 이것이다. 타인에게 자신의 바운더리를 침해하도록 허용한 후 밀려난 자기 자신에게 안쓰러움을 느낄 때 우리는 좋은 사람이 되는 것이 아니라 순례자가 되는 것이다.

앞 장의 마음 살피기 미션에서 개인의 바운더리를 적는 것이 어려웠다면 바운더리에 대한 감각을 키우는 연습을 해보는 것을 권한다. 어떤 것들은 마땅히 당신의 것이라고 말할 수 있어야 한다. 바운더리는 개인에게도 또 아이의 롤모델이 되어야 하는 부모에게도 중요한 개념이다. 아이가 남녀 관계로 발전할 가능성이 있는 대상은 물론이고, 친구들에게서 자신의 바운더리를 지켜내는 사람이 되길 바란다면 부모 또한 마땅히 존중받아야 할 자신의 바운더리부터 지켜야 한다.

부모가 세워야 할 기준

아이에게 바운더리에 대해 알려주기 전에 부모가 해야 할 일이 있다. 부모가 설정한 바운더리가 어떠한 상황에서도 타당한 것인지부터 확인해야 한다. 하지만 '타당성'이란 무엇일까? 굉장히 주관적인 기준이다. 내게 타당한 기준이 상대에게는 그렇지 않을 수도 있다. 하지만 괜찮다. 서로의 기준이 항상 완벽하게 일치해야 하는 것은 아니다. 그럼에도 육아를 할 때 타당한 바운더리가 무엇인지 몇 가지 기준을 살펴보자.

· **연령에 적절한가.** "이제 엄마가 점심 도시락을 싸주는 건 그만 하려고 해." 여덟 살 아이에게는 괜찮지만 세 살에게는 무리한 바운더리이다.

· 일관적인가. 한 번씩 아이를 부모 침대에 재우면서도 "이제 엄마 침대에서 자지 않는 게 좋겠어."라고 말하는 것은 잘못된 일이다.

· 설명할 수 있는가. "오늘 하루 종일 운전만 했더니 너무 피곤해서, 네 신발 사러 가는 게 힘들 것 같아." 이렇게 말하는 것이 "엄마가 정한 대로 해."보다 낫다.

어린 아이에게는 부모의 바운더리에 대해 이렇게 설명할 수도 있다. "오늘 마트에 가서 사기로 한 물건만 살 거야." 아이를 존중하는 모습을 보이는 것도 도움이 된다. "엄마 방해하면 장난감 가게 못 갈 줄 알아."보다는 "엄마가 20분 동안 욕조에 있을 거야. 그 동안 뭐하고 있을래?"라고 말하는 편이 훨씬 낫다.

바운더리는 어떻게 만들어지는가

바운더리가 형성되는 과정을 좀 더 깊게 살펴보자.

바운더리 형성이 잘 된 경우
A가 부탁을 한다 ▶ B는 부탁을 들어주고 싶지 않다 ▶ B는 부탁을 거절한다

바운더리 형성이 잘 안 된 경우
A가 부탁을 한다 ▶ B는 부탁을 들어주고 싶지 않다 ▶ B는 자신의 욕구를 무시하고 부탁을 들어준다.

자신의 바운더리를 지키는 것은 중요하고 존중받아야 하지만 항상 유쾌하기만 한 일은 아니다. 누구나 A의 상황에 놓인다. 친구, 배우자, 자녀, 상사에게 부탁을 하지만 상대가 내 요청을 거절하는 것이다. 사소한 일이라도 거절을 당하면 실망스럽고 의기소침해진다.

거절에 대처하는 법에 익숙하지 않은 아이들은 더욱 실망감을 감추지 못한다. 요청을 거부하는 부모의 행동을 '나쁘다'고 받아들일 수도 있다. 울거나, 불만을 늘어놓거나, 사정하거나 소리를 지르기도 한다. 물론 이상적인 반응은 아니지만 그렇다고 해서 걱정스럽게 여길 문제도 아니다. 누구나 자신의 감정을 느낄 권리가 있고, 이때 가장 좋은 접근법은 상대의 감정이 타당하다고 인정하는 것이다.

가령 부모가 "오늘 회의가 있어서 너랑 네 친구들 쇼핑몰에 데려다주지 못할 것 같아."라고 말했다면, 아이들이 쇼핑몰까지 어떻게 가든지 부모가 책임져야 할 일이 아니다. 물론 아이가 부모의 바운더리 때문에 불편을 겪을 순 있다. 화를 낼지도 모른다. 하지만 괜찮다. 바운더리가 합리적이라면 존중받아 마땅하다.

이는 성인에게도 마찬가지이다. 그리 가깝지 않은 친구가 저녁 초대 한번 하라며 죄책감을 느끼게 하는 경우도 있다. 시부모님이 아이들에게 매주 교회(절 등 종교시설)에 나간다면 손주를 봐주겠다고 말할 수도 있다. 출장을 올 때마다 당신 집에서 지내려고 드는 성가신 사촌이 있을 수도 있다.

하지만 이들이 느낄 실망감은 우리의 문제가 아니다. 마찬가지로 아이가 무엇을 원하고 어떤 감정을 느끼는지 표현한다고 해서 잘못된 게 아니다. 삼촌도, 시어머니도, 남자친구도 자신이 원하는 바와 자신의 감정을 표현할 수 있다. 오히려 이 사람들은 옳은 일을 한 것이다. 우리가 바라는 것을 밝히는 것 또한 옳은 일이다.

따라서 아이들에게 원하는 것을 부탁하는 'A'도, 부탁을 거절하는 'B'도 잘못된 것이 아님을 알려주는 게 중요하다.

부드럽게 나의 바운더리를 지키는 법

부탁을 하는 것도, 바운더리를 지키는 것도 모두 정상이고 옳은 행동이라는 신념으로 우리의 바운더리를 지킬 수 있는 방법이 있다. 아이의 부탁을 들어주고 싶지 않을 때는 다음과 같이 하면 된다.

1. 감정 인정어로 대화한다.
2. 바운더리가 해당 상황에 타당한지 판단한다.
3. 바운더리를 알린다.
4. 주도권을 주는 질문을 한다.

일곱 살 난 아이가 저녁 식사 자리에서 큰 소리로 불만을 쏟아내기 시작한다고 생각해보자. "아빠, 나 이거 먹기 싫어!" 그 즉시 공감 모드로 들어가야 한다. 아이의 불평을 들어주고 감정 인정어로 대화한다. "네가 싫어하는 메뉴를 만들어서 아빠한테 짜증이 난 것 같구나. 네가 먹기에 음식이 너무 짜네. 어휴! 소금 괴물이 나타나서 음식 안에 있는 소금 다 먹어 치웠으면 좋겠다." 어떤 식인지 대충 감을 잡았을 것이다.

감정 인정어를 제시할 때 당신이 무엇을 허용하고 허용할 수 없는지, 그 바운더리가 어떤 상황에서도 타당한지 판단하는 여유가 생긴다. 당신은 가족을 위해 요리를 했고, 이 요리를 먹으려는 중에 다시 일어나 다른 메뉴를 만들고 싶지 않다. 아이는 부모가 만든 요리가 마음에 들지 않으면 직접 빵에 잼을 발라 먹을 정도는 만들 수 있는 나이이다. 그리고 당신에게는 어떤 상황에서도 아이만을 위해 다른 음식을 만들지 않겠다는 논리가 있다.

아이가 '교감 신호' 세 가지를 보여주었다면, 이제 당신의 바운더리를 설명한다. "저녁 메뉴는 하나만 만들 거야." 그런 뒤 주도권을 주는 질문을 한다. "어떻게 하고 싶니?"

보통 이 네 단계면 부모가 바운더리를 주장하는 데 충분하다. 결정은 아이의 몫이다. 그런데 이 과정에서 부모의 도움이 약간 필요할 수도 있다. (사실 누구나 그렇다.) "잘 모르겠어." 아이가 이렇게 말할지도 모른다.

이럴 때는 함께 브레인스토밍(정해진 규칙 없이 즉흥적인 토론을 통해 문제를 해결하고 새로운 아이디어를 개발하는 방법)을 한다. 물론 부모와 함께 브레인스토밍을 할 것인지 혼자 해결하고 싶은지는 온전히 아이가 결정할 문제이다. 큰 동그라미 안에 작은 동그라미를 그리고 브레인스토밍을 하면 도움이 된다. 큰 동그라미 안에 있는 작은 동그라미가 바운더리이다. 어떤 일이 생겨도 이 바운더리는 일관되게 지켜져야 한다. 작은 원 바깥은 브레인스토밍을 하는 공간이다. 브레인스토밍의 순서는 다음과 같다.

1. 종이나 화이트보드를 준비한다.

2. 떠오르는 아이디어를 전부 적는다. 재밌는 아이디어, 터무니없는 아이디어여도 좋다. 재밌는 아이디어는 분위기를 가볍게 만들어주고 대화를 유쾌하게 하므로 도움이 된다.

3. 열린 태도를 유지하고 아이디어에 그 어떤 판단도 삼간다. 판단은 발상과 협력의 걸림돌이다.

4. 불가능한 일이나 바운더리를 침해하는 일은 지워가며 가능한 선택지 몇 개만

남겨둔다. 무엇을 먼저 시도해볼지 정하고 필요한 경우 대안도 고른다.

당신의 바운더리는 당신에게만 해당하는 것이다. 당신은 아이를 위해 다른 메뉴를 준비하는 것이 내키지 않겠지만 어쩌면 배우자나 큰아이는 요리를 해주고 싶어 할 수도 있다.

결국 브레인스토밍을 할 것인지 혼자 문제를 해결할 것인지는 아이에게 달린 셈이다. 부모가 함께하는 이유는 그저 아이의 해결책이 바운더리나 한계를 침범하지 않도록 하는 데 있다.

'싫어요'를 가르친다

이제 반대의 상황을 이야기할 예정이다. 지금껏은 본인의 바운더리를 깨닫고 이를 존중하는 능력과 의지에 초점을 맞추었다. 이는 양육에 있어 중요한 부분이다. 하지만 아직도 절반의 고비가 남았다.

나머지 절반은 아이의 바운더리를 깨닫고 존중하는 능력과 의지이다. 아이가 무엇이든 마음대로 하게 내버려둔다는 의미가 아니다. 다음 장에서 다루겠지만 여전히 아이에게는 행동에 대한 한계가 필요하다. 하지만 한계와 부탁에는 차이가 있다. 한계는 협상이 불가능한 행동 지침을 의미하고, 부탁은 어떤 행동을 해주길 바라는 권유로 거절당할 수도 있다.

아이가 네, 아니요로 답할 수 있는 부모의 부탁

"강아지 빗질 좀 해줄래?" · "쿠키 만드는 거 도와줄래?" · "장바구니 좀 안으로 들고 와줄래?" · "머리 빗어줄까?" · "방에 들어가도 될까?" · "게일 이모에게 잘 가라고 포옹 한번 해줄래?" · "당근 먹어볼래?" · "오늘 수영장 가고 싶니?" · "동생 노래 수업에 데려다 줄 수 있니?" · "이야기 좀 하게 잠깐 앉아볼래?"

아이에게 부탁을 했는데, 아이가 거절한다면 마음 중심형 육아에서는 두 가지 선택지가 있다.

1. 대화를 이어가며 아이에게 주도권을 주는 질문을 하는 것이다. 강아지 빗질을 해달라는 부탁을 거절하는 아이에게 이렇게 말할 수 있다. "오늘 엄마가 병원에 가야 해서 좀 도와줬으면 해." "그럼 언제 가능할까?" 또는 "그거 말고 다른 일 해줄 수 있을까?"

2. 아이의 '노'를 받아들이고 아이가 자신만의 바운더리를 설정하도록 한다. 아이가 바운더리라는 개념에 익숙해져야 훗날 친구, 동료, 연인을 대상으로 확고한 바운더리를 세우고 그것을 지키는 태도를 가질 수 있다. 그러니 아이가 "아니요. 숙제해야 돼요."라고 말하면 그냥 "알겠어." 하고 넘기면 된다.

쉬운 일이 아니라는 것을 안다. 아이에게 하는 부탁이란 것이 지극히 사소하고 합리적일 때도 있고, 아이의 도움이 정말 필요한 경우도 있다. 아이의 레모네이드를 한 모금 마셔도 되냐는 정도의 별 것 아닌 부탁에도 싫다는 답변이 돌아올 때는 짜증스럽기도 하다. 거기에 말투까지 날카로울 때면 아이가 버릇이 없다는 느낌까지 든다. 하지만 부모의 기분이 상할지언정 아이의 거절을 수용할 때 아이는 스스로 결정하는 법과 계속 자신의 성향을 신뢰하는 법을 깨닫는다.

'싫어요'는 대체로 무례함이나 반항심과는 관계가 없다는 점을 명심해야 한다. 아이와의 관계가 탄탄하다면 '싫어요'는 아이의 발달 단계에 따른 반응이거나, 자신의 정서적 욕구를 충족하기 위한 행위이거나, 자신의 바운더리를 주장하는 것뿐이다. 아이를 위해, 그리고 우리를 위해서도 아이의 '거절'에 괜찮아질 줄 알아야 한다.

아이의 바운더리를 존중하는 여덟 가지 방법

자신의 신체 반응을 신뢰하고 바운더리를 존중하는 아이로 키우기 위해 몇 가지 기억할 것이 있다.

1. 어떤 감정을 느껴야 하는지, 무엇을 입을지, 언제 화장실에 갈지 아이가 직접 결정하도록 한다. 아이의 몸은 가장 궁극적인 바운더리이다. 몸이 아프다거나, 스웨터를 입을 필요가 없다거나, 화장실에 가고 싶지 않다는 아이의 말을 의심할 때 아이들은 다른 사람이 자신보다 본인의 몸을 더 잘 이해한다고 오해한다. 결코 사실이 아니다.

아이가 화장실 실수를 자주 하는 편이라 해도 우리가 할 수 있는 최선은 아이에게 화장실에 가고 싶은지 묻고 싫다는 아이의 말을 믿어주는 것이다. 걱정이 된다면 여분의 속옷과 옷을 챙기면 된다. 몇 번의 번거로움을 참는 것이 아이의 바운더리를 계속해서 침해하는 것보다 낫다.

2. **식사량을 너무 깐깐하게 간섭하지 않는다.** 아이의 식사량에 지나치게 간섭하는 것 또한 나쁜 습관이다. 아이가 배고플 때 먹고 배가 부르면 그만 먹어도 된다고 가르치는 게 아니라, 음식을 얼마큼 몇 번이나 먹어야 한다고 강요하면 아이는 자신의 몸이 보내는 신호를 무시하기 시작한다.

이는 바운더리를 침해하는 행위일 뿐 아니라 건강하지 않은 식습관의 시작이다. 아이를 진심으로 걱정하고 아이가 건강한 식습관을 갖길 바란다면 집에 건강한 음식을 두고, 패스트푸드 음식점 이용을 제한하는 편이 낫다.

3. **아이를 만지기 전에 긍정하는 신호를 확인한다.** 누군가 포옹이나 뽀뽀를 할 때, 번쩍 들어 안아 올릴 때나 만질 때 아이들은 자신의 의사를 신호로 보내고 기색을 내비친다. 이런 신호를 감지하고 전적으로 존중하는 것이 현명한 부모이다. 산타클로스의 무릎 위에 앉거나 할머니를 안거나 간지럼 태우는 것도 괜찮게 받아들이는 아이가 있지만 모든 아이가 그런 것은 아니다.

4. **아이의 감정을 타당하게 여긴다.** 아이의 감정을 부인하거나 교정하는 행동은 아이에게 타고난 성향을 신뢰해서는 안 된다는 메시지를 전달하는 또 하나의 방법이다. 가령 이런 말들이다. "이제 그만 울어.", "그렇게 화를 낼만한 일이 아니잖아.", "사람들 앞에서 그렇게 행동하면 안 되지.", "기운 좀 내봐. 웃는 모습이 보고 싶다고."

5. 아이에게 혼자만의 시간을 허락한다. 아이도 프라이버시를 누릴 권리가 있다. 부모에게서 잠시 떨어져 혼자 있는 시간을 허락하고, 아이만의 공간을 마련해준다면 부모가 아이를 존중하고 있음을 보여줄 수 있다.

방문을 열어두라고 강요하고, 친구들 앞에서 아이를 혼내고, 허락 없이 아이의 일기장을 엿본다면 아이들은 본인의 프라이버시를 소중하게 지켜야 하는지, 또는 타인의 프라이버시를 어느 정도로 존중해야 하는지 혼란스러워 한다.

6. 아이가 하고 싶은 운동, 취미생활, 관심사는 직접 선택하도록 한다. 다양한 활동과 관심사에 아이를 노출시키는 것은 훌륭하지만, 최종 결정은 아이의 몫으로 두어야 한다. 아이의 의사와 관계없이 부모가 보기에 아이에게 어울리겠다 싶은 걸 강요한다면 아이의 권한을 빼앗고, 바운더리를 침범하는 것이다.

7. 벌과 상을 없앤다. 또 한 번 벌과 상에 대한 이야기를 언급하고 있다. 같은 말을 자꾸 반복하려는 것이 아니라 정말 중요하기 때문이다. 정서적, 신체적 벌은 심각하게 바운더리를 침해하는 행위이다.

아이들에게 '상대가 느끼기에 네가 뭔가를 잘못했다면 이 사람이 너를 제압해도, 심지어 아프게 해도 당연하게 받아들여야 해'라는 메시지를 전달한다. 상은 아이들에게 '네게 보상이 주어진다면 진짜 하고 싶은 것을 따르지 않아도 돼'라는 인식을 심어준다.

8. 아이에게 복종을 기대하지도, 부탁하지도 않는다. 아무런 권한도 주어지지 않은 채 자란 아이들은 둘 중 하나이다. 첫째는 누군가를 사

랑하거나 존경하면, 특히 그 대상이 권위 있는 사람이라면, 아이는 이 사람에게 복종해야만 한다고 생각하고 자신의 의견을 결코 밝히지 않는다. 둘째는 자신이 권위가 있는 자리에 있을 때 다른 사람들에게서 절대적인 복종을 바란다. 첫 번째 사례는 보통 여자 아이들에게 해당하고, 두 번째는 남자 아이들에게 해당할 때가 많다. 어느 쪽도 건강하다 볼 수 없다.

아이의 바운더리는 무엇인가?

아마도 아이가 처음으로 자신의 바운더리를 주장했던 게 언제였는지 기억하지 못할 것이다. 어쩌면 아기였을 때 당신의 어깨에 기대어 자지 않겠다고 떼를 썼을 때일 수도 있고, 당신이 내민 젖병을 밀어낸 것이었을 수도 있다.

아이의 반응을 보며 궁금하기도 하고, 불안하기도 했을 것이며 어쩌면 실망감을 느꼈을 수도 있지만, 그것이 아이가 협조하지 않겠다는 표현이라는 생각은 못했을 것이다. 아기에게 당신의 뜻을 따르라고 강요하지도 않았을 것이다.

아이가 자랄수록 아이의 의사를 존중해야 한다는 생각을 항상 염두에 두는 것이 현명하다. 아이에게 부탁을 할 수 있고, 부모가 보기에 아이에게 필요하다 싶은 것을 제안할 수도 있지만 한 가지, 우리 앞에 있는 이 작은 인간이 우리의 복제품은 아니란 것을 이해해야 한다. 아이는 자신의 두뇌로 사고하고, 우리는 이 두뇌를 통제하는 게 아니라 알아가야 한다.

　아이가 바운더리를 내세운 적이 없다면 아이에게 솔직하게 물어보는 것이 좋다. 음식에 대한 바운더리가 있을 수도 있고, 타인과 무엇을 공유하고 공유하지 않을 것인지에 대한 기준이 있을 수도 있고, 소유물, 형제자매, 신체적 접촉, 과도한 숙제나 운동 훈련 및 그 외 여러 활동에 대한 바운더리가 있을 수 있다.

마음 살피기 미션

아이의 바운더리를 인식하지 못했거나, 존중하지 못했던 때를 떠올려본다.
왜 그랬는가? 이제부터는 어떻게 달라질 것인가?

| 아홉 번째 원리 |

아이들에게 나이에 맞는 제한이 필요하다

한계는 필요하지만 처벌은 필요 없다

서던 캘리포니아에 있는 테마공원, 너츠 베리 팜에는 1880년대에 지어진 작은 학교가 하나 있다. 수십 년 전 캔자스에서 옮겨온 건물인데, 관리를 잘해서 지난 시대의 유물이 온전히 보존되어 있다.

학교 내부의 한쪽 벽에는 1954년 이전의 국기에 대한 충성맹세가 걸려 있다. 구석에는 긴 모양의 공포스러운 학습 부진아 모자(공부를 못하는 아이에게 벌로 씌우던 모자-옮긴이)가 놓여 있다. 그리고 문이 난 쪽 벽에는 교칙과 그에 따른 처벌이 적혀 있다. 그 일부를 소개하려고 한다.

> 남자아이와 여자아이가 함께 놀 때: 4대
> 교내에서 카드놀이를 할 때: 10대

이 정도로만 알려줘도 분위기를 대충 감 잡을 수 있을 것이다. 학교에서는 규칙을 세웠고, 아이들은 그 규칙을 무조건 따라야 했다. 또 학교는 가혹한 방식으로 규칙을 준수하게 만들었으며, 하나부터 열까지 구시대적 사고방식을 고수했다. 1880년대의 캔자스에서는 교칙만 적고 이를 위반했을 때 받게 될 벌을 적지 않는 것은 말도 안 되는 일이었다. 애초에 체벌이 없다는 것은 말도 안 되는 일이었을 것이다.

다만, 요즘 시대에도 규칙과 처벌을 분리하는 것이 불가능하다고 생각하는 사람들이 많은 것 같다. 우리가 부모들에게서 가장 많이 받는 질문 중 하나가 바로 이것이다. 아이들에게 벌을 주지 않으면 '아이가 원치 않을 때에도 규칙을 따르게 만들 수 없잖아요?' 이 질문에 담긴 의미는 바로 벌이 없다면 규칙을 지키게 할 수 없다는 것, 규칙을 따르게 만드는 장치가 곧 벌이라는 것이다. 이는 오해이다.

아이들은 행동에 있어 연령에 따른 한계가 필요한 것이 맞다. 이 책에서 말하는 아홉 번째 원리이다. 이것은 한계나 지침이 타인의 감정이나 소유물을 다치게 하는 행동에 대해 책임을 져야 한다는 의미이지, 불쾌한 결과를 받아들여야 하는 것으로 이어져서는 안 된다.

이는 다른 원리와도 상충된다. 아이들에게 한계는 필요하지만 처벌은 필요하지 않다.

한계를 설정하고 지키는 법

한계는 바운더리 및 부탁과는 아주 다른 개념이다. 바운더리는 자신의 의사를 바탕으로 설정한 개인의 지침이고, 부탁은 원하는 행동을 따라달라는 요청이다. 한계는 부모가 가장 옳다고 여기는 기준을 바탕으로 아이가 무엇을 해도 되고 해서는 안 되는지를 정하는 가이드라인이다.

한계_ 부모가 여기는 최선의 기준으로 아이에게 지시하는 행동 가이드라인.

한계는 정의상으로는 지시적이다. 부모가 아이에게 허용할 것과 허용하지 않을 것을 정하고, 당신의 아이에게 타당하다고 여기는 기준을 설정하는 것이다. 대체로 안전과 건강에 대한 한계가 가장 많다. 물론 문화나 도덕관념, 종교에 의한 한계도 있는데, 여기서는 이를 그외 한계라고 분류하겠다. 한계의 몇 가지 사례를 살펴 보자.

건강에 대한 한계

- 네 살 아이는 하루에 양치를 두 번 해야 한다.
- 다섯 살 아이는 하루에 10시간 수면을 취해야 한다.
- 여덟 살 아이는 매일 일정량의 과일 또는 채소를 섭취해야 한다.

- 유아는 믿을 수 있는 성인이 함께할 때만 수영장에서 물놀이를 할 수 있다
- 일곱 살 아이는 자전거를 탈 때 헬멧을 써야 한다.
- 10대 청소년은 귀가 시간이 있어야 한다.

그 외 한계

- 열 살 아이는 점심 도시락을 직접 만들어야 한다.
- 아이들마다 정해진 집안일을 해야 한다.
- 아이는 가족들과 함께 휴일마다 종교 행사에 참여해야 한다.

우리가 아이들에게 정하는 한계는 가족사, 문화, 환경, 철학 뿐 아니라 아이의 연령에 의해 달라진다. 아이가 어릴수록 행동에 대한 한계도 많아진다. 아기는 안전과 건강에 있어서 부모에게 절대적으로 의존한다. 아이가 어릴 때는 한계가 많을 수밖에 없다. 그러나 아이가 자라고 전두엽이 발달할수록 그 한계가 점차 줄어들기 시작한다.

발달에 따른 목표에 하나씩 도달해가면서 부모의 몫이었던 건강과 안전에 대한 책임을 아이에게 되돌려주어야 하기 때문이다. 이상적으로는 어린 시절부터 조금씩 이 과정이 진행되어서 고등학교를 졸업할 무렵에는 아이가 부모가 설정해둔 한계를 따르기보다는 조언을 구한다.

타당한 한계란 무엇인가?

~~~~~~~~~~~~~~~~~~~~~~~~

한계는 아이들의 의사에 반하는 대상이라고 생각하는 경향이 있다. 하지만 사실 아이들은 어른과 함께 길 건너기와 같이 상황에 따라 타당하다면 부모가 정한 한계의 대다수를 따르고 협조한다. 그렇다면 여기서 타당하다는 무슨 뜻일까? 앞서 바운더리를 설명할 때 말했던 개념과 같은 의미이다.

1. **연령에 적합한가.** (어른과 함께 길을 건너야 한다는 한계는 세 살 아이에게는 적합하지만 열 살 아이에게는 그렇지 않다.)
2. **설명할 수 있는가.** (어린 아이는 키가 작아서 운전자 눈에 잘 보이지 않아 차에 치일 수도 있기 때문에 혼자서 길을 건너는 것은 위험하다.)
3. **일관적인가.** (길 건너기에 대한 한계는 상황에 따라 변하는 것이 아니다. 길을 건널 때마다 부모도 엄격하게 지키고 아이도 준수해야 한다.)

바운더리와 마찬가지로 한계도 미리 설명을 해주는 것이 좋다. ("조금 있다가 길 건널 건데, 항상 그랬듯이 엄마랑 손 꼭 잡고 있어야 해.") 규제 사항은 아이를 존중하는 화법으로 전달해야 한다. ("엄마 좀 기다려줘. 같이 길 건너자." vs "또 한 번 혼자 건넜다가는 아주 혼쭐날 줄 알아.")

마음 살피기 미션

잠시 자신의 어린 시절을 떠올려보길 바란다. 부모님이 한계를 엄격하게 설정하고 하고 지켰는가, 아니면 유연하게 적용했는가? 왜 이렇게 생각하는가? 당신은 어떤 부모인가? 자녀의 연령에 적절하고 일관되며 타당한 한계를 내세우는가? 한계를 설정하기 가장 어려운 사안은 무엇인가?

여유롭게 한계를 주장하다

바운더리 설정과 한계 설정은 긴밀하게 연관되어 있다. 어린 시절 자신의 바운더리를 존중받지 못했던 부모는 아이에게 타당한 한계를 설정하는 것이 힘들 수 있다. 부모들 가운데 한계에 대해 미온적인 태도를 보이다가 결국 화를 내고, 분노를 발판 삼아 엄격한 한계를 적용하는 사람이 많다.

이런 상황이 오면 아이에게 소리를 지르며 명령하고, 수치심을 주고, 훗날 후회할 말을 한다. 그 중에서 최악은 한계와 분노를 연관 지어 생각하는 것이다.

당신이 만약 이 경우에 속한다면 이 패턴을 깨는 것이 중요하다. 새로운 연관 관계를 만들어야 한다. 아이는 타당한 한계가 필요하고 또 원한다. 그러니 부모가 분명하고 명확한 한계를 제시하는 편이 아이가 한계를 수용하기에도, 지키기에도 수월해진다. 바운더리를 주장할 때와 마찬가지로 한계를 내세울 때도 네 단계만 생각하면 된다.

1. 감정 인정어로 대화한다.
2. 한계가 해당 상황에 타당한지 판단한다.
3. 친절하게 한계를 알린다.
4. 주도권을 주는 질문을 한다.

여덟 살 아이가 이렇게 말한다고 생각해보자. "오늘 학교 가기 싫어." 우선 공감 모드로 접근해야 한다. 학교에 대해 늘어놓는 불평을 들어준 뒤 감정 인정어로 대화를 이끈다. "오늘 학교 가는 날이라서 짜증 나는구나. 이번 주 내내 학교에 갔으니까, 그치? 피곤하기도 하고, 집에서 인형이랑 놀고 싶을 거야. 충분히 그럴 수 있어!" 중간 중간 아이가 자신의 감정을 털어놓을 수 있도록 여유를 둔다. 아마 아이는 아주 열정적으로 자신의 감정을 토로할 것이다.

감정 인정어로 시작하는 것이 중요한 이유는 혹시나 아이가 학교에서 겪고 있는 다른 문제에 대해 털어놓을 기회가 마련되기 때문이다. 학교에서 괴롭힘을 당하고 있거나, 선생님이 너무 무섭다거나 하는 이야기 말이다. 또한 부모는 자신이 정한 한계가 해당 상황에 타당한지 확인할 여유도 생긴다. 아이의 이야기를 들으며 당신은 여덟 살 아이가 학교에 가야 한다는 한계는 타당하다는 결론을 내렸다.

몇 가지 교감 신호를 받았다면 이제 한계를 친절하게 공지한다. "하지만 오늘은 학교 가는 날이야. 학교에는 가야 돼." 그런 뒤 주도권을 주는 질문을 한다. "오늘 아침 등굣길을 더 재밌게 만들 방법에는 무엇이 있을까?"

중요한 것은 한계란 협상의 여지가 없다. 아이는 반드시 학교에 가야 한다. 그렇다고 해서 아이가 좋아해야 할 이유는 없다. 학교에 가기 싫은 날 억지로 등교해야 하는 기분은 우리 모두 잘 알고 있지 않은가. 또한 부모가 보기엔 아이의 감정 표현이 지나치게 느껴지더라도 아이의 감정을 가로막는 행위는 부모에게 불리하게 작용한다.

감정 인정어를 충분히 제공한다면 한계와 관련한 수많은 갈등은 이 네 단계로 가볍게 헤쳐 나갈 수 있다. 아이는 이미 무엇을 해야 되고 하면 안 되는지 한계를 잘 알고 있고, 조금만 공감해 준다면 아이 스스로 현실을 받아들이고 적응한다.

그럼에도 만약 같은 문제로 여러 차례 갈등을 반복된다면 우리 표현으로 시스템 문제일 가능성이 높다. 이때 상호 합의가 필요하다.

부모가 세운 한계에 아이가 반기를 들 때

목욕을 해야 하지만 다섯 살 아이는 씻을 생각을 하지 않는다. 흔히들 경험하는 문제이다. 해야 할 일을 하지 않거나, 잠잘 시간만 되면 싫다고 떼를 쓰거나, TV를 끄지 않겠다고 하거나, 카시트를 거부하거나, 친구와의 놀이 시간이 끝났음에도 더 놀겠다고 조른다. 부모가 한계를 주장하고, 아이에게 공감하는 모습을 보인다 해도 갈등 상황이 끝나지 않을 수도 있다.

때문에 상호 합의가 필요하다. 마음 중심형 육아에서는 상호합의를 매우 중요하게 여긴다. 상호 합의는 양측이 협의를 통해 의견을 일치시키기는 것을 뜻한다. 어느 한쪽도 무력함을 느끼지 않고, 양쪽 모두가 주도권을 갖고, 양쪽 모두가 원하는 것을 얻는 윈윈 양육법이다.

서로에 대한 존중을 바탕으로 하는 상호 합의는 언제든 재협상이 가능하다. 한 쪽이 상호 합의가 실행되는 과정에 불만이 생길 때는 새로이 합의를 맺을 수 있다. 상호 합의는 '타협'이 아니다. 타협은 양쪽 모두 어느 정도를 양보하기 때문에 어느 쪽도 만족감을 얻을 수 없다. 상호 합의는 누구도 양보하는 일 없이 양쪽 모두 행복한 결론을 얻을 수 있다.

상호 합의_ 두 사람 이상이 어떠한 사안에 대해 합의를 이루는 것. 상호 합의는 양측에서 100퍼센트 동의해야 하고, 언제나 재협상이 가능하다.

다시 한 번 말하지만, 한계는 협상의 대상이 아니다. 다섯 살 아이가 하루에 세 번 양치하기 싫어한다고 해서, 정해진 횟수만큼 양치를 해야 한다는 사실은 달라지지 않는다. 하지만 한계를 둘러싸고 협상의 여지는 있다. 바로 여기서 상호 합의가 탄생한다.

←　상호 합의　→

　　바운더리와 마찬가지로 한계 또한 원의 정 가운데에서 보호되고 있다. 무슨 일이 있든 한 번 정한 한계는 절대로 변하지 않는다. 작은 원 밖, 상호 합의가 가능한 공간에서 언제, 어디서, 어떤 것으로, 누가, 어떻게 라는 조건에 따라 선택지를 마련할 수 있다.

어떤 상황이든 한계를 정확하게 파악하고, 분명하게 전달하는 것이 중요하다. 예를 들면 "밤에 혼자 다니면 안 돼.", "엄마를 때리면 안 돼.", "오늘 밤에는 친구 집에서 자면 안 돼." 같은 것들이 반드시 지켜야 하는 한계에 해당한다. 상호 합의를 위해선 두 가지 조건이 충족되어야 한다.

· 진심으로 합의에 응해야 한다. 대화에서 빨리 벗어나기 위해 동의하는 '척만' 한다면 진정한 협의라고 볼 수 없다.

· 재협상의 가능성이 열려 있어야 한다. 협의한 사안이 부모 또는 아이 어느 쪽이든 문제가 될 시에는 언제든지 새로 협상할 수 있어야 한다.

상호 합의는 다양한 형식으로 진행된다. 갈등 상황이 닥쳤을 때 즉시 결정될 수도 있고, 정식 합의를 거칠 때도 있다. 이 두 가지 방식에 대해서는 조금 후에 다시 이야기 할 예정이다. 어떤 형식이든 궁극적으로 목표는 같다. 한계의 역할은 그대로 유지하되 좀 더 호의적으로 조정하는 것이다. 가령, 네 살 아이가 혼자서 수영하고 싶다고 조를 때 10대 사촌과 함께하는 것으로 조정한다면 한계의 효력은 지키면서 아이에게 호의적인 대안을 제시할 수 있다.

상호 합의를 이루어내는 법

~~~~~~~~~~~~~~~

첫 번째 유형에는 약식 윈윈이 있다. 복잡한 문제거나 아이가 옷을 제대로 정리하지 않는 것처럼 반복적으로 되풀이되는 문제가 아니라 비교적 간단한 사안일 경우 '약식'으로 상호 합의에 이를 수 있는데 이를 우리는 윈윈(유아기의 아이에게는 '해피해피')라고 부른다. 약식 윈윈은 이런 식으로 진행된다.

1. **멈추고, 호흡하고 이렇게 묻는다.** "지금 이 순간 내 아이에게 필요한 것은 무엇일까?"

2. **공감한다.** 아이가 충분히 이해받았다고 느낄 때까지 감정 인정어로 대화하고 감정 그릇이 되어준다. "학교 다녀오느라 피곤한 것도 알 것 같고, 한창 놀고 있는데 엄마가 옷을 정리하고서 화가 났을 것 같아." 이런 식으로 말할 수 있다.

3. **윈윈 합의안을 만든다.** 아이와 함께 브레인스토밍을 하거나 아이에게 주도권을 주는 질문을 한다. "우리 둘 다에게 괜찮은 해결책은 뭘까?" 또는 "언제쯤 옷을 치울 수 있을 것 같아?"라고 묻는다. 아이가 제시하는 답변이 그리 타당하지 않다고 여겨질 때는 이렇게 말할 수 있다. "네게는 좋지만 엄마에게는 그렇지 않은 해결책인데. 우리 둘 다에게 좋은 해결책은 뭐가 될까?"

4. **윈윈으로 합의한 사항을 다시 확인하고 되짚는다.** 아이에게 이렇게 묻는다. "이 해결책이 우리 둘 다에게 윈윈인거지? 우리 합의한 내

용을 다시 살펴보자."

이 유형의 상호 합의는 언제, 어디서든 가능하다. 아주 잠깐, 단 몇 분이면 된다.

두 번째 유형은 정식 합의이다. 좀 더 복잡하고 장기적인 사안이거나 또는 약식 협의를 통해 윈윈 합의안을 마련하고자 했지만 끝내 합의점을 찾지 못했을 경우에는 일단 대화를 미룬다. 그런 뒤 두 사람 모두 스트레스를 받지 않은 상태일 때 정식으로 상호 합의를 찾기 위한 자리를 마련한다.

보통 새로운 의식, 루틴, 시스템이 필요할 경우 정식 협의가 필요하다. 목욕 시간 루틴을 새로 정하거나, 취침 시간 의식을 새로 도입하거나, 집안일 분담 시스템에 변화가 필요할 때 등이다. 약식이든 정식이든 합의 자체가 지닌 힘이 달라지는 것은 아니다. 이에 대해서는 조금 후에 이야기할 예정이다.

두 방식의 유일한 차이점은 합의에 이르는 과정이다. 약식 합의는 즉각적으로 신속하게 정리할 수 있지만 정식 합의는 시간이 더 소요된다. 정식 합의를 성공적으로 이끌기 위해서는 예정된 회의 시간에 논의하는 것을 추천한다.

정식 합의를 하는 회의는 엄격한 절차에 따라 진행되므로 파일럿이 비행 전 체크리스트를 확인하듯 다음의 단계를 꼼꼼하게 확인하면서 각 단계를 충실히 따라야 한다. 어느 하나도 건너뛰어선 안 된다.

1. 당신과 아이 모두 더 존에 머문 상태여야 한다. 둘 중 하나 또는 둘 다 화가 난 상태라면 회의가 무의미하다. 다른 시간으로 다시 잡는 것이 좋다.

2. 지금 갈등이 되고 있는 사안이 부모 몫의 문제인지 확인한다. 현 사안에 자연적인 결과가 있는가? 그렇다면 이는 부모가 아닌 아이 몫의 문제이다.

3. 아이의 스페셜 욕구가 충족되어야 한다. 부모가 아니라 아이가 느끼기에 일곱 가지 스페셜 욕구가 충족되어야 한다. 상호 합의에 이르기 전 아이의 감정 계좌가 가득 차 있는지 확인한다.

4. 숨은 의도가 없어야 한다. 새로운 사고방식에 열린 태도로, 다른 사람의 아이디어를 탐험할 준비가 된 상태에서 회의에 임해야 한다. 이미 마음속에 정해놓은 해결책이 있다면 회의는 그저 교묘한 속임수가 될 뿐이고, 아이는 누구보다 이를 잘 눈치 챈다.

5. 부모의 잘못을 인정한다. 자신의 책임을 인정하고 현 문제에 부모가 어떠한 원인을 제공했는지 아이에게도 털어놓는다. 충분히 대화하며 당신과 아이가 어떤 감정을 느끼고 어떤 점을 걱정하는지 마음껏 표현하고 공유한다.

아이에게서 죄책감, 수치심, 공포를 불러일으키거나 아이를 탓하는 발언은 삼가야 한다. 자칫하면 아이는 이 회의가 벌을 받는 시간이라고 생각할 수 있다. 감정 인정어를 활용하라.

6. 브레인스토밍 한다. 화이트보드나 종이를 준비한다. 부모가 정한 한계에 대해 전달하고, 현재 문제가 되는 상황을 정리한 후, 마구잡이

로 아이디어를 나눈다. 언어적이든 비언어적이든 아이를 향한 비난은 일절 삼가야 한다. "그건 아무 소용도 없을 거야." 같은 말을 해선 안 된다.

나온 아이디어를 빠짐없이 모두 적는다. 한심한 아이디어라도, 당신이 결코 동의하지 않을 아이디어라도 말이다. 아이들은 집중력이 짧고 쉽게 지루해하는 만큼 이 과정을 가볍고 즐겁게 하는 것이 중요하다.

7. 아이디어를 제거해나간다. 회의에 나온 아이디어를 모두 적었다면 이젠 두 사람 모두 동의하는 해결책을 찾을 차례이다. 한 사람 또는 두 사람 모두에게 받아들여지지 않을 아이디어는 지워나간다. 아이가 하나를 지웠다면, 당신도 하나를 지우는 식이다. 두 사람이 모두 동의하는 해결책이 남을 때까지 이 과정을 반복한다.

8. 하나를 선택한다. 시도해 볼 의향이 높은 순으로 해결책의 우선순위를 매긴다.

9. 해결책을 네 가지 기준에 대입한다. 서로를 존중하는 해결책인가, 합리적인 해결책인가, 아이와의 관계를 회복하게 해주는가, 아이가 자신의 행동 또는 조치에 책임을 질 기회가 있는가?

10. 필요에 따라 재협상을 진행한다. 부모나 아이 한 쪽이 해결책에 더는 만족하지 못하는 상황이 온다면 합의점을 다시 찾으면 된다.

상호 합의한 해결책에 두 가지 이상의 단계나 조건이 포함되어 있다면, 아이가 깜빡하고 이행하지 못할 위험이 크다. 이때는 아이가 직접 새로운 합의안 또는 루틴을 종이에 적은 뒤 두 사람 모두 사인을 한 후 잘 보이는 곳에 붙여둔다. 상호 합의로 해결할 수 있는 문제 몇 가지를 소개한다.

방/옷장 정하기 · 귀가 시간 · 용돈/돈 · 전자기기 사용 · 목욕 시간 · 숙제 · 취침 시간 · 집에 사놓을 음식 종류 · 집 밖에서 아이의 행동 · 빨래 · 자전거 헬멧 · 부모에게 알리지 않고 외출하기 · 카시트와 안전벨트 · 집안일 · 식사 시간 · 양치 · 길 건너기

마음 살피기 미션

아이와의 갈등 상황을 적은 리스트를 다시 살펴본다. 이 중 상호 합의를 이끌어낼 수 있는 사안이 무엇일지 생각해 본다.

문제의 원인을 명확히 파악하기

한계로 인해 문제가 생긴다면 이는 보통 시스템 문제에 해당한다. 즉, 상호 합의를 통해 새로운 루틴이나 시스템을 만들어 해결할 수 있는 문제란 뜻이다. 예컨대, 아이가 지각하지 않도록 깨워서 학교에 보내는 데 애를 먹는다거나 밤에 재우는 것이 문제라면 이는 시스템 문제이다. 이런 문제는 가족의 아침 또는 저녁 루틴을 만드는 것으로 어느 정도 해결이 된다.

시스템 문제_ 절차, 루틴, 행동 계획이 제대로 확립되지 않아 벌어지는 부모자녀간의 갈등. 상호 합의를 통해 체계적인 새 시스템을 도입하는 것이 해결책일 때가 많다.

한편, 시스템 문제는 다른 문제들과 상당한 차이가 있다. 시스템은

아이 몫의 문제를 해결할 수 없다. 또한 아이의 정서적 욕구가 충족되지 못해 발생하는 문제, 즉 우리가 관계 문제라 부르는 유형도 해결하지 못한다. 관계 문제에 대해서는 다음 장에서 다룰 것이다.

관계 문제_ 아이가 자신의 욕구가 충족되지 못했다고 인식하는 데서 발생하는 부모자녀 간의 갈등. 아이의 일곱 가지 스페셜 욕구를 충족시켜 관계를 강화하는 것으로 보통 해결할 수 있다.

시스템 문제와 관계 문제의 차이를 이해하는 것이 특히나 중요한 이유는 상호 합의가 관계 문제에는 아무런 효과가 없기 때문이다. 아이가 부모의 관심이 필요해 다리에 매달리고, 자신의 권한이 부족하다고 느껴 마트에서 중간에 앉아 꼼짝도 안 하겠다고 버티며, 부모와의 교감이 부족해 엄마를 때릴 때는 상호 합의가 효과를 발휘할 수 없다.

앞서 설명했듯 부모 자녀 간의 탄탄한 유대관계야말로 성공적인 상호 합의를 이끌어내는 전제 조건이다. 아이의 욕구가 충족되었을 때에만 진정한 협조가 가능하기 때문이다.

관계성이 약한 상태에서 한계를 강조할 때 = 반항
관계성을 바탕으로 한계를 강조할 때 = 협조

아이와 시스템 문제, 관계 문제를 동시에 겪고 있다면, 언제나 관계 문제부터 해결해야 한다. 아이의 욕구가 충족되지 않으면 상호 합의가 지켜질 수 없기 때문이다.

아이가 정한 것을 어길 때

아무리 합리적이고 타당한 한계도, 아무리 명확하고 체계적인 상호 합의도 한 번씩 잘못된 방향으로 향할 때가 있다. 아이가 합의한 내용을 잊기도 한다.

"몸에 좋은 음식 먹으면 쿠키 일곱 개 먹어도 된다는 건 줄 알았어요." 아이가 단순히 지키지 못할 경우도 있다. "하지만 쿠키 딱 하나만 더 먹고 싶은데, 진짜 너무너무 먹고 싶어요!" 합의한 내용이 여전한지 '테스트'를 할 때도 있다. "오늘 쿠키 일곱 개 먹고, 내일은 딱 두 개만 먹을게요!" 재밌는 장난처럼 한계를 어기기도 한다. "엄마, 이것 봐라! 일곱 번째 쿠키! 내 입으로 들어가고 있는데! 하하하하하!"

아이니까, 아이라서 잘못된 선택을 할 때도 있다. 아이들은 우리처럼 전체적인 그림을 볼 수가 없다. 쿠키를 일곱 개나 먹으면 배가 아플 거라는 결과를 이해하지 못한다.

집에서는 공놀이 금지라고 합의해놓고 집 안에서 공을 갖고 놀다가 실수로 남동생을 다치게 하는 경우도 있다. 언니와 같이 쓰기로 합의한 아이팟을 겉옷 주머니에 넣고는 깜빡해서 세탁기에 들어가는 일도 생긴다.

그럼 어떻게 해야 할까? 우선, 약간의 실수는 당연하다 여겨야 한다. 상호 합의한 내용을 상황에 따라 조금씩 변형해야 할 경우도 있다. 어쩔 때는 부모가 책임을 다하지 못해 아이에게 사과를 하는 상황도 있다. 이렇게 말하는 상황이 생긴다. "저녁 식사 시간에는 핸드폰 안 만지기로 약속했는데, 엄마가 핸드폰 보고 있네. 미안해. 지금 바로 끌게."

중요한 것은 다른 새로운 해결책을 모색하기 전에 두 사람 모두 합의한 내용을 지키기 위해 노력해야 한다. 이제 부모가 이성을 잃지 않고도 상호 합의로 정해진 내용을 주장하는 방법에 이야기하겠다.

갈등 없이 서로가 정한 것을 지키는 법

상호 합의를 이끌어내기 위해 45분이나 대화를 나눴는데, 바로 다음 날 아이가 합의한 내용을 어기거나 어기고 싶어 하는 모습을 보이면 절망적인 기분이 든다. 하지만 충분히 벌어질 수 있는 일이므로 당연하게 넘기는 것이 최선이다.

이런 상황이 닥치면 부모가 해야 할 일은 바운더리를 주장하고 한계를 지킬 때와 상당히 유사하지만, 완전히 같지는 않다. 차이는 상호 합의안에서 만큼은 부모가 합의한 내용이 타당한지 다시 한 번 생각해볼 필요가 없다는 것이다.

또한 아이에게 주도권을 주는 질문 대신 선택권을 주는 것도 다르다. 다음의 세 단계를 따르면 된다. 첫째 감정 인정어로 대화한다. 둘째 상호 합의한 내용을 친절하게 설명한다. 셋째 선택의 기회를 준다.

가령, 8시 30분에 잠자리에 드는 것으로 네 살 아이와 합의를 마쳤다. 하지만 아이가 안 자고 더 놀고 싶어 한다고 생각해보자. 우선 감정 인정어로 대화를 나눈다. "많이 아쉽구나. 더 놀고 싶은데 잠 잘 시간이 되었으니. 엄마가 시간을 조금만 돌릴 수 있으면 좋겠다." 그런 뒤 상호 합의한 내용을 친절하게 설명한다. "우리 8시 30분에 자는 걸로 약속했는데."

마지막으로 아이에게 선택의 기회를 준다. "조금만 더 놀고 오늘 밤은 책 읽기 안하는 것도 괜찮고, 아니면 지금 같이 방으로 들어가서 엄마가 책 읽어줄 수도 있고. 어떤 게 좋겠어?"

좀 더 큰 아이라면 이렇게 물어볼 수도 있다. "또 어떤 선택지가 있을까?" "이 상황에서 네가 할 수 있는 건 또 어떤 게 있을까?" 핵심은 아이 입으로 의견을 말하고 무엇을 할지 스스로 정한 뒤 그 선택에 책임을 지도록 하는 것이다. 부모와 합의한 내용을 어기지 않으면서 말이다.

아이에게 선택할 기회를 주는 세 번째 단계는 무척 중요하다. 아이가 상호 합의한 내용과 다른 선택을 내릴 때 벌을 내리거나 계속 잔소리를 하며 가르쳐야 한다고 생각하는 부모들이 많다. 하지만 부모가 이런 식으로 대응하면 아이가 자신의 실수를 스스로 깨달을 기회를 잃고 만다. 아이는 벌을 받거나 잔소리를 듣는 것이 너무 괴롭다는 것에만 치중한다.

앞서 동생이 언니의 아이팟을 세탁기에 넣어 망가트린 예시가 있었다. 사실 이 이야기는 해트필드 부부의 딸에게 실제로 있었던 일이다. 선택의 기회를 받은 동생은 곰곰이 생각한 후 그간 모았던 용돈으로 아이팟을 새로 사기로 결정했다.

전자기기 사용을 합의하는 방법

전자기기 사용이 아이에게 미치는 장기적 영향에 대한 연구는 아직 초기 단계에 머물러 있지만, 전자기기에 장시간 노출되는 것이 아이의 건강과 웰빙에 부정적인 영향을 미친다는 것쯤은 너무나 잘 알고 있다. 우리가 체감하고 있기 때문이다.

공격성이 증가하고 인내심은 떨어지며, 사회적 상호작용이 부족해지고, 부모와 힘겨루기 싸움을 하고, 정해진 시간 약속을 어기고, 소셜미디어에서의 조회 수와 좋아요 수, 팔로워 수에 집착하며 당장이라도 로그인을 해서 스크롤을 움직이지 않으면 불안해하는 모습까지도 보인다.

우리가 진행한 설문조사에서 절반에 가까운 응답자가 전자기기 사용을 아이와의 가장 큰 문제로 꼽은 것은 그리 놀랄 일도 아니다. 그래도 다행인 소식은 전자기기 사용으로 인한 갈등은 일반적인 시스템 문제를 다룰 때와 똑같은 방법으로 해결할 수 있다는 것이다. 바로 상호 합의를 통해서 말이다.

구체적으로 말하자면, 전자기기 사용 시간에 대해 서로 합의하고 종이에 직접 적어 가족 구성원 모두 서명하는 방법이 첨단 기술 시대에 가족 내 평화와 안정을 유지하는 가장 확실한 방법이다. 조금 괴로운 소식을 전하자면, 일반적으로 전자기기 사용을 합의에는 더 깊은 고찰과 절충, 관찰과 평가가 필요하다는 것이다. 간단히 말해 수고와 노력이 더 많이 든다. 그 이유는 당연하다.

　'스크린 타임'은 TV, 영화, 게임, 문자, 인터넷 서핑, 사진 찍기, 영상 편집, 온라인 검색, 전자책, 그리고 한 번 빠지면 헤어 나오기 어려운 소셜미디어까지 전자기기로 이뤄지는 모든 활동을 아우르는 말이다. 각기 다른 용도의 전자기기에 동일한 스크린 타임을 적용할 수는 없다. 스크린 타임이 모두 문제가 되는 것도 아니기 때문이다.

　알피 콘은 우리와의 인터뷰에서 이런 말을 했다. "마인크래프트와 폭력적인 게임은 분명 다릅니다. 또한 부모가 바라는 것보다 약간 더 전자기기를 사용하는 아이들과 일상생활이 어려울 정도로 매달려 중독 증상을 보이는 아이들은 다르죠."

　사실, 스크린 타임에 대한 제한을 설정할 때 다른 비교대상 없이 자신의 집 안에서 벌어지는 상황만을 보고 걱정할 때가 많다. TV를 끄면 아이가 갑자기 공격적으로 변하는가? 잠을 잘 자지 못하는가? 전자기기 사용한 것을 숨기는가?

　소셜미디어 사용이 늘어나거나 혼자서만 지내는 시간이 늘어나는 것을 보며 아이의 감정 변화를 느꼈을 수도 있다. 또는 전자기기로 인해 아이가 놓치는 것이 걱정될 수도 있다. 진짜로 노는 것, 진짜로 몸을 움직이는 것, 진짜로 책을 읽는 것 말이다. 그리고 진짜 사람들과의 교류도.

스크린 타임이 제한하고 관찰해야 하는 대상이라는 점에는 이견이 없다. 건강과 안전에 대한 문제이기도 하다. 또한 전자기기 사용에 대한 한계를 부모가 빨리 설정할수록 여러모로 좋다. 다만, 걱정해야 할 이유를 억지로 찾는 것보다 현재 처한 문제에만 집중하는 것이 중요하다.

과학기술은 빌런이 아니다. 전자기기는 이제 우리 세계의 일부가 되었고, 아이의 학교생활과 커리어에도 큰 역할을 할 것이다. 상식적으로 생각하고 대응해야 한다. 또한 우리가 이런 태도를 유지할 때 주어지게 될 빛나는 상을 한시도 잊어선 안 된다. 바로 아이와 긍정적인 관계 말이다.

알피 콘은 이렇게 말했다. "아이가 페이스북 업데이트 하는 데 쓰는 시간보다 훨씬 중요한 것은 당신이 아이와 어떤 관계를 유지할 것인가이고, 이 문제를 해결하는 과정에서 자녀에게 어떠한 본보기를 보일 수 있는가입니다."

자, 그렇다면 이 문제를 어떻게 해결해야 할까? 우리가 추천하는 방법은 아래와 같다.

1. 정식 합의를 위한 회의를 갖는다.

2. 아이가 디지털 기기를 사용하는 용도에 대해 적는다. 가능한 구체적으로 적는 게 좋다.

- 6세: TV를 보고, 컴퓨터로 홈 비디오를 보고, 할머니 할아버지와 스카이프로 대화를 나눈다.

- 10세: TV를 보고, 비디오 게임기로 오락을 하고, 아이패드로 영상 제작과 편집을 한다. 마인크래프트 게임을 하고, 교육용과 여가용도로 유튜브 영상을 시청하고, 전자책을 읽고, 수학 게임으로 공부도 한다.

- 15세: 친구들과 문자, 전화, 페이스타임을 한다. 스냅챗과 인스타그램을 사용하고, 핸드폰으로 예술 창작 활동도 하고, Xbox로 게임도 한다. 브이로그 채널을 운영하고 전자책을 읽는다. 노트북으로 학교 과제와 다양한 프로젝트를 한다.

3. 전자기기 용도에 따른 사용 시간을 정한다. 학습용 영상, 문자, 영상 제작, 예술 창작 활동은 게임, TV 시청, 소셜 미디어사용과 다른 제한을 두어야 한다. 전자책 독서나 할머니 할아버지와의 영상 통화는 전혀 제한할 필요가 없다.

4. 평일, 주말, 휴일에 따른 사용 시간제한을 협상한다. 가족 모두의 의견이 수렴되어야 한다.

- 6세: 하루에 30분 TV 시청과 30분 게임이 가능하다. (저녁에 가족이 함께 TV나 영화를 시청하는 시간은 포함되지 않는다.)

- 10세: 평일에는 하루에 최대 한 시간, 주말에는 한 시간 반 스크린 타임을 허용한다. (저녁에 가족이 함께 TV나 영화를 시청하는 시간은 포함되지 않는다.)

- 15세: 평일에는 하루 최대 두 시간, 주말에는 세 시간 스크린 타임을 허용한다. (저녁에 가족이 함께 TV나 영화를 시청하는 시간은 포함되지 않는다.)

5. 합의한 내용을 준수하기 위해 아이가 사용 시간을 어떻게 확인할 것인지 방법을 정한다.

- 6세: 프로그램이 끝나면 TV를 끄고, 게임을 시작하기 전 타이머를 설정한다.

- 10세와 15세: 아이패드에 스크린 타임을 설정하고, 다른 용도로 전자기기를 쓸 때는 부모에게 알린다.

6. 그 외 제한 사항에 대해서도 가족이 논의한다.

- 잠자기 한 시간 전부터 스크린 타임을 금지한다.

- 취침 시간 이후 침대에서 전화기 사용 금지한다.

- 식사 시간에는 (부모도 포함해) 모든 전화기의 전원을 끄고 바구니에 넣는다.

- 부모의 동의 없이 어플을 다운받지 않는다.

- 부모의 동의 없이 인앱 구매를 결제하지 않는다.

- 성적 콘텐츠의 시청, 제작, 공유를 금지한다.

- 온라인 상 사이버 폭력이나 나쁜 언어 사용을 금지한다.

- 부모가 원할 때 언제든 소셜미디어 계정을 확인한다.

- 가족과의 대화중에는 문자나 소셜미디어 사용을 금지한다. (부모에게도 해당되는 이야기이다.)

- 계획을 지키기 어려울 때는 부모님과 상의한다.

7. 합의안을 최종적으로 마무리한다. 정리된 조건을 다시 확인하고 가족 모두의 동의를 얻는다. 그런 뒤 합의안을 가능한 자세하게 적고 가족 공용 공간에 붙여놓는다. 합의안의 조건은 언제든지 다시 논의할 수 있음을 아이에게 알려준다.

8. 다시 논의한다. 그것도 아주 자주 말이다. 필수적인 일이다. 전에

말했듯이 스크린 타임에 대한 합의는 지속적으로 이루어져야 한다. 처음에는 매주 아이에게 확인하는 것이 좋다.

정해진 대로 하는 것이 좋은지, 아니면 혹시 부모의 도움이 필요한 부분은 없는지 아이에게 묻는다. 잔소리를 하거나 비판해선 안 된다. 권한을 느끼게 해주어야 아이는 합의한 내용을 지키기 위해 최선을 다하고 문제가 생기면 부모에게 와서 논의한다.

스크린 타임을 적대적으로 생각할 이유가 없다. 10대 자녀가 심리적, 정서적으로 안정되어 있고 주변 사람과의 관계가 원만하다면 전자기기를 사용한다고 걱정할 필요가 전혀 없다. 콘이 인터뷰에서 밝혔듯 말이다. "'어떤 원칙이 필요한가?', '스크린 타임은 어느 정도로 제한해야 하는가?'와 같은 질문만 신경 쓰다 보면 '아이의 동기는 무엇인가?', '여기서 쟁점은 무엇인가?', '어떤 문제가 있는가?'와 같은 질문을 놓치게 됩니다."

그럼에도 전자기기 사용이 지나쳐 문제가 되는 경우도 있다. 부모로서 개입이 필요한 상황이라면 적극 관여해 고삐를 당겨야 한다. 세 살 아이가 TV 시청 후 공격적인 모습을 보인다면 몇 달 간 TV 코드를 빼놓아야 할지도 모른다.

가족 간의 유대감이 느슨해지고 있는 와중에 그 원인이 전자기기 때문이라면 전자기기를 사용하지 않는 한 주를 보내는 것이 좋을 수도 있다. 아이의 나이와 발달 단계상 온라인에서 괴롭힘을 당하거나 부적절한 사진을 올리라는 요구를 받는 시기에 접어들었다면 대화를 나누어야 한다. 솔직하게 터놓고 대화를 나누는 것이다.

부모는 어떤 상황에서든 훌륭한 롤모델이 되어주어야 한다. 지금 이 상황에서 가장 중요한 것은 부모가 문제에 잘 대처하는 모습을 보여주고, 자녀와의 관계성을 돈독하게 유지하는 것이다. 이 두 가지가 잘 형성되었다면 아이는 부모와 함께 전자기기 사용에 대해 이야기를 나누려 할 것이다.

가족이 다함께 미디어의 긍정적, 부정적 영향력은 무엇인지, 소셜 네트워크가 시간을 얼마나 잡아먹는지, 인스타그램에 정성들여 가공해 올린 사진들이 '현실 세계'와 얼마나 다른지, 온라인 상에서 '익명'으로 활동하는 것이 얼마나 위험한지, 창의적인 미디어는 무엇이고 일방적이고 수동적인 미디어는 무엇인지에 대해 생각하고 의견을 나누어 본다.

또 전자기기 사용이 우리의 몸과 마음에 어떤 대가를 치르게 하는지, 한 번씩 전자기기에서 멀어진 생활을 추구하는 것이 얼마나 중요한지, 반짝이는 기기들을 손에서 내려놓기란 비단 아이 뿐 아니라 모든 사람들에게 얼마나 힘든 일인지 등을 주제로 이야기를 나눌 수도 있다.

스크린 타임 문제는 쉽게 해결되지 않는다. 그러니 인내심을 가져야 한다. 아이들이 때로는 모든 것을 엉망으로 만들기도 한다. 정해진 선을 넘기도 할 것이다. 힘들어하는 모습을 보이기도 할 것이다. 하지만 아이들에게 인내심과 도와주겠다는 마음을 보여준다면 스스로 전자기기 사용을 통제하는 것이 얼마나 중요하고 또 어떻게 해야 자제력을 발휘할 수 있는지 이해하고 깨닫는 사람으로 자랄 것이다.

무슨 일이든 협상해야 할까

지금쯤이면 이런 생각이 들 수도 있다. "아이가 해야 할 일 (또는 하지 말아야 할 일)을 전부 합의해야 하는 거야? 너무 피곤하잖아!"

우선, 아이를 키우는 데 '쉬운' 일은 없다. 이 책을 통해 우리가 도구를 제공할 순 있어도 기적을 약속할 수는 없다. 하지만 중요한 것은, 장기적으로 봤을 때 과거의 양육법을 유지할 때 겪게 될 복잡하고도 우려스러운 일들보다 더욱 지치고 피곤한 것은 없다.

우리가 한 가지 확실하게 말할 수 있는 것은 부모와 아이가 모두 원원하는 문제 해결 기술을 적용한다면 많은 문제를 사전에 차단할 수 있다는 점이다. 다양한 문제에 대해 서로 협의해 나갈수록 가족 모두 점차 새로운 방식에 적응할 것이다. 처음에는 '너무 잦은 협상'처럼 보일지라도 이것이 곧 행복한 가족을 위한 지름길이라는 것을 깨닫게 될 것이다.

효율적인 기업이 정기적으로 하는 일 한 가지가 무엇일까? 효율적인 회의이다. 가족 또한 마찬가지이다. 주1회 가족회의는 힘겨루기 전쟁을 차단하고 문제를 함께 논의할 수 있는 훌륭한 방법이다. 가족 간의 유대감을 높인다는 보너스도 있다. 가족회의는 이렇게 진행하면 된다.

1. 화이트보드나 칠판을 준비한다.

2. 회의 주제를 적는다. 한 주 동안 가족 중 누군가 특별히 생각해봐야 할 문제를 발견했다면 모두가 볼 수 있게 화이트보드나 종이에 안건을 적는다. 예를 들어 오빠가 여동생을 때린다, 엄마가 방과 후 학교에 늦게 데리러 온다, 언니가 시리얼을 너무 지저분하게 먹는다, 아이들이 아빠 차에 쓰레기를 두고 내린다, 아이들이 TV를 너무 많이 본다 등이 있다.

안건으로 언급하는 것만으로도 문제가 해결될 때가 많다. 다음 가족회의가 열릴 즈음이면 상황이 해결되곤 한다.

3. 회의를 시작한다. 브레인스토밍, 윈윈 협상, 협력이 필요한 시간이다. 회의에 재미를 더할 방법도 생각하고 (너도 나도 불평만 하는 자리는 누구나 싫어한다.) 아이가 집중할 수 있는 시간도 고려해야 한다. (보통 아이들이 집중할 수 있는 시간은 나이에서 2분을 더하거나 뺀 시간이다. 다섯 살 아이는 보통 3분에서 7분가량 집중할 수 있다.)

어떤 결정이든 다수결이 아니라 전원 동의로 진행되어야 한다. 모두가 동의하지 않는다면 회의를 처음부터 다시 시작하거나 좀 더 창의력의 발휘해 새로운 해결책을 모색한다. 또한 아이들이 회의에 참여하지 않을 때에는 최종 결정 단계에서 아이의 의사가 반영되지 않는다는 것을 알려준다.

그 외에도 가족회의 시간에 다음과 같은 일도 할 수 있다. 리더와 서기를 매주 돌아가면서 하거나 가족이 함께할 재밌는 활동을 계획하는 것이다.

마음 살피기 미션

가족회의를 한 번도 진행해본 적이 없다면 이번 기회에 가족들에게 회의를 제안해 본다. 가족이 다 모였을 때 가족회의가 무엇인지 소개하고, 언제 회의를 할 것인지, 주1회 진행이 가장 좋을지 브레인스토밍을 하는 시간을 갖는다.

때론 갈등도 필요하다

토머스 고든은 《부모 역할 훈련》에 이렇게 적었다. "대부분의 부모는 갈등을 싫어하고, 갈등이 벌어졌을 때 매우 괴로워하며, 이를 건설적으로 해결하기 위해 어떻게 해야 하는지 혼란스러워 한다. 하지만 실상은 일정 기간 동안 한 사람의 욕구가 다른 사람과 상충하지 않는다면 이는 제대로 된 관계라고 볼 수 없다. 두 명 이상이 (또는 집단이) 함께할 때 갈등은 벌어질 수밖에 없다."

언쟁은 무척이나 피곤한 일이다. 특히나 힘든 하루를 마치고 고요한 평화를 누리고 싶을 때는 더더욱 그렇다. 또한 부부간의 심각한 이야기는 아이가 듣지 않게 하는 것이 좋다. 하지만 아이가 언쟁은 나쁜 것이라고 인식한다면, 자신의 의견을 밝히는 것이 부적절한 일이라는 인식이 생길 수 있다.

그 결과 이 아이는 커서 갈등을 회피하는 성인으로 자랄 가능성이 크다. 어쩌면 서로 의견이 다르면 상대가 분명 화를 낼 거라 여기며 두려워하거나 자신과 다른 의견을 주장하는 사람에게 분노할지도 모른다.

아이들에게 갈등이 생기는 것은 정상적인 일이고, '말대답'에도 긍정적인 면이 있다는 것을 보여줄 때 더욱 비판적으로 사고하는 능력, 문제 해결 능력, 뿐만 아니라 또래 압력, 조종, 학대에 맞서는 능력을 키울 수 있다.

아이들은 다양한 이유로 싸운다

형제자매 간에는 다양한 이유로 다툼이 벌어진다. 부모의 관심을 받기 위해, 자신의 권한을 확인하기 위해, 긴장을 낮추기 위해, 지루함을 견디기 위해, 흥분된 마음을 표현하기 위해, 부모가 누구를 더 사랑하는지 확인하기 위해, 복수하기 위해, 때로는 그냥 아무 이유 없이 싸운다. 아이들은 늘 다툰다. 자연스러운 현상이다.

이유가 무엇이고 상황이 어떻든 간에, 아이들 간의 싸움을 지켜보는 것은 부모 입장에서는 화도 나고 가슴도 아프다. 싸움을 멈출 수 없을 때 부모는 죄책감 또는 무능함을 느낀다. 싸움을 중지시켜야 하는지조차 확신할 수 없을 때는 더더욱 그렇다.

형제자매 간의 싸움은 아이들에게 맡기고 알아서 해결하도록 두는 것이 최선일 때도 있다. 싸움은 대인관계 기술을 익히고, 타인과의 바운더리를 설정하는 법을 배우는 계기가 된다. 물론 아이들에게 맡길 수만은 없을 때도 있다.

아이들 간의 갈등 상황에 어떻게 (그리고 언제) 개입해야 하는지 이야기하기 전에, 우선 부모가 무심코 한 언행이 형제자매 간 경쟁의 원인이 된다는 것부터 깨달아야 한다. 아래의 열 가지 조언을 최선을 다해 따른다면 형재자매 사이의 경쟁을 파티로 바꿀 수 있을 것이다.

1. **아이의 정서적 욕구를 충족시킨다.** 아이는 자신의 욕구가 좌절되고, 자신의 강렬한 감정을 부모가 잘 받아주지 못한다고 느낄 때 부모에서 형제자매로 분노의 타깃을 변경한다. 이 경우 부모가 초점을 맞춰야 할 것은 싸움이 아니라 그 이면에 자리한 욕구이다. 가능한 자주 일대일 데이트 기회를 마련한다.

2. **아이들의 타고난 성향을 존중한다.** 정말 문제가 되는 행동조차도 그 깊숙한 이면에는 자신만의 기질과 발달 단계, 정서적 욕구를 지닌 사랑스럽고, 재능 넘치며, 따뜻한 모습이 있다. 그 이면을 볼 줄 알아야 한다. 부모가 자신을 어떤 사람으로 인식하는지가 아이의 자아관에 큰 역할을 하고, 뿐만 아니라 형제자매끼리 서로를 대하는 방식에도 영향을 미친다.

3. **비교를 삼간다.** 농담으로 라도, 별 의미 없이 한 말이라도 절대로 비교하는 말을 해선 안 된다. "언니처럼 공부 열심히 하고 성적 잘 받

으면 대학 장학금을 탈 수 있어." 이런 것은 부정적인 비교이다. 물론 긍정적인 비교도 있다. "2학년인데 벌써 구구단을 다 외웠네. 오빠는 4학년이 돼서야 외웠는데." 둘 다 문제가 된다.

4. 한 쪽을 두둔하지 않는다. 갈등 상황에서 한 아이를 편드는 일은 삼가야 한다. 다른 아이가 억울함을 느낄 뿐 아니라, 부모의 이런 태도가 싸움이 계속 반복되는 원인이기도 하다. 부모는 중립적인 중재인으로 동기간의 관계를 돈독하게 만들어주어야 한다.

5. 경쟁이 아니라 팀워크를 이용한다. 비교는 동기간 경쟁을 부추긴다. 그 대신 '팀 패밀리' 개념을 강조하는 게 좋다. 설거지나 청를소 함께할 수도 있다. 또는 "스톱워치 켜놓고 시간 잴 테니깐 너희들이 한 팀으로 잠옷을 얼마나 빨리 입는지 보자."와 같은 방법을 사용할 수도 있다.

6. 이름표를 붙이거나 아이를 특정한 역할에 가두는 행위를 삼간다. 나이 순에 따라 아이들에게 이름표를 붙이는 것도 좋지 않다. "이제 큰 오빠가 됐네.", "어린 동생을 도와줘야지." 같은 말은 아이를 특정한 역할에 가두고 부담감을 줄 수 있다. "이제 오빠네.", "동생 좀 도와주렴."으로 말하는 편이 좋다.

7. 한 아이가 특정 분야에 재능을 보인다 해도 모든 아이를 같은 활동에 참여시킨다. 아이가 무언가를 '잘 하느냐'보다 그것을 즐기는지가 중요하다. 시도해 보지 않는다면 아이는 자신이 좋아하는지를 알 수 없다. 아이에게 사람들마다 배우는 속도가 다를 수 있고, 한 명이 특출난 재능을 보인다고 해서 그렇지 않은 사람이 도전할 수 없다는 뜻

이 아니라는 것을 알려주어야 한다. 운동이든, 예술 활동이든, 공부든, 관심이 많은 아이는 결국 특별한 능력을 발휘하게 된다. 재능이 바로 나타나지는 않거나 기존의 틀에 어울리지 않더라도 말이다.

8. **아이가 원할 때만 장난감, 소유물, 음식을 나누도록 한다.** 아이는 자신의 물건을 가질 권리가 있고, 발달상으로 아이가 진심으로 타인과 무언가를 나눌 수 있는 시기는 6, 7세이다. 그러니 아이가 원하기 전에는 형제자매와 자신의 소유물을 공유하라고 강요해선 안 된다. 부모의 강요로 인해 억지로 소유물을 공유할 때 아이들은 억울함을 느끼고 부모와의 단절을 경험한다.

9. **아이가 멈춤 버튼을 누르는 법을 가르치고 직접 롤모델이 되어 보여준다.** 누구나 한 번씩 감정이 과열될 때가 있다. 이런 현상이 지극히 정상적임을 가르치고 자신의 마음을 진정시키는 방법을 알려주는 것은 정말 중요하다.

10. **전자기기 사용과 스크린 타임에 주의한다.** 아이들은 전자기기 노출 시간이 길거나 TV를 너무 많이 본 후에 자주 싸우는 경향이 있다. 아이들은 오랫동안 가만히 앉아 있어서는 안 된다. 신체발달 상 아이는 움직이고, 놀고, 사람들과 상호작용을 해야 한다.

아이들이 싸우는 것을 보았을 때

페이버와 마즐리시는 《싸우지 않고 배려하는 형제자매 사이》이라는 책에서 아이들의 싸움을 네 개의 라운드로 나누고 각각 어떻게 해결해야 하는지 소개했다. 이 내용을 간단하게 줄여 두 개의 라운드를 소개하려고 한다. 부모의 개입이 필요한 싸움과 그렇지 않은 싸움으로 말이다. 친구들이나 사촌들, 학교 친구들과의 싸움에서도 부모가 대입할 수 있는 효과적인 전략이다.

· 1라운드 싸움 : 개입이 필요하지 않은 싸움

굉장히 일반적이고 심지어 반드시 필요한 싸움의 유형으로 일상적인 말다툼에 가깝다. 아이들간의 말다툼이 신경 쓰일 수 있지만 부모의 중재가 필요하지 않다. 이런 싸움은 아이들끼리 해결하도록 두면 된다.

· 2라운드 싸움 : 개입이 필요한 싸움

2라운드 싸움은 상황이 가열되기 시작할 때 벌어진다. 욕설이나 협박이 오가거나 문제가 되는 심각한 행동 패턴이 드러날 수 있다. 아니면 한 아이가 공격을 하고 다른 아이가 피해를 입거나 둘 다 공격을 시작하며 몸싸움으로 번지는 경우도 있다. 대부분의 부모는 1라운드 싸움이 2라운드로 전환되는 것을 본능적으로 알아채는 데, 이때는 반드시 부모의 개입이 필요하다. 다만 당신이 생각하는 개입과 우리가 말하는 개입이 다를 수는 있다.

가장 먼저 부모는 아이가 다치지 않게 보호할 의무가 있다. 너무도 당연한 이야기이다. 아이가 신체적, 정서적으로 형제자매 또는 다른 아이들을 심각하게, 반복적으로, 의도적으로 다치게 하지 못하도록 막아야 한다. 타인을 고의로 심각하게 해하는 행위가 바로 괴롭힘이고, 남을 괴롭히는 아이는 어쩌면 정서적 욕구 중 무언가가 좌절되었고 부모의 특별한 관심을 필요로 한다는 신호를 보내는 것일지도 모른다.

어떤 상황에서도 2라운드 싸움은 부모가 절대로 무시하고 넘겨선 안 된다. 부모가 모른 척할 때 공격자 역할을 하는 아이는 다음과 같이 생각한다. 폭력과 위협으로 자신이 원하는 것을 얻을 수 있고, 힘을 원한다면 힘으로 상대를 제압해야 한다고 믿는다. 그리고 마음을 다쳤을 때는 상대에게 복수해야 하고, 자신이 원하는 것을 얻기 위해 타인의 바운더리를 침해해도 된다고 말이다.

그로 인해 '피해자' 역할이 된 아이는 다음과 같이 생각한다. 부모님이 구해주거나 자신이 항복해야 하고, 그게 무엇이든 자신에게 주어진 것을 받아들여야 하며, 자신은 작고 약하며 본인의 문제를 스스로 해결할 수 없다고 여긴다. 또한 어떻게 대응해야 할지 몰라 타인이 자신의 바운더리를 침해하도록 둔다.

한편, 2라운드 싸움을 대처하는 부모에게 우리가 전할 수 있는 가장 중요하고 가장 유용한 조언은 바로 자신의 의견을 밝히지 말고, 누구의 편도 들어선 안 된다는 것이다. 여기서 부모의 역할은 한 쪽 편을 드는 것이 아니다. 싸움을 멈추는 것도 아니다. 당신의 역할은 중립적인 중재자가 되는 것이다.

싸우는 아이들에게 해결책을 제시해주면 둘 사이가 금방 좋아질 거라 믿으며 서둘러 개입하는 부모가 많다. 그러나 부모가 심판의 역할을 맡는 순간, 아이들 모두 부모와 서로를 향해 분노를 품게 된다. 잘못한 아이는 부모가 주변에 없으면 '공평해야 한다'는 핑계를 대며 다른 아이에게 무섭게 굴고, 너 때문에 혼이 났다며 나름의 벌을 내리기도 한다.

부모는 훈련을 받은 전문 중재자가 되어 다툼을 벌이는 양측에 구체적인 해결책을 제시하는 일을 삼가야 한다. 아이들은 격렬한 감정을 분출하고 나면 창의적 사고를 발휘하기 시작한다.

중립적인 중재자로서 건강한 윈윈 협상 기술을 가르친다면 아이는 자신이 마주한 갈등상황을 스스로 해결해나가는 창의적인 문제해결자가 된다.

싸움을 중재하는 방법

2라운드 싸움에 개입할 때 아래의 단계를 차례대로 따른다.

1. **자신의 의도를 명심한다.** 다시 한번 말하지만 당신의 역할은 싸움을 멈추는 것이 아니다. 평화적이면서도 인내심 넘치는 중재자로 싸움을 중재하고 양쪽 입장을 모두 이해하는 것이 목표이다. 아이들 스스로 싸움을 멈출 수 있도록 말이다.

2. **침착하고 너그러운 태도로 개입한다.** 아이들에게 다가가 몸을 낮추고 눈을 맞춘다. 다정하고 애정이 넘치는 시선으로 눈을 바라보며

조금도 비판하지 않는 어조로 이렇게 말한다. "엄마는 누구 편을 들려는 게 아니야."

3. 아이들에게 감각적 체험을 선사한다. 싸우는 아이들에게 감각적 체험을 제공하면 자기조절력을 발휘하는 데 큰 효과가 있다. 아이의 작은 등을 쓸어내려주거나 따뜻하게 손을 잡아주면 좋다.

4. "지금 어떤 기분이 들어?"라고 묻는다. "무슨 일이야?"라고 물으면 아이들은 자연스럽게 자신의 입장을 늘어놓기 바쁘다. 대신 더 중요한 질문을 하는 게 좋다. "지금 어떤 기분이 들어?"라고 말이다. 아이의 감정이 타당하다고 인정하고 공감한다.

5. "어떻게 했으면 좋겠어?"라고 묻는다. 아이들의 감정을 들어준 뒤 한 명씩에게 무엇을 원하는지 묻는다. 이때도 아이들의 의견을 타당하게 여기며 인정하되, 아이가 혹시 이 자리를 빨리 벗어나고 싶은 마음에 자신의 욕구나 바람을 단념하는 것은 아닌지 확인한다.

6. "너희 둘 다 '윈윈' 하기 위해선 어떻게 해야 할까?" 아이들의 윈윈 협상이 시작되는 때 곁에서 지켜본다. 협상이 어떻게 진행되는 것인지 이해하고 직접 실행하는 것을 확인한 후에는 자리를 비켜 아이들이 알아서 합의점을 찾고 해결하도록 맡긴다. 아이들을 신뢰하고 있다는 메시지를 주면 좋다. 이런 식으로 말할 수 있다. "너희 둘이서 잘 해결할 거라 믿어."

7. 어떤 해결책이 나오든 무조건 수용한다. 아이들이 찾은 해결책이 마음에 들지 않을 수 있다. 한 아이 쪽이 불공평하다는 생각이 들 수도 있다. 두 아이가 내놓은 안이 해결책이라고 조차 볼 수 없다는 생

각이 들 수 있다. 하지만 괜찮다. 어쨌거나 아이들의 생각을 지지해주어야 한다. 아이들의 판단으로 서로에게 윈윈이라는 방법을 스스로 찾아낸 것이다. 칭찬해주고 넘기면 된다.

8. 필요하다면 아이들을 분리시켜 진정할 시간을 마련한다. 아이들이 몸싸움을 했거나 화가 강한 분노로 변했을 때는 자기 진정 시간이 필요하다. 서로 이야기를 나눌 마음의 준비가 될 때까지 잠시 떨어져 있는 것이 어떤지 아이들에게 물어본다.

다만, 아이들의 다툼 상황에서 무조건적으로 자기 진정 시간부터 제안하는 것은 좋지 않다. 자신의 문제를 성숙하게 해결할 기회를 주지 않는다면, 아이들은 영영 배울 수 없다.

한 아이가 다른 아이를 때리거나, 나쁜 말을 쓸 때는 부모가 중립적인 중재자의 역할을 행하는 것이 특히나 어렵다. 부모로서 아이들이 다치지 않게 보호하고 문제 해결 기술을 가르친다는 의무만 하면 될 뿐, 서로를 향한 적대감이 지속될까봐 불안해할 필요는 전혀 없다. 차근히 단계에 맞춰 싸움을 중재하고 아이의 스페셜 욕구를 충족시키는 데만 집중한다면 아이들은 서로 사랑하고, 소중히 여기고, 의지하며 자랄 것이다.

| 열 번째 원리 |

아이들은 욕구가
충족되지 않을 때 좌절한다

아이의 채워지지 않은 욕구가 불러오는 일

아이의 일곱 가지 욕구를 지속적으로 충족시키는 것이 얼마나 중요한지는 여러 번 강조했다. 채워지지 않은 정서적 욕구가 부정적인 감정을 불러일으키고 이는 거식증, 중독, 청소년 임신, 범죄까지 해로운 행동과 심각한 문제로 연결될 수 있다.

타이는 40년 넘게 경찰로 일하며 청소년 문제를 해결하려 애썼고, 린다는 아동과 부모를 가르치고 상담한 시간이 35년이 넘었다. 부부는 아이에게 일곱 가지 스페셜 욕구가 채워지지 않을 때 어떠한 결과가 나타나는지 오랜 시간 직접 보고 경험했다. 두 사람은 아이의 욕구가 충족되지 못해서 발생하는 결과를 데인저 존DANGER Zone이라고 부른다.

D = 장애DISORDER_ 정서적 문제와 분노 관리 문제, 식이장애가 여기에 속한다. 권한이 심각하게 부족한 사람들은 식용이상항진증 또는 거식증으로 무언가에 대한 통제력을 얻고자 한다. 그 무엇이 설사 음식이라고 할지라도 말이다.

A = 중독ADDICTION_ 약물과 알코올은 욕구가 채워지지 않을 때 동반되는 고통을 회피하는 도구이다.

N = 부정적인 자존감과 자기 대화NEGATIVE SELF-ESTEEM AND SELF-TALK_ 욕구가 충족되지 않은 아이는 다른 사람들보다 자신의 가치가 낮다고 인식할 수 있다. 이는 부정적인 자존감과 자기 대화로 이어진다.

G = 범죄 조직과 범죄GANGS AND CRIME_ 범죄 조직에 합류하는 아이들은 새로운 역기능적 '가족' 속에서 정서적 욕구를 해결하려 한다. 타인을 해치며 자신의 힘을 과시하고, 온몸에 문신을 새기며 유대감을 느낀다. 사회 계층을 막론하고 수많은 아이들이 범죄를 저지르는 데에는 정서적 공허함을 채우려는 욕구가 숨어 있다.

E = 조기 성관계EARLY SEX_ 정서적으로 허기를 느끼는 10대들은 또래 친구 또는 성인과 조기 성관계를 가질 확률이 높다.

R = 역기능적 관계RELATIONSHIP DYSFUNCTION_ 정서적으로 의존적인 사람들은 자신의 욕구를 좌절시키는 사람에게 호감을 갖기도 한다. 공공기물을 파손하거나 부모님의 약통에 손을 대는 등 건강하지 않은 대응기제를 친구에게서 배우는 식이다. 그 결과 역기능적 관계가 형성된다.

《아이의 손을 놓지 마라》에 이런 내용이 나온다. "서로 관계를 맺지 못할 때 우리는 빙그르르 도는 룰렛 휠, 따끔하게 피부를 찌르는 주사 바늘과 관계를 맺는다."

안타까운 이야기다. 그러나 다행스럽게도 우리 아이들이 룰렛 휠과 주사 바늘에 가까워지기 전에 자신이 궤도에서 벗어났다는 신호를 충분히 보낸다. 중요한 무언가가 결핍되었다고 감정 표현과 행동으로 부모에게 보여준다. 아이가 결핍을 느끼는 것이 어쩌면 교감일 수도, 관심일 수도 있다. 또한 권한이거나 무조건적인 사랑일지도 모른다.

295쪽에서 언급한 관계 문제는 이런 '경고 신호'의 결과이다. 관계 문제는 부모가 아이의 정서적 욕구를 충족시키지 못했다는 방증이다.

하지만 부모는 언제나 아이를 위해 무척이나 많은 것을 하고 있다. 통제형 부모도, 허용형 부모도 아이를 위해 살고 있다는 것은 변함이 없다. 많은 부모들은 자신이 아이의 욕구를 이미 수없이 충족시켰다고 믿는다. 주변에서 항상 들어온 탓에 옛날 방식의 육아법이 필요할 때가 분명 있다고 믿고, 특히나 자기 주관이 뚜렷한 아이에게는 더욱 그렇다고 믿는 부모들이 많다.

이런 믿음 때문에 아이의 좌절된 욕구가 무엇인지 살피고 이를 충족하기 위해 노력하는 대신 나쁜 행동만을 고치고 뿌리 뽑으려 한다. 사실 나쁜 행동이라는 단어야 말로 우리가 뿌리 뽑고 영영 사라지게 만들어야 하는 대상이다. 아이들은 나쁜 행동을 하지 않는다. 그저 행동할 뿐이다. 아이가 하는 모든 행동이 곧 의사소통의 수단이다.

물론 부모는 지금도 아이가 충분한 관심과 권한과 애정을 받는다고 생각할 것이다. 아이에게 진정 필요한 것은 행동에 따른 대가라고 생각할 수 있다. 하지만 부모의 생각이 어떤지는 중요치 않다.

아이의 입장에서 자신이 충분한 관심과 권한, 사랑을 받지 못한다고 느낀다면 아이는 무계획적이고 조악한 방식이 아니라 지극히 타당한 패턴으로 부모에게 알려준다. 아이가 받아야 할 응당한 대가는 부모의 무조건적인 사랑과 관심뿐이다.

욕구가 충족되지 않았을 때 경험하는 감정

무서운 · 화난 · 짜증난 · 귀찮은 · 질투가 나는 · 과민한 · 불안한 · 외로운 · 원통한 · 분노한 · 지루한 · 침울한 · 혼란스러운 · 끔찍한 · 우울한 · 긴장된 · 괴로운 · 당혹스러운 · 당황한 · 곤혹스러운 · 격분한 · 후회하는 · 두려운 · 좌절한 · 원망스러운 · 동요하는 · 격노한 · 비관적인 · 슬픈 · 겁먹은 · 심술이 나는 · 충격받은 · 무력한 · 서글픈 · 망설이는 · 의심하는 · 적대적인 · 곤란한 · 마음이 아픈 · 불편한 · 안달하는 · 불안정한 · 무심한 · 불행한 · 불안전한 · 걱정하는

욕구가 충족되었을 때 경험하는 감정

애정 어린 · 희망찬 · 모험심이 강한 · 영감이 충만한 · 기민한 · 흥미를 갖는 · 교감을 나누는 · 즐거운 · 발랄한 · 편안한 · 다정한 · 연민 어린 · 충만한 · 자신감 있는 · 흡족한 · 열린 · 낙관적인 · 호기심 어린 · 평화로운 · 흔쾌한 · 재미있는 · 황홀한 · 상쾌한 · 열의가 넘치는 · 여유 있는 · 고무된 · 안도하는 · 교감하는 · 에너지 넘치는 · 열정적인 · 만족하는 · 신이 난 · 자신을 사랑하는 · 매료된 · 세심한 · 다정한 · 안정된 · 고마워하는 · 기쁜 · 태평한 · 온화한 · 신뢰하는 · 행복한 · 따뜻한

아이의 행동을 이해할 수 없을 때는
탐정이 되어야 한다

드라이커스는 《Children: The Challenge 우리 아이 바르게 키우는 법》에서 처음으로 욕구 좌절로 인한 행동이라는 개념을 소개했다. 그는 좌절의 네 단계를 '잘못된 목표mistaken goals'라고 지칭하고, 아이는 욕구가 좌절되었을 때 반드시 이 단계를 거친다고 설명했다. 드라이커스는 부모가 아이가 보내는 신호를 알아본다면, 행동 이면에 담긴 문제를 쉽게 파악하고 해결할 수 있다고 했다. 뿐만 아니라 아이의 행동에 부모 자신이 어떤 반응을 보이는지 인식한다면 아이에게 진짜 필요한 게 무엇인지 더욱 정확하게 잡아낼 수 있다고 믿었다.

그의 이론은 한 치의 빈틈없이 증명되었다. 그래서 드라이커스의 뛰어난 연구를 바탕으로 아이가 보내는 신호를 놓치지 않고 알아내는 방법을 설명하려고 한다.

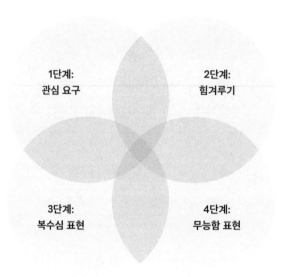

보통 좌절이 단계별로 나타나는 것이 일반적이나 아이는 언제라도, 어떤 단계로든 갑자기 건너 뛸 수 있고, 상황에 따라서는 여러 단계를 순서 없이 오가기도 한다.

1단계 : 관심 요구

부모와 긍정적이고 건강한 상호작용으로 욕구를 충족시킬 수 없는 아이는 부모의 관심을 끌기 위해 수단과 방법을 가리지 않는다.

아이는 칭얼대거나, 조르거나, 약간씩 신경을 거스르는 행동을 하며 부모의 관심을 얻으려 한다. 또는 부모를 기쁘게 하려고 지나치게 애를 쓰기도 한다. 부모가 지금 하고 있는 일을 멈추고 온전히 자신에게만 집중하게 만드는 것이라면 무엇이든, 정말 무엇이든 한다.

- **관심을 요구하는 아이가 하는 말**: "이거 봐봐! 엄마 나 봐봐! 봐봐! 이것 봐! 좀 보라고!"

부모의 관심을 요하는 아이들은 협조할 수 없는 상태에 놓여 있고, 무엇이 적절한지 판단할 수 없으며, 부모가 다른 곳에 관심을 갖는 것이 정당하다고 생각하지 못한다. 아이는 그저 몸에서 무언가 불편함을 경험하고 있고 부모의 관심으로 안정을 되찾을 수 있다고 믿는다.

앞에서 말했듯이, 관심은 아이의 정서적 욕구 중 하나이다. 아이는 매일 부모의 관심이 필요하고, 아이가 관심을 필요로 하는 것은 잘못된 것이 아니다. 하지만 관심을 요구하는 것은 다르다. 아이가 관심을 요구할 때는 내면의 무언가 잘못되었다는 것을 알리는 신호이다.

그렇다면 이 차이를 어떻게 알 수 있을까? 당신 안의 감정을 들여다 보면 깨달을 수 있다.

- **아이가 관심을 요구할 때 부모가 느끼는 감정**: 신경질이 나는 · 짜증 난 · 성가신 · 피곤한 · 좌절한 · 방해받는 · 귀찮은

물론 다른 날보다 피곤하고 짜증나는 날이 있다. 유독 힘든 하루를 보내어 다른 사람에게 인내심을 발휘할 수 없는 날 말이다. 그렇지만 삶에서 벌어지는 여러 일들로 짜증이 나는 것과 아이의 부정적인 행

동으로 짜증나는 것이 다르다는 것을 당신도 잘 알리라 믿는다. 여기서는 후자에 대해 말하는 것이다.

관심을 요구하는 아이를 대하는 통제형, 허용형 부모

아이가 관심을 달라고 매달리는 일이 그리 달갑지는 않을 수는 있지만 그래도 쉽게 해결 가능한 문제이다. 안타깝게도 통제형, 허용형 부모가 쓰는 방법은 상황을 해결하지 못한다. 도리어 상황을 악화시킬 때가 많다. 보통 이런 식으로 대응한다.

허용형	통제형
• 아이를 무시한다. • 아이가 행동을 멈추도록 설득하거나 교묘하게 조종한다. • 뇌물과 보상을 활용한다. • 부모가 설정한 한계와 바운더리를 침해하도록 둔다.	• 말로 또는 무언의 표정과 몸짓으로 짜증이 났음을 표현한다. • 아이가 행동을 멈추도록 설득하거나 교묘하게 조종한다. • 겁을 준다. • 벌을 내린다. • 뇌물과 보상을 활용한다.

부정적인 행동이 강화될까 봐 걱정하는 마음은 이해하나지만 벌을 주거나 무시하거나 보상을 활용하는 방법은 하나같이 효과가 없다. 그 이유는 행동의 이면에 자리한 진짜 원인을 파악하지 못하고, 아이의 욕구를 충족시키지도 못해 결국 더 많은 문제 행동으로 이어지거나 반복되기 때문이다.

부모에게 관심을 요구하는 것으로 욕구를 충족하지 못한 아이는 관심을 끌기 위해 곱절로 노력하거나 곧장 힘겨루기 단계로 진입한다.

관심을 요구하는 아이를 대하는 마음 중심형 부모

이 행동을 방지하고 또 잘 대응하는 가장 효과적인 방법은 그 순간
에 또는 가능한 빨리 아이에게 진심으로 관심을 보이는 것이다. 조언
을 하나 더하자면, 아이에게 온전히 집중해야 한다. 먼저 시선을 맞추
지 않고, 아무 말도 하지 않은 채 아이에게 아이의 허리를 부드럽게
쓰다듬어준다.

아이가 관심을 요구할 때 꺼내보는 커닝페이퍼

- **아이는 이렇게 생각한다** : 엄마가 내게 관심을 가져줄 때 편안함을 느낀다 · 엄
  마가 내게 관심을 많이 줄 때 사랑받는 기분을 느낀다
- **아이는 이렇게 말한다** : "이거 봐!" · "나 좀 봐!" · "봐봐!"
- **아이는 이런 행동을 한다** : 칭얼거린다 · 과잉 반응을 보인다 · 귀찮게 군다 · 부
  모를 기쁘게 해주려 애쓴다 · 반응을 잘 하지 않는다 · 짜증나거나 신경에 거슬리
  는 행동을 한다 · 과시한다
- **아이는 이것을 바란다** : 주목과 관심을 받고 싶고 교감하고 싶다.
- **부모는 이런 기분을 느낀다** : 신경질이 나는 · 피곤한 · 귀찮은 · 짜증난 · 좌절
  한 · 성가신 · 방해받는
- **아이가 이런 행동을 보이면 문제가 없다** : 자발적으로 행동한다 · 자신의 장기로
  타인에게 도움이 되고 기쁨을 준다 · 주목받는 것이 주된 목적이 아니라 부수적
  효과로 여긴다 · 기여한다 · 교감을 나눈다 · 사람들의 관심을 피하지도 구하지
  도 않는다 · 협조한다

2단계 : 힘겨루기

욕구가 좌절되고 나에에 맞게 주어져야 할 권한을 갖지 아이는 자신이 원하는 것을 얻기 위해 분투한다. 힘겨루기는 아주 사소한 일로도 뜬금없이 벌어질 수 있으며, 이때 아이는 까다롭거나 고집을 부리거나, 제멋대로 굴거나, 반항적으로 나온다.

부모가 세운 일정에 차질을 빚거나, 협조를 거부할 수 있다. 말대꾸를 하거나, 소리를 지르기도 한다. 무슨 수를 써서든 이기려고 든다. 일반적으로 부모가 자신의 뜻을 주장할수록 아이는 더욱 반항적으로 나온다.

- 힘겨루기를 할 때 아이가 하는 말: "안 해! 안 하고 싶어! 안 할 거야! 엄마가 어떻게 해도 안 할 거야!"

어쩌면 아이에게 권한이 충분하다고 생각할 지도 모른다. 사실 이 모든 문제의 원인이 아이에게 너무 많은 권한을 허용한 탓이라고 믿고 있을 수도 있다. 많은 사람들이 하고 있는 오해이다.

힘겨루기를 계속하는 아이는 권력에 취한 것도 아니고, 부모를 이기려 드는 것도 아니다. 그 반대이다. 아이들이 힘겨루기를 하는 이유는 자신이 무력하다고 느끼기 때문이다. 드라이커스가 설명했듯, 힘겨루기 싸움은 아이들에게 원치 않는 행동을 강요해서 벌어지는 것이기에 결코 아이들의 협조로 끝이 날 수가 없다. 부모가 힘겨루기에서 이기고 통제권을 얻을 수는 있지만 아이의 자발적인 협조를 얻어낼 수는 없다. 협조는 긍정적인 행위이고, 아이의 동의가 필요하다.

힘겨루기에서 또 하나 많이들 오해하는 것은 바로 싸움의 본질이 무엇인가이다. 힘겨루기의 주제는 진짜 문제가 아니다. 아이가 목욕을 하기 싫어하고, 신발을 신기 싫어하고, 장난감을 정리하기 싫어하는 상황에서 사실 진짜 문제는 목욕이나 신발, 장난감이 아니다.

권한에 대한 전반적인 욕구가 핵심이다. 1단계와 마찬가지로 아이가 힘겨루기 싸움을 하는 것인지는 부모의 반응을 통해 알 수 있다.

- 아이가 힘겨루기를 할 때 부모가 느끼는 감정: 화가 나는·도전해 오는 듯한·협박을 받는·약이 오르는·패배감·아이에게 벌을 주고 싶다는 마음

힘겨루기를 하는 아이와 통제형, 허용형 부모

통제형, 허용형 부모는 힘겨루기 싸움에 잘 대처하지 못한다. (힘겨루기에서 '이기려고') 아이에게 맞서거나 (아이가 '이기도록') 항복한다. 어느 쪽도 긍정적인 결과를 도출하지 못한다. 이런 부모들은 보통 이런 식으로 대응한다.

허용형	통제형
• 죄책감이나 수치심을 이용한다. • 뇌물이나 보상을 이용한다.	• 아이에게 벌을 주거나 협박한다. • 아이에게 겁을 주거나 공포심을 조장한다. • 아이에게 복종을 강요한다. • 죄책감이나 수치심을 이용한다. • 뇌물이나 보상을 이용한다.

이런 대응이 효과적이지 않은 이유는 아이의 행동 이면에 자리한 진짜 문제를 무시하고, 아이에게 전보다 훨씬 큰 무력감을 안기기 때문이다. 좋은 결과를 결코 기대할 수 없는 상황이다. 일반적으로 힘겨루기로 권한에 대한 욕구를 충족하지 못한 아이는 그 욕구를 채우기 위해 곱절로 노력하거나 복수 단계로 넘어간다.

힘겨루기를 하는 아이와 마음 중심형 부모

권한은 인간의 욕구이고, 힘겨루기 싸움을 방지하는 최선의 방법은 매일 일상 속에서 힘에 대한 아이의 욕구를 충족시켜주는 것이다. 명령하기 보다는 선택권을 주고, 정보를 제공하고, 집안일을 결정할 때 아이를 참여시키는 방법은 앞에서 이미 배웠다. 이런 경험이 모든 연령대의 아이들에게 굉장히 중요한 의미를 가지고 있다는 것을 기억하면 힘겨루기 싸움도 예방할 수 있다.

힘겨루기가 연령에 따른 적절한 행동일 때도 있지만 가끔씩은 부모를 깜짝 놀라게 하기도 한다. 무언가를 바로 잡기에 이미 너무 늦어버

렸거나 이미 아이와 한계나 바운더리, 부탁을 두고 싸우고 있다면 어떻게 해야 할까?

힘겨루기를 끝낼 가장 확실한 방법은 힘겨루기에 휘말리지 않는 것이다. 힘겨루기 싸움에는 최소 두 명이 필요하다. 한 명이 거부하면 싸움은 끝난다. 그러니 싸움을 거부해야 한다. 그게 첫 단계이다.

그런 뒤 부모 스스로 더 존에 머문 상태인지 확인하고 아래 두 가지 질문을 자기 자신에게 한다. '지금 이 순간 어떻게 해야 아이에게 진정한 권한을 줄 수 있을까?', '이 싸움을 멈추기 위해 내가 무엇을 포기할 수 있는가?' 질문에 대한 답을 생각해보라.

힘겨루기를 피하는 여덟 가지 방법

힘겨루기는 부모가 아이에게 부정적인 결과를 보여주어야 한다는 압박감에 가장 크게 사로잡히는 상황이다. 이 압박감에 저항하고 멈춰야 한다. 힘겨루기는 아이가 그 순간 더 많은 권한이 필요하다는 것을 알리는 경고 신호이다. 벌을 내림으로써 아이의 권한을 앗아간다면 앞으로 더 많은 힘겨루기 싸움에 더욱 자주 휘말리게 될 것이다.

또한, 두 살에서 여섯 살까지의 아이들에게 힘겨루기는 발달상 권한을 장악하려는 행동이다. 힘겨루기가 시작되려는 조짐을 느낄 때 싸움을 피하거나 적어도 싸움으로 번지지 않도록 만드는 몇 가지 효과적인 방법이 있다.

1. *싸움의 주제를 피한다.* 취침 시간 직전에 TV를 끄는 것이 힘겨

루기 싸움으로 번진다는 것을 안다면 TV를 훨씬 이전에 끄거나 아예 켜지 않으면 된다. 아이가 디저트를 더 달라고 조를 거라는 것이 뻔하고, 그러다가 힘겨루기 싸움이 벌어진다는 것을 안다면 집에 들여놓는 디저트의 개수를 제한한다. 저녁에 모임을 마친 후 집에 늦게 들어갈 때마다 아이와 힘겨루기가 벌어진다면 피곤한 아이가 괜히 신경질을 부리기 전에, 일찍 집에 들어오면 된다.

한 가지 확실히 말할 수 있는 점은 힘겨루기는 평생 지속되지 않는다. TV를 끄고, 오레오 개수를 제한하고, 모임에서 일찍 자리를 뜨는 생활을 계속해야 하는 것은 아니다. 시간이 지나면 괜찮아질 것이다. 다만 필요하다면 본인의 정신 건강을 위해서라도 당분간은 부모가 이러한 불편을 감수할 준비를 해야 한다.

2. 한계에 대해 설명하기 전에 아이와 교감을 먼저 해야 한다. 힘겨루기가 시작되려는 기운이 감돌 때, 가령 목욕물을 받아놓은 지 오래건만 아이가 여전히 장난감을 갖고 노는 상황에서 힘겨루기를 피하는 방법은 아이에게 한계 또는 합의한 내용에 대해 말하기에 앞서 재빨리 진정한 교감을 나누는 것이다.

아이의 시선에 맞춰 몸을 낮추고 눈을 맞춘다. 다정한 태도로 애정어린 손길을 전한다. 그런 뒤, '이제 ___하자'로 해야 할 일을 알려준다. 예를 들어, "이제 목욕할 시간이야!", "이제 가야 할 시간이야!", "우리 잠옷 입자!", "장난감 정리하자!" 등이 있다.

3. 해서는 안 되는 일이 아니라, 해야 할 일을 알려준다. "소파에서 내려와."라고 말하는 것이 "소파에서 뛰지 마!"보다 훨씬 효과적이다.

부정적인 내용의 말은 두뇌에서 이해하는 것이 더 오래 걸리기도 하고, 한 번씩 아이들은 "소파에서 뛰지 마!"를 "소파에서 뛰어!"로 잘못 이해하기도 한다. 따라서 "뛰지 마."보다는 "천천히 걷자."라고 말해야 한다. "너무 늦게까지 있지 말아라."보다는 "11시까지 들어오렴."이라고 말하는 것이 더 낫다.

4. 윈윈할 수 있는 방법을 찾거나 선택권을 제시한다. 윈윈은 부모와 아이가 동등한 입장에 서서 둘 중 어느 쪽도 손해를 보지 않고, 둘 다 이기는 방법을 찾는 것이다. 힘겨루기에서도 이러한 윈윈이 가장 이상적이다. 아이를 힘으로 제압하기보다는 부모와 아이 모두에게 좋은 해결책을 찾는 것이기 때문이다. 여기서 해결책이 비록 잠깐 싸움을 멈추고 마음을 진정시킨 후에 다시 이성적인 대화를 하는 것일지라도 말이다.

만약 윈윈이 어려운 상황이라면, 아이에게 구체적이면서도 재밌는 선택권을 제시하는 방법도 있다. 아이가 친구들과 헤어지려 하지 않는다고 생각해보자. 그럼 이렇게 말할 수 있다. "이제 가야 할 시간이야. 나가기 전에 친구들한테 인사할까, 아니면 그냥 나가서 곧장 차에 탈까?"

5. 아이에게 책임감을 심어준다. 아이에게 책임감을 심어줄 때 힘겨루기 싸움이 줄어든다. 아이의 문제 행동 패턴을 잘 살펴본 후 "이 상황에서 아이에게 더 많은 권한을 주기 위해 어떻게 해야 할까?"라고 묻는다.

6. 아이의 예상과 반대로 행동한다. 힘겨루기 싸움이 시작되었다면

스스로에게 이렇게 묻는다. "지금 이 상황에서 의외의 행동은 무엇이 될까?" 이런 식이다.

말을 하는 대신 침묵을 택한다 · 아이를 깎아내리는 말 대신 사랑이 넘치는 유머를 발휘한다 · 충격을 받는 대신 침착하게 대한다 · 조언이나 설교 대신 아이의 말을 듣는다 · 적개심을 드러내는 대신 다정하게 대한다 · 소리를 지르고 엉덩이를 때리는 대신 미소를 보내고 포옹을 한다 · 비난 대신 아이스크림을 준다 · 그럴 줄 알았어라는 태도 대신 공감을 발휘한다 · 비판 대신 수용한다 · 벌을 내리는 대신 이해심을 발휘한다 · 무언가를 시키는 대신 놀이를 택한다 · 무시 대신 시간과 관심을 쏟는다 · 기를 꺾는 대신 기를 살려준다 · 통제 대신 차가운 음료수를 권한다 · 감정 차단어 대신 감정 인정어를 활용한다.

7. 아이에게 무언가를 상기시킬 때는 한 단어로 한다. 만화 〈피너츠 Peanuts〉에 등장하는 부모님을 기억 하는가? 제대로 된 대사가 없이 이들은 그저 '와-와-와-와-와-와' 소리만 낸다. 부모의 말이 아이들에게 닿지 않는 현상은 오늘날에도 계속된다. 우리가 말을 많이 할수록 아이들은 부모를 무시한다. 그럼 우리는 "몇 번을 말해야 알아듣겠니?"라면서 계속 같은 말을 반복한다. 방법이 없다는 듯이 말이다. 사실 우리에게는 다른 방법도 있다.

하임 기너트가 《부모와 아이 사이》에서 설명했듯, 단 한마디로 이야기할 때 부모의 수고와 아이의 언짢음을 덜고, 힘겨루기 싸움도 크게 줄일 수 있다. 책가방을 치워라, 신발을 정리해라, 젖은 수건을 바닥에 던져놓지 마라 하고 잔소리를 하는 대신 그저 '가방', '신발', '수건' 이렇게만 말하는 것이다.

8. **아이에게 최후의 말, 최후의 태도를 허락한다.** 싸움 도중 아이가 어른스럽게 행동하길 기대할 수 없다. 아이들은 사과를 하거나, 잠시 마음이 진정된 후에 다시 이야기를 하자고 말하지 않는다. 하지만 부모는 어른스럽게 굴어야 한다. 아이에게 권한을 주고 싶다면 아이가 최후의 말 그리고 최후의 태도를 할 수 있도록 두는 것이 좋다. 아이가 부모에게 던지는 최후의 말과 태도가 무엇이든지 간에 말이다.

힘겨루기 할 때마다 꺼내보는 커닝페이퍼

- **아이는 이렇게 생각한다** : "내가 통제할 수 있을 때 편안함을 느껴요." · "내가 보스가 되어야, 이겨야 중요한 사람이 된 것 같아요."
- **아이는 이렇게 말한다** : "싫어!" · "엄마가 뭐라 해도 안 할 거야!" · "하기 싫어!" · "이래라 저래라 하지 마!" · "안 할 거야!"
- **아이는 이것을 바란다** : 권한이 있음을 느끼고 선택할 수 있는 권리를 원한다.
- **부모는 이런 기분을 느낀다** : 화가 나는 · 협박을 받는 · 아이에게 벌을 주고 싶은 마음 · 도전을 받는 듯한 · 약이 오르는 · 패배감
- **아이는 이런 행동을 한다** : 대장 행세를 하려 한다 · 고집을 부린다 · 공격적이거나 수동적으로 나온다 · 언쟁한다 · 청개구리처럼 군다 · 화를 낸다 · 이기려 든다 · 소리를 지르거나 때린다 · 반항한다 · 부모의 부탁을 듣지 않는다 · 말대꾸를 한다
- **아이가 이런 행동을 보이면 문제가 없다** : 자신의 행동에 반응하지 않는다 · 가옳은 것보다 좋은 사람이 되는 것이 중요하다고 생각한다 · 상대의 도전적인 행동에 책임을 지려 한다 · 주도권이 있고, 안정감과 유대감을 바탕으로 균형감이 있다 · 자기 자신을 위해 건강한 관계를 형성한다 · 윈-윈 협상 방법을 찾는다 · 자신의 바운더리를 침해하는 사람과 관계를 정리한다 · 리더가 되기도 하지만 그 자리를 요구하지 않는다

3단계 : 복수심 표현

<hr>

무력감에 사로잡히고 마음에 상처를 입은 아이는 자신이 느끼는 고통과 똑같은 정도의 고통을 부모에게 전해주고 싶어 한다. 냉정한 말이나 타임아웃으로 힘겨루기 싸움을 진압하거나 뇌물로 갈등상황에서 빠져나가는 부모가 있다. 하지만 만약 아이가 자신의 권한과 능력을 되찾고자 하는데 실패하면 그 즉시 또는 점차 자신은 아무런 힘이 없다고 느끼고, 자신이 고통받은 만큼 타인을 아프게 할 때만 자신의 가치를 경험한다. 이때 아이는 자신에게 정서적 고통을 준 부모에게 복수하고 싶다는 정서적 상태에 머문다.

- 복수심을 품은 아이가 하는 말: "엄마 나빠! 나쁜 엄마야! 엄마 정말 싫어!"

통제형, 허용형 부모 모두 복수의 사이클을 불러오거나 일조한다. 통제형 부모의 경우 벌을 주거나, 물리력을 행사하거나, 아이를 무시하거나, 사랑을 철회하거나 아이의 정서적 욕구를 존중하지 않는 행동을 보여 아이에게서 복수심을 유발한다. 자신에게 무조건 항복하고, 바운더리를 잘 형성하지 못하는 허용형 부모를 보며 아이는 부모가 자신을 신경 쓰지 않는다고 생각하고, 이 과정에서 부모를 향한 복수심이 탄생한다.

뭐든 들어주는 허용형 부모를 자기 뜻대로 이용하며 아이는 자존감이 낮아지고, 필요한 바운더리와 한계를 설정하지 못하는 부모에 대한 존경이 사라진다. 허용형 부모 아래서 자란 아이는 이 세상이 자신의 뜻을 들어줘야 한다고 믿고, 그렇지 못할 때는 사랑받지 못한다고 느낀다.

부모가 자신을 억누른다고 느끼거나 부모와 교감을 느끼지 못하는 아이, 만성질환을 겪고 있거나 학습에 어려움을 겪는 아이, 부모에게 버려졌거나 방치된 아이, 지나치게 제멋대로 자랐거나, 괴롭힘을 당했던 아이는 복수의 사이클에 휘말릴 확률이 높다.

복수심에 사로잡힌 아이는 부모에게 잔인하거나 무례하게 굴고, 부모를 멸시하거나, 적대심 가득한 모습을 보인다. 부모의 감정을 상하게 하고, 당황스럽게 하고, 아픈 곳을 대놓고 공격한다. 모든 아이는 부모의 약점과 아픈 곳을 잘 알고 있다. 또 복수심에 사로잡힌 아이는 거짓말을 하거나 물건을 훔치기도 한다. 일부러 다른 사람에게 미움받을 짓을 하거나 아무런 감정을 느끼지 못하는 것처럼 굴기도 한다.

아이들은 혼이 날 때마저도 '상관없어' 같은 말을 내뱉는다. 타인의 소유물을 망가뜨리고, 또래 아이들을 괴롭히거나 자해를 할 수도 있다. 형제자매나 반려동물에게 보복을 하기도 한다.

10대 아이들은 부모가 정한 한계를 무시하고, 부모가 중요시하는 가치에 저항하거나 충격적인 짓을 벌이기도 한다. 이 상태에 접어든 아이는 이해받지 못한다고 느끼고, 자신의 삶에 벌어진 나쁜 일들과 부당한 일을 모두 남의 탓으로 돌린다.

> • 아이가 복수심을 보일 때 부모가 느끼는 감정: 상처받는·충격받은·거부당한·사랑받지 못하는·인정받지 못하는·분노하는

복수심을 보이는 아이에게 통제형, 허용형 접근법

보복행동을 하는 아이는 간절할 정도로 격려가 필요하지만 아이러니하게도 부모에게서 절대로 격려를 받지 못한다. 통제형, 허용형 부모는 다음과 같이 대응한다.

허용형	통제형
• 바운더리를 침해하도록 둔다. • 순교자 행세를 하거나 자기 자신을 불쌍하게 여긴다.	• 벌을 준다. • 죄책감을 느끼게 한다. • 아이를 협박한다. • 앙갚음을 하려 한다. • 앙갚음을 하려 한다. • 순교자 행세를 하거나 자기 자신을 불쌍하게 여긴다.

부모가 왜 이렇게 반응하는지 이해는 하지만 이런 대응은 효과가 전혀 없다. 아이가 진정으로 원하는 것은 부모가 자신의 마음을 알아주는 것과 자신의 정서적 욕구를 충족시켜 주는 것이다. 그러나 보통 부모는 이에 반대로 행동한다.

일반적으로 3단계 복수심 표현으로 욕구를 충족하지 못한 아이는

그 욕구를 채우기 위해 곱절로 노력하거나 4단계, 무능함을 표현하는 단계로 넘어간다.

복수심을 표현하는 아이에게 마음 중심형 접근법

우선 아이는 당신의 마음을 아프게 하려는 의도가 아님을 이해해야 한다. 아이는 고든 뉴펠드와 가보 마테가《아이의 손을 놓지 마라》에 썼듯이 '왜곡된 본능을 따를' 뿐이다. 이 상황에서는 두 사람의 말처럼 아이에게서 멀어지지 않도록 부모가 아이에 발맞추는 것이 가장 중요하다.

교육자이자 카운슬러로 1970년대와 80년대 수십 권의 책을 공저로 펴낸 돈 C. 딩크마이어는 부모는 무조건적으로 공정해야 하고, 아이가 도움을 줄 때면 "고마워."라고 말하며, 아이의 노력을 인정하고 감사하게 여겨야 한다고 말했다.《Systematic Training for Effective Parenting(STEP) 효율적인 부모 역할을 위한 체계적인 훈련》에서 그는 "복수심의 반대는 공정함이다."라고 했다. 어떤 상황에서도 아이에게 같은 고통을 되돌려주고 싶다는 유혹에 무릎을 꿇어선 결코 안 된다고 지적했다.

현재 아이가 당신에게 복수심을 표현하고 있다면, 잠시 멈추어 현 문제에 당신의 잘못이 있음을 인정해야 한다. 이 문제에 어떤 원인을 제공했는지 완전히 이해하지 못하더라도 말이다. 당신 몫의 책임을 져야 한다. 수치심을 주거나, 벌을 내리거나, 무시하거나, 아이의 감정을 차단하는 등의 아이의 마음을 다치게 하는 행동을 멈추어야 한다.

또 자신이 투사를 하고 있는 것은 아닌지 고민해본다. 그리고 아이의 상처받은 감정에 대해 솔직한 이야기를 나눈다. "상처받은 것 같구나. 엄마랑 이야기 좀 할까?" 또는 "엄마의 어떤 점이 널 아프게 했니?" 지금 여기서 우리가 줄 수 있는 조언은 일대일 데이트로 아이와의 관계를 다시 쌓아나가야 한다는 것이다.

아이가 복수심을 드러낼 때 꺼내보는 커닝 페이퍼

- **아이는 이렇게 생각한다**: "엄마가 내게 아픔을 주면 나도 똑같이 해야 해요." · "아무도 날 사랑하지 않고 수용하지 않는데 왜 내가 도움을 주고 사랑을 줘야 해요?"
- **아이는 이렇게 말한다**: "엄마 싫어!" · "엄마는 세상에서 최악의 엄마야" · "난 이제 엄마가 싫어졌어!"
- **아이는 이것을 바란다**: 사랑받고, 존중받으며 중요한 사람처럼 느끼길 원한다.
- **부모는 이런 기분을 느낀다**: 상처받는 · 거부당한 · 인정받지 못하는 · 충격받은 · 사랑받지 못하는 · 분노하는
- **아이가 이런 행동을 보이면 문제가 없다**: 반응이 아니라 응답한다 · 공격적이지 않은 적극성을 보인다 · 기분 나쁜 말은 무시한다 · 무엇이든 감정적으로 받아들이지 않는다 · 내면이 단단히 보호받고 있어 누군가에게 상처를 되돌려주려는 마음을 품지 않는다 · 자신과 타인을 존중한다 · 윈-윈 협상 방법을 찾는다 · 성숙함과 창의력을 보여준다 · 타인의 도발에 반응하지 않는다 · 타인과 유대감을 바탕으로 건강한 바운더리를 형성한다 · 자신의 바운더리를 침해하는 사람과 관계를 정리한다

4단계 : 무능함 표현

~~~~~~~

무력감을 느낄 정도로 의욕이 좌절되고 욕구를 충족하지 못한 아이는 자신의 무능함을 표현하고, 자신이나 자신의 환경을 적절히 대처할 능력이 없음을 드러낸다.

이러한 정서 상태에 도달한 아이는 무력함을 느끼거나 심지어 무력한 상태가 되며, 본인의 약점을 과장하는 등 자신의 무력함을 이용해 실패 위험이 있는 일은 회피한다.

- **무능함에 빠진 아이가 하는 말:** "나는 못해. 너무 어려워. 안 하고 싶어."

살다보면 아이들이 한 번쯤 이런 상태에 빠지지만, 누구도 자신의 아이가 무능함을 오래 경험하지 않길 바란다. 아이가 스스로 할 수 있는 일을 부모가 대신 해주는 것이 위험한 이유가 바로 아이를 무능함에 빠트리기 때문이다. 누군가 해주는 사람이 있을 때 아이들은 자신이 스스로 할 능력이 없다고 생각하게 된다. 부모가 대신 해주는 것은 아이에게 매우 안 좋은 영향을 준다. 누군가 해주는 사람이 있을 때 아이들은 자신이 스스로 할 능력이 없다고 생각하기 때문이다.

무력함을 느끼는 아이들은 타인과 비교해 자신의 능력이 부족하다고 여긴다. 쉽게 포기하거나 부모의 기대를 부담스러워 피하거나, 제대로 못할 것을 걱정한 나머지 새로운 일은 시도하지 않으려 한다.

• 아이가 무능함을 내보일 때 부모가 느끼는 감정: 연민 · 무력감 · 동정심 · 아이에 대한 불신 · 포기하고 싶은 심정

무능함을 보이는 아이에게 통제형, 허용형 접근법

통제형, 허용형 부모는 의도치 않게 타인보다 무능하거나 가치가 없다는 아이의 감정을 심화시킨다. 힘들더라도 다음과 같은 반응을 삼가야 한다

허용형	통제형
• 어르듯 말한다. • 구슬린다. • 비위를 맞춘다. • 구조해준다. • 무언가를 잊지 않도록 상기시키는 말을 자주 한다. • 스스로 할 수 있는 일을 부모가 (또는 형제자매가) 대신 한다. • 포기한다.	• 구슬린다. • 구조해준다. • 무언가를 잊지 않도록 상기시키는 말을 자주 한다. • 스스로 할 수 있는 일을 부모가 (또는 형제자매가) 대신 한다. • 물리력을 행사에 아이가 억지로 하게 만든다.

무능함을 보이는 아이에게 마음 중심형 접근법

무능함을 보인다는 것은 아이의 자존감을 높여주어야 한다는 신호이다. 아이에게 스스로 할 수 있다는 자신감을 심어주는 동시에 무조건적인 사랑을 받는다고 느끼게 하려면 어떻게 해야 할까?

아이의 일곱 가지 스페셜 욕구를 매일 충족시켜주는 것에 더해 무

능함에 대응할 다섯 가지 방법을 시도해야 한다.

1. 아이를 동정하거나 구슬리는 대신 감정 인정어로 대화한다.
   - 동정: "아유, 2주 동안이나 과학 프로젝트에 매달렸는데 아직도 해결이 안 되었구나. 딱해라."
   - 구슬리기: "자, 넌 한 수 있어. 그렇지? 한 번 해보자."
   - 감정 인정어: "할 게 많아서 짜증나는구나. 힘들겠다. 네가 그렇게 힘들어하는 게 당연해!"

2. 하나씩 단계별로 제안한다. 가령 이렇게 말하는 것이다. "여기서 어떤 일을 할 수 있을까?" 또는 "다른 거 할 수 있는 게 있는지 볼까?" 그런 뒤 마무리 할 수 있도록 충분히 시간을 준다.

3. 아이를 구조해 주려고 하지 말고, 아이에 대한 신뢰를 보여준다.
   - 구조: "자, 과학 프로젝트 마무리는 엄마가 해줄게."
   - 신뢰 보여주기: "엄마는 널 믿어. 제 시간에 마칠 수 있을 거야."

4. 곁에서 머물며 자연적 결과가 제 역할을 하도록 지켜본다. 한 공간에 있든, 근처에 머물든, 가까운 곳에서 함께 하든 아이는 당신이 있는 것만으로도 정서적으로 큰 힘을 얻는다. 다시 한 번 강조하지만 개입하고 싶은 충동을 이겨내야 한다.

5. 롤모델이 된다. 긍정적인 자기 대화와 할 수 있다는 태도를 보여줌으로써 자신감 넘치고 유능한 사람의 모습은 어떤 것인지 아이에게 가르쳐줄 수 있다.

- **아이는 이렇게 생각한다**: "다른 사람들이 나를 위해 무언가를 해줘야 해요." · "난 아무것도 할 수 없어요."
- **아이는 이렇게 말한다**: "난 못 해" · "나 좀 내버려 둬." · "해보고 싶지 않아." · "너무 어려워." · "나 포기할래."
- **아이는 이것을 바란다**: 자신에게 능력이 있음을 느끼고, 부모님이 자신을 믿는다는 것을 확인받고 싶다.
- **부모는 이런 기분을 느낀다**: 연민 · 달래주고 싶은 마음 · 무능함 · 아이에 대한 불신 · 동정심 · 포기하고 싶은 심정
- **아이가 이런 행동을 보이면 문제가 없다**. 자기 진정 테크닉을 활용한다 · 자기 평가한다 · 자신에 대한 믿음이 있다 · 창의적으로 문제를 해결한다 · '할 수 있다'는 태도를 보인다 · 긍정적인 자기 대화를 한다 · 포기하지 않는다 · 용감하고 에너지 넘친다 · 내면의 평안을 찾는다 · 능력이 충분하고 유능하다고 느낀다

아이의 모든 행동은, 부모를 화나게 만드는 최악의 행동마저도 아이가 자신의 욕구가 좌절되었음을 자신이 할 수 있는 최선의 방법으로 부모에게 전달하는 것이다.

따라서 아이가 못되게 굴거나 잘못된 선택을 한다거나 부모의 한계를 시험하려는 것 같거나, 어떻게든 모면하려는 것 같아 보일 때에는 아이의 내면을 좀 더 깊이 들여다보길 바란다. 아이의 행동에 따른 당신의 반응을, 구체적으로는 당신의 감정을 살피고 아이가 어느 단계의 좌절감을 경험하고 있는지 파악하려 노력해야 한다. 부모에게 큰 도움이 되는 훈련이다. 어쩌면 당신의 인생을 바꿀지도 모른다.

13장

부모를 위한 응급 솔루션

응답하라, 아이의 행동과 말에

부모 역할의 핵심은 응답이다. 부모가 된다는 것은 아이의 질문, 문제와 감정, 그리고 아이의 욕구에 응답하는 것이다. 아이가 우리에게 반응을 할 거란 것을 알 때도, 아이의 반응에 부모 또한 반응이 일 때도, 어떠한 순간에도 부모는 응답해야 한다. 하루에도 몇 번씩 아무런 의식 없이 성급하게 갈등을 해결하려고만 들다가는 깊고 어두운 혼란에 빠지고 만다.

가장 태만한 일은 본능에 따라 행동하는 것이다. 그 순간의 본능에 따라 반응하고 잘 해결되기를 기대만 하는 것이다. 물론 행운이 따를 때도 있다. 아이가 만족하고, 문제가 해결되는 것이다. 하지만 이내 혼란이 다가온다. 혼란에 더욱 깊이 빠질수록, 우리가 되고 싶은 모습에서 더 멀리 벗어나고, 아이가 듣기 좋은 말만 해주길 바라는 반응적인 두뇌만 활성화된다.

'좋아요'라는 대답을 향한 갈망이 우리를 안달하게 만들고, 분노를 일으키며, 우리와 아이를 연결하는 보이지 않는 선을 끊어내는 선택을 하게 만든다. 우리는 아이에게 가까이 다가가기 보다는 더욱 멀리 간격을 넓힌다. 아이가 책임감 있는 사람이 되도록 영감을 불어넣기 보다는 아이에게 권력을 행사한다. 우리가 대접받고 싶은 대로 아이를 대접해야 한다는 것을 잊는다. 상호주의는 품위, 도덕성, 친절함을 측정하는 바로미터인데, 아이와의 관계에도 해당하는 말이다.

새로운 패러다임을 배우게 된 것을 환영한다. 아이가 두 살 이건, 여섯 살이건, 열일곱 살이건 지금 현재 아이와 경험하고 있는 문제 대다수를 극적인 상황과 실망감을 최소한으로만 경험하면서 충분히 해결할 수 있다. 아이의 성향을 완벽히 파악하고 존중할 준비가 되어 있다면 말이다.

당신만을 위한 청사진

우리가 말하는 솔루션은 이미 정해진 부모 역할 틀 안에 당신을 밀어 넣는 것이 아니다. 부모 역할에 대해 몇 세대에 걸쳐 전해 내려오는 근거 없는 믿음에서 당신을 해방시키고, 마음 중심형 양육법 으로 어떠한 문제든 해결할 수 있도록 하나의 탄탄한 구조를 마련해주는 것이다. 우리의 목표는 아이와의 관계를 돈독하게 하고, 아이의 자존감을 지키며, 더 심각한 문제가 불쑥 나타나지 않도록 방지하고, 아이가 훗날 자라서 만나게 될 문제를 스스로 해결하도록 준비시키는 것이다.

집을 짓는다고 생각해보자. 외장재는 나무로 할 것인지 벽돌로 할 것인지 고르고, 단열재는 거품고무가 아닌 유리섬유로 선택할 것이다. 하지만 개인의 선호나 취향과 무관하게 집을 짓는 데 필요한 기본 공식이 있을 것 아닌가? 앞으로 오랫동안 갖가지 자연 현상에도 튼튼하게 버틸 집을 짓기 위해서 가장 기초적인 공학 지식이 있어야 한다.

마찬가지로, 앞으로 오랫동안 삶에서 벌어질 다양한 일에도 잘 견딜 가정을 만들기 위해선 아이에 대한 기본 지식이 필요하다. 열 가지 보편적 원리가 바로 그 기본 지식이다. 열 가지 원리를 잘 이해하고 적용한다면 강하고, 회복력 높으며, 무엇이든 잘 해내는, 외면만큼 내면이 아름다운 아이로 성장시킬 수 있다. 여기 열 가지 원리를 다시 정리해 보았다.

1. 아이들은 정서적 욕구가 있다.
2. 아이들은 스트레스에 대해 신경학적 반응을 타고난다.
3. 아이들은 자신의 감정을 표현해야만 한다.
4. 아이들은 발달 단계를 거친다.
5. 아이들은 고유한 기질을 타고난다.

6. 아이들은 주 양육자를 모델로 삼는다.

7. 아이들은 자신의 문제를 스스로 해결할 기회가 필요하다.

8. 아이들은 개인의 바운더리를 존중해주는 양육자가 필요하다.

9. 아이들에게는 연령에 따른 한계가 필요하다.

10. 아이들은 욕구가 충족되지 않을 때에 네 단계의 좌절 반응을 보인다.

여덟 살 아이가 슈퍼마켓 계산대에서 조금 떼를 쓰기 시작한다고 생각해보자. 이는 관계 문제일까, 시스템 문제일까? 부모 몫의 문제일까, 아니면 아이 몫의 문제일까? 바운더리나 한계에 대한 문제일까? 아이의 감정이 발달 단계에 의한 것일까? 아니면 아이는 단지 과자가 너무 먹고 싶은 걸까?

더욱 중요한 것은, 원인을 파악한 후에 어떻게 해야 할 것인가이다. 그리 대단하진 않지만 당혹스러운 이 상황을 뇌물, 위협, 벌 없이 어떻게 해결할 것인가? 이런 상황에서 어떻게 침착함을 유지할 것인가? 마음 중심형 양육방식으로 어떻게 해결할 수 있는가?

이 책을 막 읽었다면 다행스럽게도 이 질문에 대한 답을 알 것이다. 하지만 얼마 지나지 않아 이 책을 통해 배운 내용이 머릿속에서 다 지워지고 석 달 후에는 새로운 문제에 시달리게 될 것이다. 아이가 협조하지 않거나, 새로운 선생님을 싫어하거나, 매번 말 없이 자신의 방으로 들어가 방문을 닫아버리는 일이 일어나면 당신은 무엇을 어떻게 해야 할지 아득하기만 할 것이다.

　그런 상황을 해결할 수 있도록 열네 가지 질문과 그에 대한 해결책, 각 문제에 해당하는 툴킷을 한 눈에 볼 수 있도록 정리했다. 이론적으로 보면 복잡해 보이지만 실제로는 전혀 그렇지 않다. 이렇게 접근하면 된다.

　문제에 맞닥뜨리거나 아이와의 갈등 상황이 벌어질 때 스스로에게 몇 가지 질문을 한다. '내가 더 존에 머물러 있는 상태인가?', '아이는 더 존에 있는가?', '문제가 아이의 기질적 성향 때문인가, 발달 단계 때문인가?', '한계, 바운더리, 또는 부탁에 의한 상황인가?', '아이의 일곱 가지 스페셜 욕구가 충족되고 있는가?'

　처음에는 질문을 하나씩 대입해보고 신중하게 판단하며 적절한 도구를 선택하느라 시간이 걸릴 수 있다. 당신의 가정과 당신의 아이에게 맞게 몇 가지 도구를 함께 적용해보거나 약간씩 변형을 해야 할 수도 있다.

　하지만 얼마 지나지 않아 이 과정은 점차 빨라질 것이다. 그러면 현재의 상황과 관계없는 질문은 넘기고 곧장 필요한 툴킷을 바로 꺼내어 활용할 수 있을 것이다. 결국에는 위의 질문과 그에 해당하는 도구가 당신에게 자연스럽고 익숙한 사고 체계로 자리 잡을 것이다. 이미 당신의 머릿속에 모두 있으므로 문제에 해당하는 올바른 도구를 정신없이 찾아 헤맬 일이 사라지고 당신 삶의 방식의 일부로 자리 잡게 될 것이다.

하지만 그때까지는 문제와 툴킷을 하나씩 꼼꼼하게 살피고 새기길 강력하게 권한다. 많은 문제가 원인이 두 가지 이상이다. 대충 훑어만 보고는 아이의 행동에 단편적으로 대응하지 말고, 필요한 모든 도구를 당신의 것으로 만들어야 한다. 아이와의 갈등이나 문제가 생기는 그 순간 시작할 수 있도록 말이다.

아이를 대할 때 잊지 말아야 할 질문

· 질문 1 : 현재 당신이 더 '존'을 벗어난 상태인가?

사려 깊고 공감을 발휘해 응답하기보다는 분노에 휩싸여 반응을 보일 것 같다면 최우선적으로 해야 할 일은 이 프로세스를 진행하기 전에 더 존 안으로 돌아와야 한다. 자기 조절 툴킷을 활용한다.

· 질문 2 : 아이가 더 '존'을 벗어난 상태인가?

아이가 정서적으로 동요한다면, 즉 소리나 비명을 지르거나 공격적인 행동을 보이거나, 비이성적으로 행동한다면 아이가 더 존으로 돌아오기 전에 문제를 해결하려 들지 않아야 한다. 아이 조절 툴킷을 활용한다.

- 질문 3 : 아이가 강렬한 감정을 표출하는가?

아이가 감정적으로 반응하지만 더 존에 머문 상태라면 부모가 해야 할 일은 아이가 이해받고 있다는 기분을 느끼게 하는 것이다. 그래야 아이가 더 존에 계속 머무를 수 있다. 공감 툴킷을 활용하라.

- 질문 4 : 아이의 신체적 불편함이 해소되었는가?

아이의 행동이 배고픔, 피로, 과잉자극, 사소한 질환 등으로 인한 것이라면 가능한 빨리 해당 문제를 해결해주어야 한다.

- 질문 5 : 문제 행동이 삶의 변화나 장애, 트라우마 때문에 빚어진 것인가?

동생의 탄생, 가족 구성원의 사망, 이혼, 학대, 그 외에도 구체적이고도 만성적인 형태의 역경 때문에 문제 행동이 나타나는 것이라면 전문적인 도움을 구해야 한다. 하지만 한 가지 명심할 것은, 외부의 도움이 필요하다 해도 열 가지 보편적 원리는 여전히 적용되고, 어떤 문제든 이 원리를 이해할 때 한결 완화될 수 있다.

- 질문 6 : 아이의 발달 단계 또는 기질적 성향 때문에 벌어진 일인가?

사실 답이 하나밖에 없는 함정 같은 질문이다. 이 질문에 답은 무조건 '그렇다'이다. 아이와의 문제에서는 아이의 발달적, 기질적 특성이 항상 연관되어 있다. 발달과 기질 툴킷을 활용한다.

· 질문 7 : 부모가 문제에 원인을 제공했는가?

이 질문 또한 가능한 답은 하나뿐이다. 바로, '그렇다'이다. 우리는 항상 문제에 기여한다. 부모의 잘못이 무엇인지 깨닫고 바로 잡기 위해 자기 성찰 툴킷을 활용한다.

· 질문 8 : 아이의 선택이나 행동에 따른 자연적 결과가 있는가?

만약 그렇다면 몇 가지를 확인해야 한다. '자연적 결과가 해롭거나, 위험하거나, 아이가 인과관계를 파악하기 어렵거나 타인의 바운더리 또는 한계를 침범하는가?' 이 질문에 대한 대답이 '아니오'라면 이는 아이 몫의 문제이다. 자연적 결과가 제 역할을 하게 두고 아이 몫의 문제 툴킷을 활용한다.

· 질문 9 : 동기간의 갈등과 관련한 문제인가?

형제자매가 싸운다면 이것이 1라운드 싸움인지, 2라운드 싸움인지 파악해야 한다. 1라운드 싸움은 부모의 개입이 필요하지 않지만 2라운드 싸움은 개입해야 한다. 형제자매 간의 갈등을 방지하고 바로 잡기 위해 동기간 경쟁 툴킷을 활용한다.

질문 10 : 아이의 일곱 가지 스페셜 욕구가 충족되었는가?

미소, 권한, 탐험, 교감, 중요감, 관심, 사랑, 이 일곱 가지 정서적 구를 확인한다. 아이가 이 핵심 욕구 중 한 가지 이상을 충족하지 못한 듯보인다면 이는 관계 문제이다. 그럴 때는 정서적 욕구 툴킷을 적극 활용하고, 질문 10의 (a)부터 (d)까지에 답하며 아이가 경험하는 좌절의 정도를 파악한다.

- 질문 10(a) : 아이가 부모의 관심을 요구하는가?

아이의 행동에 부모가 신경질이 나고, 짜증나고, 성가시고, 피곤하며 좌절감을 느끼고, 방해받는 것 같고, 귀찮다면, 이 질문에 대한 대답은 '그렇다'이다. 관심 요구 툴킷을 활용한다.

- 질문 10(b) : 아이와 힘겨루기 싸움 중인가?

부모가 화가 나고, 아이가 도전해 오는 듯한 기분을 느끼고, 협박을 받는 것 같고, 약이 오르고, 패배감이 들고, 아이에게 벌을 주고 싶다는 생각이 든다면 질문에 대한 대답은 '그렇다'이다. 힘겨루기 툴킷을 활용한다.

- 질문 10(c) : 아이가 부모에게 복수를 하는가?

부모가 상처와 충격을 받고, 거부당한 기분이 들고, 사랑과 인정을 받지 못하며, 분노를 느낀다면 이 질문에 대한 대답은 '그렇다'이다. 복수심 툴킷을 활용한다.

- 질문 10(d) : 아이가 무력함을 드러내고 있는가?

부모가 연민과 동정심이 들고, 무능함을 느끼며, 아이에 대한 신뢰가 낮아지고 포기하고 싶은 심정이라면 이 질문에 대한 대답은 '그렇다'이다. 무력함 툴킷을 활용한다.

· 질문 11 : 부모 또는 아이의 타당한 바운더리를 둘러싸고 벌어진 문제인가?

아이의 행동이 부모 개인의 바운더리를 위협하거나 침해한다면 바운더리 툴킷의 바운더리 설정을 참고한다. 아이가 부모의 부탁을 거절한다면 이는 아이가 자신만의 바운더리를 설정하는 것이므로 바운더리 툴킷의 바운더리 존중 파트를 참고한다.

· 질문 12 : 부모가 설정한 한계로 빚어진 문제인가?

아이가 부모가 정한 한계나 서로 합의한 내용을 어기려고 하거나, 부모가 아이에게 같은 요청을 반복한다면 이는 시스템 문제일 확률이 높다. 한계 툴킷을 활용하되, 관계 문제가 해결된 후에야 시스템 문제에 접근할 수 있다는 것을 명심한다.

· 질문 13 : 현 갈등 상황을 해결하는 데 필요한 도구를 찾았는가?

못 찾았다면 놓친 게 있지는 않은지 이 프로세스를 처음부터 끝까지 다시 한 번 확인해 본다. 많은 경우에 정서적 욕구 툴킷을 활용한다면 미래에 벌어질 갈등을 최소화시킬 수 있다.

· 질문 14 : 아이와 원원 협력 체계를 세우고, 관계를 더욱 돈독히 다지며, 당신이 대접받고 싶은 것처럼 아이를 대했는가?

마음 중심형 양육법에서는 이 세 가지가 가장 중요한 기준이다. 모두 달성했다면, 성공적인 양육을 위해 힘차게 나아가고 있는 것이다. 그렇지 못하다 해도 조바심을 내지 않아도 된다. 가능한 빨리 아이와 다시 교감하고, 당신의 스킬을 연마할 기회가 금세 나타날 거라고 믿고 기다리면 된다.

Solution Process

⋯⋯⋯

언제라도 사용할 수 있는
마음 중심 양육 툴킷

⋯⋯⋯

📝 자기 조절 툴킷

- 멈추고, 호흡하고 이렇게 묻는다. '지금 이 순간 내 아이에게 필요한 것은 무엇일까?'
- 반응자가 아니라 응답자가 된다.
- 미룬다.
- 감각적 체험을 행한다.
- 자기 조절력의 롤모델이 된다.

📝 아이 조절 툴킷

- '멈추고, 낮추고, 침묵하는' 전략을 활용한다.
- 아이의 곁에 가까이 머물며 누구도 다치는 일 없도록 한다.
- 적절한 타이밍에 감각적 체험을 제시한다.
- 떼쓰기의 3단계를 기억한다.
- 짜증을 받아준다.
- 적절할 때 아이를 진정 공간으로 안내한다.

📝 공감 툴킷

- 아이의 눈높이에 맞춘다.
- 감정 그릇이 된다.
- 감정에 이름을 붙인다.
- 감정 인정어를 활용한다.
- 최소 세 개의 교감 신호를 기다린다.
- 주도권을 주는 질문을 한다.
- '구조 요청'에 무너지지 않는다.
- 아이가 감정 표출의 '형식을 변경하거나 대상을 변경'하지 않는지 살핀다.
- 감정 차단어를 삼간다.

발달과 기질 툴킷

- 아이의 발달 단계를 확인한다.
- 아이를 향한 기대치를 조정한다.
- 감정적으로 받아들이지 않는다.
- 퇴행 행동을 보일 것을 예상한다.
- 내 아이의 기질적 특성을 파악한다.
- 아이의 기질적 특성에 적합한 격려의 말을 활용한다.
- 아이의 기질적 특성에 적합한 양육법을 행한다.
- 이름표를 주의한다.
- 사소한 일에 너무 애태우지 않는다.

자기 성찰 툴킷

- 자신이 투사하고 있음을 인정한다. 긍정적인 투사, 부정적인 투사 전부 말이다.
- 감정이 촉발되면 이렇게 말한다. "신기하지 않은가?"
- 아이에게서 보고 싶은 행동을 먼저 몸소 보여준다.
- 자신의 실수를 인정하고 드러낸다.
- 책임을 진다.
- 되감기 버튼을 누른다.

- 자기 성찰 질문 여섯 가지에 답한다.
- 자기 용서를 행한다.

📝 **아이 몫의 문제 툴킷**

- 자연적 결과가 제 역할을 하도록 둔다.
- 아이에 대한 신뢰감을 드러낸다.
- 헬리콥터처럼 아이를 감시하고 구조해주는 일을 삼간다.
- 그게 무엇이든, 아이가 찾은 해결책을 수용한다.
- 아이의 눈높이에 맞추고, 감정 그릇이 되며, 감정 인정어를 활용하고, 주도권을 주는 질문을 한다.

📝 **동기간 경쟁 툴킷**

- 1라운드 싸움은 무시한다.
- 2라운드 싸움을 중재하는 프로토콜을 따른다.
- 형제자매 간의 싸움을 예방하는 열 가지 조언을 따른다.
- 태어난 순서에 따라 아이의 행동에 부모가 달리 대응한다.

📝 정서적 욕구 툴킷

- '지금 이 순간 아이의 정서적 욕구를 어떻게 채울 수 있을까?'
  를 생각한다.
- 아이의 감정 계좌가 가득 차도록 한다.
- 일상에 재미를 더한다.
- 아이의 연령에 맞는 책임감을 심어준다.
- 하루에 젬스 세 가지를 실행한다.
- 아이와 정기적으로 일대일 데이트를 한다.
- 아이에게 구체적이고, 윈-윈 하며, 재밌는 선택권을 준다.
- 명령이 아니라 정보를 제공한다.
- 집안일 돌림판처럼 가족이 함께 효율적으로 할 수 있는 집안
  일 시스템을 만든다.
- 감사 써클 시간을 갖는다.
- 높은 수준의 유대감을 형성한다.
- 자기 돌봄 시간을 갖는다.
- 자존감의 두 기둥을 유념한다.
- 칭찬이 아닌 격려의 말을 전해준다.

- 멈추고, 호흡하고, 묻는다.
- 필요하다면 무언의 관심을 사용한다.
- 일대일 데이트를 계획하며, "잠깐 시간 낼게."라고 말하고, 아이에게 도움을 요청하며, 높은 수준의 유대감을 형성한다.
- 아이의 눈높이에 맞추고, 감정 그릇이 되며, 감정 인정어를 활용하고, 주도권을 주는 질문을 한다.

📝 힘겨루기 툴킷

- 멈추고, 호흡하고, 묻는다.
- 힘겨루기 싸움을 거부한다.
- "지금 이 순간 어떻게 해야 아이에게 진정한 권한을 줄 수 있을까? 이 싸움을 멈추기 위해 내가 무엇을 포기할 수 있는가?" 라고 묻는다.
- 힘겨루기를 피하는 여덟 가지 방법을 따른다.
- 노No를 창의적으로 전달할 방법을 찾는다.
- 아이의 눈높이에 맞추고, 감정 그릇이 되며, 감정 인정어를 활용하고, 주도권을 주는 질문을 한다.
- 일대일 데이트를 계획하며, 구체적, 윈-윈, 재밌는 선택권을

제공하고, 명령 대신 정보를 제공하며, 아이의 연령에 적절한 책임감을 심어준다.

복수심 툴킷

- 멈추고, 호흡하고, 묻는다.
- 당신 몫의 책임을 진다
- 아이에게도 당신 자신에게도 용서를 발휘한다.
- 아이의 눈높이에 맞추고, 감정 그릇이 되며, 감정 인정어를 활용하고, 주도권을 주는 질문을 한다.
- 일대일 데이트를 계획하며, 자기 돌봄 시간을 갖고, 자존감의 두 기둥을 유념한다.

무능함 툴킷

- 멈추고, 호흡하고, 묻는다.
- 하나씩 단계별로 제안하고 마무리 할 때까지 충분한 시간을 준다.
- 곁에서 머물며 자연적 결과가 제 역할을 하도록 지켜본다.
- 격려의 화법을 활용한다.

- 부모의 실수를 인정하고 아이와 공유한다.
- 아이의 눈높이에 맞추고, 감정 그릇이 되며, 감정 인정어를 활용하고, 주도권을 주는 질문을 한다.
- 긍정적인 자기 대화와 할 수 있다는 태도를 보여준다.
- 일대일 데이트를 계획하며, 아이의 연령에 적절한 책임감을 심어주고, 격려의 화법을 활용한다.

 바운더리 툴킷

바운더리 설정

- 감정 인정어로 대화한다.
- 바운더리가 타당한지 확인한다.
- 바운더리를 확인한다.
- 주도권을 주는 질문을 한다.
- 바운더리를 해치지 않는 선에서 해결책을 브레인스토밍 한다.

바운더리 존중

- 아이의 바운더리를 존중하는 여덟 가지 방법을 떠올린다.
- 아이의 '거절'에 괜찮아지는 법을 터득한다.
- '지금 아이가 바운더리를 설정하는 법을 훈련하기 좋은 타이밍인가?' 스스로에게 묻는다.

- 친구 및 가족을 위해 분위기를 설정한다.

📝 **한계 툴킷**

- 감정 인정어로 대화한다.
- 한계가 타당한지 확인한다.
- 친절하게 한계를 알린다.
- 주도권을 주는 질문을 한다.
- 한계를 해치지 않는 선에서 상호 합의 한다.
- 간단한 문제에는 약식 윈윈을 모색한다.
- 좀 더 복잡하고 장기적인 사안에 대해서는 정식 합의를 위한 회의 일정을 잡는다.
- 상호 합의안을 지키는 법 세 단계를 따른다.
- 가족회의를 연다.

········

솔루션을 내 삶에 적용하는 연습

········

문제나 갈등상황이 별 것도 아닌 일로 벌어질 때도 있다. 상대적으로 간단하고 해결이 그리 어렵지 않은 문제도 있지만, 어떤 문제는 더 많은 생각과 시간, 노력이 필요하다.

2017년도 부모를 상대로 진행한 설문조사에서 가족 갈등 상황의 주원인으로 밝혀진 열 가지 사안을 바탕으로 가상의 시나리오를 만들었다.

1. 전자기기 사용 2. 아침 준비 시간 3. 형제자매간 갈등 4. 취침 시간 5. 고집 부리기 6. 힘겨루기 7. 집안일 8. 식사 시간 9. 숙제 10. 떼쓰기

아래 등장하는 이야기는 하나의 사례일 뿐이다. 당신의 아이에 따라, 상황에 따라, 관점에 따라 그에 맞는 도구를 활용해 더 나은 결과를 도출하길 바란다.

🖥️ 시나리오 1 : 전자기기 사용 (4세)

네 살 아이가 아이패드에 흠뻑 빠진 것이 벌써 두 달째였다. 이미 중독된 것처럼 보였다. 아이패드를 그만 하라고 하면 아이는 갑자기 다른 별에 온 사람처럼 변했다. 아이는 전보다 짜증이 늘고 걸핏하면 성질을 부렸다. 장난감을 갖고 노는 일은 거의 없고, 누나와 놀다가 주먹질을 하는 일이 잦아졌다.

가장 먼저 아이의 발달 단계를 확인한 당신은 아이가 아이패드를 사용하기에는 너무 이른 나이라는 것을 깨달았다(발달과 기질 툴킷). 아이를 조용히 시키려고 아이패드를 손에 쥐어준 자신의 잘못이라고 책임을 인정했다(자기 성찰 툴킷). 남편과 상의한 끝에 아들을 위해선 아이패드를 당장 치우거나 없애야 한다는 결론에 이르렀다. 아이가 아이패드를 찾으면 이제는 없다고 말하기로 결심했다. 이후 며칠 간 아이는 내내 울고 보챘다.

아이에게 계속 감정 인정어로 대화하는(공감 툴킷) 동시에 정해진 한계를 흔들림 없이 지켜나갔다(한계 툴킷). 한 번씩 아이가 떼를 쓸 때면, 당신은 떼쓰기의 3단계를 떠올리며 멈추고, 낮추고, 침묵하는 전략으로 아이가 힘든 시기를 잘 이겨내도록 이끌었다(아이 조절 툴킷). 일주일 후 아이는 행복하고 편안한 모습으로 누나와 장난감을 갖고 놀기 시작했다.

🖥️ 시나리오 2 : 전자기기 사용 (15세)

열다섯 살 난 딸은 밥을 먹을 때도 숙제를 할 때도 소셜미디어 어플에 빠져 있었다. 예전에는 혼내고, 벌로 스마트폰을 압수했지만 아이와 관계만 나빠졌다. 스마트폰 사용으로 당신과 아이 사이에 정서적 거리감이 생긴 것은 물론 아이가 가족과도 단절되는 것 같아 걱정이 되기 시작했다. 때문에 이번에는 전과 달리 접근해보기로 결심했다.

먼저 관계 문제부터 해결하기로 했다. 아이와의 일대일 데이트로 볼링장과 아이가 제일 좋아하는 햄버거 집에 갔다(정서적 욕구 툴킷). 데이트 중에 아이는 학교에서 짝사랑 하는 남학생이 있는데, 자기한테 별 관심이 없어 보인다는 이야기를 해주었다. 아이에게 들려주고 싶은 이야기가 많았지만 짝사랑 문제는 아이 몫의 문제라고 판단하고 감정 인정어를 활용해 대화를 나누었다(공감 툴킷). 아이는 자신의 고민을 당신에게 털어놓았다.

며칠 후, 아이와 교감을 하고 있다는 확신이 들자 당신은 아이에게 스마트폰 사용이 걱정스러운 수준이라고 말하며 정식 합의를 위한 일정을 잡았다(한계 툴킷). 회의에서 당신은 핸드폰 사용에 있어 엄마로서 좋은 모습을 보이지 못했고 최근 일이 바빠 제대로 신경을 쓰지 못했다고 인정하며 책임을 지는 모습을 보였다. 당신도 그간 TV를 너무 많이 보았다고 순순히 인정했다(자기 성찰 툴킷). 딸에게 핸드폰 사용이 지나쳐 걱정이 크고 지금처럼 계속 지낸다면 앞으로 어떤 일이 벌어질지 두렵다고 솔직히 털어 놓았다.

처음에는 딸이 방어적으로 나왔다. 당신은 아이의 이야기를 들어주고 감정 인정어를 전달했다. 그러자 딸아이는 마음을 열고 당신에게 협조하고 싶다는 의사를 밝혔다(공감 툴킷). 함께 브레인스토밍을 하며 아이디어를 나누고, 그중 실행가능한 해결책을 찾아 나갔다. 두 사람이 정한 해결책이 별 효과가 없을 경우 재협상을 논의한다는 데 합의했다.(한계 툴킷). 동시에 당신은 아이와 일대일 데이트를 계속 계획하고, 젬스를 제공하며 아이의 감정 계좌를 두둑이 채우려는 노력을 계속했다(정서적 욕구 툴킷).

아이는 즉각 눈에 띄는 변화를 보여주었다. 전화기를 만지지 않는 시간이 늘었고, 대신 당신과 더 자주 대화 했으며, 집 안에서 한 가족으로 더욱 참여하는 모습을 보여주었다.

 시나리오 3 : 아침 준비 시간 (6세)

여섯 살 아이는 등교 준비 시간마다 꾸물거렸다. 아이는 당신이 설정한 한계가 제 시간에 등교하는 것이라는 점도 잘 알고 있고, 그간 당신은 뇌물, 벌, 협박을 써가며 어떻게든 그 한계가 지켜지도록 노력했다. 한 번은 너무 짜증이 난 나머지 아이에게 '굼벵이'라는 소리까지 해버렸다. 이런 식의 대처가 상황을 악화시킬 뿐 아니라 아이와의 관계와 아이의 자존감까지 훼손한다는 것을 깨달았다. 아이는 계속 지각을 했고 당신도 아이를 챙기느라 회사에 지각을 했다. 이제는 변화를 주어야 할 때라고 생각했다.

아이의 발달 단계를 확인한 당신은 아이의 고집을 부리고 옷을 입는 걸로 부모와 갈등을 벌이는 일이 6세에게 흔한 현상이라는 것을 깨달았다. 또한 아이가 고집이 세고, 한 가지 일에 빠지면 다른 일을 생각하지 못하는 기질이라는 것도 파악했다. 당신은 아이에 대한 기대치를 조정하고, 이름표를 붙이는 일을 삼가며, 아이에게 격려의 말을 전하기로 결심했다. 불평을 하는 대신 아이에게 "의지가 정말 강하구나!", "집중력이 대단해."라고 말했다(발달과 기질 툴킷). 자기 성찰 질문 여섯 가지를 떠올린 당신은 자신이 아이에게 너무 많은 것을 요구하고 있었고, 지각에 대한 불안감을 아이에게 투사하고 있었다는 것을 깨달았다(자기 성찰 툴킷).

이제 계획이 필요했다. 아이가 학교에서 돌아오자 두 사람은 정식 합의를 위한 회의를 가졌다. 제 시간에 등교하기 위해 아이가 무엇을 해야 하는지 브레인스토밍을 했다. 아이는 아침 일어나면 어떤 일부터 할 것인지 우선순위를 정했다(한계 툴킷). 아이의 일곱 가지 스페셜 욕구를 떠올린 당신은 약간의 재미를 더하기로 결정했다. 아이가 글과 그림으로 아침 루틴을 적어 화장실 문에 붙일 수 있도록 문구점에 가서 색색의 보드지와 마커, 스티커를 사왔다. 그런 뒤 주도권을 주는 질문을 했다. "학교까지 가는 차 안을 좀 더 즐겁게 만들 방법이 있을까?" 브레인스토밍을 한 두 사람은 등굣길에 부를 노래를 만들기로 결정했다(정서적 욕구 툴킷).

다음 날 아침부터 한결 평온한 아침 시간이 시작되었다. 몇 번의 아슬아슬한 상황이 있었지만 그 다음 주에는 매일 제 시간에 등교하는 데 성공했다.

🖥️ 시나리오 4 : 형제자매간 갈등 (7세와 9세)

일곱 살, 아홉 살 난 두 아이는 요즘 가장 유행하는 최신 킥보드를 갖고 싶어 했다. 하나를 나눠서 타고 싶지 않은 두 아이는 각각 한 대씩 사주길 바랐다. 동네 애들 다 자기 킥보드가 있으니 당연히 본인도 그래야 한다고 했다. 물론 가장 쉬운 방법은 아이들에게 킥보드를 한 대씩 사주는 것이지만 당신은 하나에 100달러나 하는 킥보드를 두 대나 사줄 여유가 없다.

우선 당신은 100달러 이상은 지출하지 않겠다는 바운더리를 정했고 바운더리가 타당하다는 결론에 이르렀다(바운더리 툴킷). 아이들에게 당신의 바운더리를 알렸다. 두 아이는 한 목소리로 동네에 킥보드를 나눠 타는 애들은 없다고 따지고 들었다. 아이들의 반응에 감정이 촉발되려는 것을 느낀 당신은 잠시 멈추고, 호흡한 뒤 이렇게 물었다. '지금 이 순간 내 아이에게 필요한 것은 무엇일까?'(자기 조절 툴킷). 몇 번 심호흡을 하고 커피 한 잔을 따르자 아이와 감정 인정어로 대화할 마음의 준비가 되었다. 당신은 이렇게 말한다. "엄마한테 화가 난 것 같구나. 킥보드 하나를 같이 타는 걸 친구들이 보면 부끄러울 수 있어."(공감 툴킷) 아이들은 계속 갖가지 이유를 대다 결국에는 "엄마는 불공평해!"라는 말까지 했다. 또 한 번 감정이 촉발되는 것이 느껴졌지만 이내 자신이 투사를 하고 있다는 것을 깨달았다. 자라는 내내 아빠는 항상 불공평하게 굴었고, 오빠만 편애하는 모습을 보였다(자기 성찰 툴킷). 당신은 깊이 심호흡을 하며 아이의 말을 감정적으로 받아들이지 않기로 마음을 다잡았다(발달과 기질 툴킷). 당신은 아이에게로 몸을 낮추고 아이의 감정을 담아내는 감정 그릇이 되어 주었다(공감 툴킷). 그리고 아이들에게 감각적 체험을 제공하기 위해 함께 공원까지 걸어가서 재밌는 시간을 보내자고 말했다(자기 조절 툴킷, 아이 조절 툴킷).

세 사람 모두 기분이 한결 나아진 상태로 집에 돌아온 후, 당신은 아이들에게 킥보드 문제에 대해 브레인스토밍을 해보자고 말했다(바운더리 툴킷). 두 아이는 다양한 아이디어를 쏟아내었다. 본인들의 용돈으로 킥보드를 한 대 더 사자는 아이디어도 있었다. 하지만 고민 끝에 아이들은 그 돈은 저축하고 킥보드 한 대를 함께 타기로 결정했다.

저녁 식사 전에 당신은 아이들을 데리고 가게로 가서 킥보드를 구매했다. 집으로 돌아오는 차 안에서 두 아이는 싸우기 시작했다. 1라운드 싸움이라는 것을 눈치 채고 당신은 달리 신경을 쓰지 않았다. 아무 말도 하지 않고 저녁 식사 메뉴로 뭐가 좋을까 고민했다(동기간 경쟁 툴킷). 집에 도착할 즈음이 되자 상황이 좀 더 격앙되어 내일 누가 먼저 킥보드를 탈 것인가를 두고 격렬한 언쟁이 벌어졌다. 2라운드 싸움을 중재하는 프로토콜에 따라 당신은 두 아이에게 다가가 등을 쓸어주며 이야기를 들었다. 아이들이 조금씩 진정하자 당신은 이렇게 물었다. "지금 어떤 기분이 들어?" 아이들의 감정을 경청한 후 이제 아이들에게 이렇게 물었다. "어떻게 했으면 좋겠어?" 두 아이는 윈윈할 수 있는 방법을 찾기로 했다(동기간 경쟁 툴킷). 두 아이는 종이에 합의한 내용을 적어 냉장고에 붙였고, 두 아이가 만족하지 않거나 또 다른 문제가 생기면 다시 이야기를 하기로 했다(한계 툴킷).

 시나리오 5 : 취침 시간 (4세)

아이를 재우는 것이 당신의 일상 속에서 가장 두려운 순간이 되었다. 네 살 아이는 매일 밤마다 자지 않겠다고 반항했다. 잠 잘 준비를 마친 후에도 아이는 침대에 누워 자지 않겠다고 떼를 썼다. 매일 밤마다 한 시간 가량 소리를 지르고, 울고, 적대심을 표출했다. 너무도 지친 당신은 새로운 접근법이 필요했다.

어쩌면 관계 문제가 있는 건 아닌가 하는 생각이 들었다. 엄마가 저녁에 늦게 퇴근한 후 얼마 없는 저녁 시간을 여동생에게 한 번씩 빼앗기는 터라 아이의 일곱 가지 스페셜 욕구가 충족되지 않는 것 같았다(자기 성찰 툴킷). 취침 시간 마다 짜증과 화를 느끼는 자기 자신을 보고 아이가 좌절 1단계, 관심 요구의 상태라는 것을 깨달았다. 뿐만 아니라 아이의 행동이 불편한 이유는 아이가 좌절 2단계, 힘겨루기를 하기 때문이었고, 한 번씩 충격과 상처를 받는 것은 좌절 3단계, 복수심 표현 때문이었다. 당신은 가장 기본적인 것부터 해결하기로 결심하고는 아이의 행동 이면에 자리한 관심과 권한에 대한 욕구부터 충족시키기로 했다. 당신과 남편은 아이와 아이스크림을 먹고 오리도 구경하며 일데일 데이트 시간을 가졌다(정서적 욕구 툴킷). 아이와 당신 모두 평온하고 행복한 주말을 보낸 후에는 정식 합의(네 살의 짧은 주의집중 시간을 고려해 미니 회의)를 진행했다. 아이가 취침 시간 루틴을 차트로 만드는 것을 도왔고, 아이는 차트를 침대 옆에 붙이기로 했다. 8시 30분 취침이라는 당신의 한계를 지키고, 아이가 잠이 들 때까지 혼자 볼 수 있는 책과 작은 독서 등을 두기로 결정했다.

또한 아이가 불을 끄고 오디오 북을 들으며 잠이 드는 것도 동의했고, 혹여 다시 방에서 나오면 당신이 아이를 다시 침대로 데려다 주기로 했다(한계 툴킷). 이후 며칠 간 아무 문제없이 잘 지나갔지만, 얼마 후 아이가 루틴을 잊기 시작했다. 아이는 침대에서 일어나 거실로 나왔다. 짜증이 났지만 당신은 멈추고, 호흡한 뒤 이렇게 물었다 '지금 이 순간 내 아이에게 필요한 것은 무엇일까?'(자기 조절 툴킷). 두 사람이 합의한 내용을 떠올리며 당신은 무언의 관심 전략을 활용했다. 시선을 피하고 아무 말도 하지 않은 채 아이를 다시 침대로 데려다주었다(관심 요구 툴킷). 아이는 네 살답게 한계를 계속 시험했다. 이후 몇 차례 더 같은 일이 벌어졌다. 그럴 때마다 아이가 무슨 말이나 행동을 하든 당신은 침착한 태도로 아무런 반응도 보이지 않았다. 이후 당신은 아이의 감정 계좌를 채우기 위해 노력하는 동시에(정서적 욕구 툴킷), 밤에는 루틴을 지켰다(한계 툴킷). 조금씩 상황이 나아지기 시작했고 얼마 지나지 않아 당신만의 조용한 밤을 즐길 수 있게 되었다.

 시나리오 6 : 고집 부리기 (3세)

세 살 아이는 물에 닿으면 금방 망가질 종이 책을 욕조에 들고 가겠다고 고집을 부렸다. 감정 인정어로 대화를 했지만(공감 툴킷), 아이의 고집은 날이 갈수록 심해졌다. 처음에는 뭐든 자기 뜻대로 해야만 하는 고집스러운 아이로 키운 것이 아닌가 하는 걱정이 들었다. 하지만 이내 고집을 부리는 것이 세 살 아이의 특징이라는 것과 아이가 다른 아이들에 비해 감정적이라는 사실도 떠올렸다(발달과 기질 툴킷). 그래서 당신은 설정한 한계를 지키는 동시에 아이에게 무엇이 되고 무엇은 안 되는지 설명했다. "종이 책은 욕조 바깥에 두어야 해."(한계 툴킷) 그런 뒤 이렇게 덧붙였다. "플라스틱 책은 욕조 안에 가지고 와도 되지만, 종이 책은 욕조 바깥에서만 엄마가 읽어줄 수 있어." 아이가 투정을 부렸지만 당신은 그저 감정 인정어로 대화를 시도했다. "종이가 물에 닿아도 안 망가지면 얼마나 좋을까! 너무 속상하다 그치?"(공감 툴킷) 아이는 곧 기분을 회복하고 재밌게 놀기 시작했다.

당신은 열 살 아이와 함께 여덟 살인 동생의 축구 경기를 보러 갔다. 잔디에 의자를 꺼내 놓은 후 아이에게 선크림을 바르자고 말했다. "싫어요!" 열 살 아이가 소리쳤다. 빨리 경기에 집중하고 싶었던 당신은 조바심이 나 아이에게 직접 선크림을 발라줄 뻔 했지만, 그 순간 멈추고, 호흡한 뒤 이렇게 물어야 한다는 것을 기억해냈다. '지금 이 순간 내 아이에게 필요한 것은 무엇일까?'(자기 조절 툴킷) 아이가 기질적으로 특정한 냄새에 민감하게 반응하고, 선크림의 향을 견디지 못한다는 것을 떠올렸다(발달과 기질 툴킷). 또한 아이의 허락 없이 몸에 손을 대는 것은 바운더리를 침해하는 행위이기에 아이의 거절에 괜찮아져야 했다(바운더리 툴킷). 당신은 몇 차례 길게 호흡하고 물을 마신 후 어떻게 해야 할지 생각했다(자기 조절 툴킷).

　마음의 준비가 되자 당신은 감정 인정어로 대화를 시작했다. "냄새도 촉감도 싫은데 엄마가 선크림 바르라고 해서 화가 났구나."(공감 툴킷) 그러자 아이가 선크림이 싫은 이유를 대며 바르기 싫다고 말했다. 도전을 받는 듯한 기분을 느끼는 자신을 보고 아이가 좌절 2단계, 힘겨루기를 하고 있다는 것을 깨달은 당신은 '지금 이 순간 어떻게 해야 아이에게 진정한 권한을 줄 수 있을까? 싸움을 멈추기 위해 내가 무엇을 포기할 수 있는가?'라고 물었다(힘겨루기 툴킷). 당신은 구체적인 선택권을 주기로 했다. "네가 선택해. 선크림을 바르고 양지에 앉거나, 선크림을 안 바르고 저기 큰 나무 옆의 그늘에 앉거나."(정서적 욕구 툴킷) 아이는 선크림을 바르겠다고 했다. 저녁이 되자 아이에게 선크림을 바르는 것은 엄마가 설정한 한계라고 알리며 약식 원윈을 제안했다. "네가 좋아했던 무향 선크림을 사면 어떨까?" 아이는 좋다고 말했고, 당신은 저녁 식사 후 마트로 향했다(한계 툴킷). 골치 아팠던 문제가 두 사람 모두에게 긍정적인 경험으로 바뀌었다.

 시나리오 8 : 집안일 (13세)

맡은 일을 하라는 소리에 열세 살 난 아이가 짜증을 냈다. 그러고 보니 최근 들어 아이가 날카롭게 대꾸하는 일이 잦았다. 고된 하루를 보낸 차였고, 아이의 행동에 더 존 밖으로 밀려난 당신은 잠시 자기 진정 시간을 갖기 위해 자리를 피했다(자기 조절 툴킷). 진정을 하는 동안 13세 아이의 발달 특징에 부정적인 태도가 있다는 것을 확인했다(발달과 기질 툴킷). 당신은 발달에 따른 정상적인 행동을 보이는 아이에게 수치심을 주지 않으려 조심하며 감정 인정어를 활용해 부드럽게 집안일에 대한 이야기를 시작했다. "집안일이 하기 싫구나." 아이는 화를 내며 엄마는 맨날 잔소리만 하고 짜증만 낸다고 몰아세워도 당신은 아이가 마음껏 감정을 표출하도록 받아주는 동시에 감정 인정어로 계속 대화를 시도했다. "네가 많이 화난 거 알겠어. 엄마가 잔소리해서 짜증났구나."(공감 툴킷)

얼마 후에 고개를 끄덕이고, 시선을 맞추고, 자신의 이야기를 털어놓으며 교감 신호를 보내는 아이를 보자 점점 진정하고 있다는 것이 느껴졌다. 당신은 집안일 시스템에 문제가 있고, 과거 자신이 집안일과 용돈을 벌과 상으로 썼던 것을 후회한다고 털어놓으며 잘못에 대한 책임을 인정했다(자기 성찰 툴킷). 또한 그간 자신을 잘 돌보지 못한 것을 인정하며 어떻게든 시간을 내어 자기 돌봄을 행하기로 결심했다(정서적 욕구 툴킷). 다음 가족회의에서 새로운 시스템을 정하기로 결정했다(한계 툴킷).

한편, 아이의 행동에 충격과 상처를 받은 것이 아이가 좌절 3단계: 복수심 표현을 하기 때문이라는 것을 깨달았다. 이후 며칠 간 당신은 벌과 감정 차단어를 삼가고, 과거 실수를 저지른 자신을 용서하려 노력했다(복수심 툴킷). 또한 틈이 나면 젬스를 제공하고, 아이가 가장 좋아하는 농구팀의 경기를 보며 일대일 데이트를 하기로 정했다(정서적 욕구 툴킷). 아이가 복수심을 버리고 새로운 집안일 시스템에 협조할 때까지 아이와의 관계를 돈독하게 만드는 노력을 계속 이어갔다.

 시나리오 9 : 식사 시간 (5세)

요리를 좋아하는 당신은 오랜 시간 공들여 가족을 위해 균형 잡힌 음식을 만들었다. 하지만 그런 당신에게 다섯 살 난 아이가 음식을 밀어내며 이렇게 소리쳤다. "나 이거 싫어. 맛없어!" 엄마가 얼마나 고생해서 이 음식을 만들었는지, 그러니 감사한 마음을 가져야 한다고 말하고 싶었지만, 이내 당신은 첫 번째 생각은 감정 차단어(죄책감)이고, 두 번째 생각은 투사라는 것을 깨달았다(자기 성찰 툴킷). 다섯 살은 음식에 까다로울 수 있는 나이이므로 아이의 말을 감정적으로 받아들이지 않기로 마음을 다잡았다(발달과 기질 툴킷).

그 대신 감정 인정어를 제공해야 할 때라는 생각이 들었다. "오늘 저녁 메뉴가 실망스러운 모양이구나. 엄마가 핫도그를 만들어주길 바랐을 텐데." 아이는 매일 저녁마다 핫도그를 먹고 싶다고 털어놨다. 당신은 아이에게 공감을 발휘했고, 이내 두 사람 모두 기분이 조금씩 나아지는 것을 느꼈다 (공감 툴킷). 아이가 싫어하는 음식을 억지로 먹이는 것이 아이의 바운더리를 존중하는 행위가 아니고, 새로 요리를 하는 것은 당신의 바운더리를 존중하는 행위가 아니라고 생각했다. 그래서 당신은 주도권을 주는 질문을 했다. "엄마 도움 없이 혼자서 저녁 만들 수 있을까?" 그러자 아이는 토스트를 만들 수 있다고 말하며 냉장고에서 스트링 치즈를 꺼내왔다. "우리 둘 다 윈윈 하는 방법이네." 이렇게 말하자 아이는 토스트를 만들기 시작했다. 이후 엄마가 만든 메뉴가 마음에 들지 않을 때 아이가 스스로 만들어 먹을 수 있는 메뉴가 무엇일지 대해 브레인스토밍을 했다(바운더리 툴킷).

 시나리오 10 : 숙제 (11세)

열한 살 아이가 평소보다 더 많은 숙제를 짊어지고 집으로 돌아왔다. 한 시간 넘게 수학 숙제를 하던 아이는 끝내 연필을 집어 던지며 학교도 싫고, 수학도 싫고, 선생님도 싫다며 큰 소리로 불평을 해댔다. 아이의 낯선 행동에 당신은 이것이 관계 문제인지 시스템 문제인지 곧장 판단하기 어려웠다. 아이의 행동에 화가 나기 시작하자 당신은 멈추고, 호흡한 뒤 이렇게 물었다 '지금 이 순간 내 아이에게 필요한 것은 무엇일까?'(자기 조절 툴킷). 그 즉시 당신은 아이가 공복 상태라는 것을 떠올렸다. 아이는 기질적으로 당이 떨어지면 화를 내기 때문에 중요한 문제였다(발달과 기질 툴킷). 당신은 아이에게 감정 인정어를 제공했다. "한 시간이나 수학 숙제를 했구나! 엄청 짜증 날만해!"(공감 툴킷). 지금껏 단 한 번도 감정 인정어로 대화한 적이 없던 터라 아이는 엄마의 반응에 금세 마음이 누그러지는 듯 보였다. 아이의 예상과 반대로 행동하자 힘겨루기 싸움으로 번지지 않는 것을 깨달았다(힘겨루기 툴킷).

어쩌면 당신이 저녁 식사를 늦게 차린 것이 원인이 되었을 수도 있다는 생각이 들었고, 아이가 힘든 시간을 잘 이겨내도록 샌드위치를 만들어 주었다(자기 성찰 툴킷). 한 시간 후, 아이는 스스로 연필을 줍고는 불평 없이 숙제를 마쳤다.

 시나리오 11 : 숙제 (13세)

열세 살 아이는 숙제를 하나도 제출하지 않았다. 엄마가 인터넷으로 학교 성적표를 확인할 수 있다는 것을 알면서도 당신에게 숙제를 제출했다는 거짓말도 했다. 예전에는 아이가 거짓말을 하고 숙제를 하지 않았을 때면 벌을 주었다. 스크린 타임이나 특별 활동을 제한하는 벌이었다. 주말에는 외출 금지령을 내리고 마감을 놓친 숙제를 다 할 때까지 방 밖으로 나오지 못하게 했다.

자신이 보인 과거의 반응이 아이와의 관계를 멀어지게 하고, 아이의 자존감을 훼손했으며 결국 아이가 당신에게 거짓말을 하게 만들었다는 생각이 들었다(자기 성찰 툴킷). 아이가 제때 숙제를 제출하지 못할 때 경험하는 자연적 결과를 떠올렸다. 이 결과는 해롭거나 위험하지 않으며, 아이가 인과관계를 이해하지 못할 것도 아니고, 당신의 바운더리나 한계를 침해하지 않는다는 것을 깨달았다. 따라서 숙제는 아이 몫의 문제라는 결론을 내리고 숙제에 관해서는 자연적 결과가 제 역할을 하도록 지켜보기로 결심했다(아이 몫의 문제 툴킷).

하지만 거짓말은 부모 몫의 문제였다. 거짓말에 따른 자연적 결과가 부모에게 정직해야 한다는 당신의 바운더리를 침해하기 때문이었다(바운더리 툴킷). 어쩌면 당신이 지난 몇 달 간 아이에게 전달한 감정 차단어 때문에 아이가 거짓말을 하고, 어쩌면 숙제도 하지 않은 게 아닐까 생각했다. 아이의 감정을 표현하지 못하게 한 탓에 억눌린 감정을 이런 식으로 표출하는 것인지도 몰랐다(공감 툴킷). 자녀와의 관계에서 부모의 영향력이 얼마나 대단한지 알기에 당신은 아이와 일대일 데이트를 하며 아이스링크 장에 갔고 저녁도 먹었다. 감정 차단어와 조언이 튀어나오려고 할 때마다 몇 번이나 이를 악물고 참아야 했던 것만 빼면 두 사람 모두 즐거운 시간을 보냈다(정서적 욕구 툴킷). 아이는 무엇을 입고, 언제 집안일을 하고, 몇 시에 자는지에 관한 문제에 자신이 좀 더 발언권이 있으면 좋겠다고 말했다. 당신은 향후 한계를 좀 더 타당하게 설정하겠다고 약속했다(한계 툴킷).

그러던 어느 날 밤, 당신이 숙제 이야기를 꺼내자 아이는 자신이 똑똑하지도 않고, 제시간에 숙제를 마치는 것이 너무 어렵다고 털어놓았다. 그 이야기를 듣자마자 아이를 칭찬하고 ("너는 똑똑한 아이야!"), 달래주었다. 아이의 짐을 덜어주고 싶은 마음까지 들었지만, 아이가 좌절 4단계, 무능함 표현을 하고 있음을 깨달았다. 당신은 감정 인정어와 격려의 말을 전했다. 또한 아이에게 할 수 있다는 태도를 몸소 보여주고, 아이에 대한 신뢰감을 더욱 많이 보여주어야겠다고 결심했다(무력함 툴킷). 당신은 아이에게 앞으로는 인터넷으로 점수를 확인하지 않을 것이고, 이제 과제는 온전히 아이에게 맡기겠다고 말하며 당신의 잘못을 인정했다(자기 성찰 툴킷). 또 아이가 필요하다면 주중 밤 8시 이전에는 언제든 숙제를 도와줄 의사가 있다고 알려주었다(바운더리 툴킷). 두 사람 모두 새롭게 개선된 관계에 큰 만족감을 느꼈다.

 시나리오 12 : 떼쓰기 (3세)

다른 아이와 부모들과 함께 놀던 중 세 살 난 아이는 장난감을 같이 갖고 놀려고 하지 않는 친구에게 화를 냈다. 아이는 울고, 당신을 향해 발길질을 하고 때리며 떼를 쓰기 시작했다. 요즘 들어 유난히 이런 모습을 자주 보였다. 사람들과 떨어진 곳으로 아이를 데려간 당신은 계속 이러면 집으로 갈 거라고 엄포를 놓고 싶었다. 하지만 당신과 아이 둘 다 더 존 바깥에 있다는 것을 깨달은 후 멈추고, 호흡한 뒤 이렇게 물었다. '지금 이 순간 내 아이에게 필요한 것은 무엇일까?'(자기 조절 툴킷). 당신을 바라보는 다른 엄마들과 아이들의 시선을 무시한 채 떼쓰기의 3단계를 떠올리며 멈추고, 낮추고 침묵했다. 곁에 머물며 아이의 감정이 해소되길 기다리고 몸이 다치지 않도록 조심했다(아이 조절 툴킷). 떼쓰기는 3세에게 자연스러운 행동이기에, 아이의 행동을 감정적으로 받아들이지 않으려고 노력했다(발달과 기질 툴킷).

아이의 거친 몸짓이 잦아들고 화가 가라앉기 시작하자, 당신은 아이의 에너지를 이해하고 감정 인정어로 대화를 나누었다. "화가 많이 났구나. 그 장난감 많이 갖고 놀고 싶었을 텐데!" 잠시 말을 멈추고 아이가 감정을 표현하게 두었다. "그럼, 화가 나는 게 당연해! 그 장난감 갖고 놀 생각에 잔뜩 기대했을 테니까."(공감 툴킷) 아이를 안쓰러워하거나 얼른 기분이 나아져야 한다고 재촉하지 않고 가만히 아이 곁에 앉아 있었다. 진정이 된 아이가 다시 가서 친구들과 놀아도 되냐고 물었다. "물론이지." 당신이 답했다.

엄마를 때리고 발로 차는 문제는 바운더리에 해당하는 사안인 만큼 이야기를 나누어야 했지만 잠시 미루기로 했다. 몇 시간이 흐른 뒤 이야기를 다시 꺼냈다. "아까 엄마한테 화났을 때 팔다리로 막 엄마를 때렸잖아, 그치?" 그런 뒤 아이에게 주도권을 주는 질문을 했다. "엄마를 때리거나 발로 차는 것은 괜찮지 않은 행동이야. 그럼 슬프거나 화가 날 때는 어떻게 해야 할까?" 두 사람은 브레인스토밍을 한 후 리스트를 만들어 냉장고에 붙여 두었다(한계 툴킷). 아이에게 자기 진정 공간에 대해 알려주었고, 두 사람은 그날 밤 아이의 책상 아래를 자기 진정 공간으로 꾸몄다(아이 조절 툴킷).

때리고 발로 차는 행동은 한 번씩 이어졌지만 이제 당신은 아이가 언제 더 존을 벗어나는지 예측할 수 있게 되었다. 아이의 감정이 변할 때면 당신은 아이에게 맞춰 몸을 낮춘 후 감각적 체험을 제공하고, 감정 인정어로 대화를 나누었다(공감 툴킷). 아이가 자기 진정 공간에 스스로 갈 때도 있었지만 그렇지 않을 때도 있었다. 아이가 떼쓰는 일이 벌어지지 않도록 자신이 너무 안달복달 하는 것 같을 때는 접근법을 달리해 아이의 짜증을 받아주기도 했다(아이 조절 툴킷). 이후 아이는 심하게 떼를 쓰고 난 뒤에도 금방 회복했고, 당신도 떼쓰기에 능숙하게 대처하는 법을 깨달은 후에는 아이처럼 금방 감정을 회복할 수 있게 되었다. 얼마 지나지 않아 아이가 짜증을 부리는 강도와 횟수가 줄어들었고, 이내 완전히 사라졌다.

사랑받은 아이는
흔들리지 않는다

우리 아이의 잠재력을 깨우는 존중의 육아법

사랑받은 아이는 흔들리지 않는다

초판 3쇄 발행 2023년 4월 5일

지은이 린다 해트필드·타이 해트필드·웬디 토마스 러셀
옮긴이 신솔잎
펴낸이 최현준

편집 이가영
디자인 Aleph design

펴낸곳 빌리버튼 출판등록 2022년 7월 27일 제 2016-000361호
주소 서울시 마포구 월드컵로 10길 28, 201호
전화 02-338-9271 | **팩스** 02-338-9272
메일 contents@billybutton.co.kr

ISBN 979-11-91228-81-6 03370